읽으면 저절로 외워지는
기적의 암기공식

한자
암기
박사 1

쓰기 훈련 노트

(주)시대고시기획

유튜브 영상을 통해 효과적인 '한자암기 훈련'을 학습할 수 있습니다.(영상은 순차적으로 업데이트 될 예정)

www.youtube.com ➔ '한자암기박사' 검색 ➔ 훈련 채널 이동

읽으면 저절로 외워지는
기적의 암기공식

한자 암기 박사 1

쓰기 훈련 노트

(주)시대고시기획

한자 3박자 연상 학습법

◉ 한자 3박자 연상 학습법이란?

한자암기박사 시리즈에 적용한 학습법은 '한자 3박자 연상 학습법'입니다. 한자 3박자 연상 학습법(LAM; Learning for Associative Memories)은 어렵고 복잡한 글자를 무조건 통째로 익히지 않고 부수나 독립된 글자로 나누어 ❶ 머리에 쏙쏙 들어오는 생생한 어원으로, ❷ 동시에 관련된 글자들도 익히면서, ❸ 그 글자가 쓰인 단어들까지 생각해 보는 방법입니다.

1 어원 학습

많이(十) 눈(目)으로
덮여진(ㄴ) 부분까지
살펴도 곧고 바르니

**곧을 직,
바를 직(直)**

2 연상 암기

直
곧을 직

植
심을 식

値
값 치

3 단어 학습

直線 직선

直進 직진

植木 식목

植物 식물

價値 가치

數値 수치

이런 방법으로 된 책의 내용을 좀 더 체계적으로 익히기 위해서 ❶ 제목을 중심 삼아 외고, ❷ 그 제목을 보면서 각 한자들은 어떤 공통점과 차이점으로 이루어진 한자들인지 구조와 어원으로 떠올려 보고, ❸ 각 한자들이 쓰인 단어들은 무엇인지 생각해 보세요. 그래서 어떤 한자를 보면 그 한자와 관련된 한자들로 이루어진 제목이 떠오르고, 그 제목에서 각 한자들의 어원과 단어들까지 떠올릴 수 있다면 이미 그 한자는 완전히 익히신 것입니다.

◎ 한자 3박자 연상 학습법에 따른 학습법

▶ 1박자 학습

첫 번째로 나온 한자는 아래에 나온 한자들의 기준이 되는 '기준 한자'이며, 1박자 학습 시엔 기준 한자부터 우측에 설명되어 있는 생생한 어원과 함께 익힙니다. (또한 필순/난이도/총 획수/부수가 표시되어 있으니 참고하며 익히십시오.)

많이(十) 눈(目)으로 덮여진(ㄴ) 부분까지 살펴도 곧고 바르니

곧을 직, 바를 직

+ 十[열 십, 많을 십(十)의 변형], 目(눈 목, 볼 목, 항목 목), ㄴ(감출 혜, 덮을 혜, = 匚)

활용어휘 直線(직선), 直進(직진), 剛直(강직), 率直(솔직)

7Ⅱ
8획 / 부수 目
一 十 古 古 គ 首 首 直

▶ 2박자 학습

기준 한자를 중심으로 파생된 다른 한자들(첫 번째 한자 아래에 나온 한자들)을 우측의 생생한 어원과 함께 자연스럽게 연상하며 익히도록 합니다.

나무(木)를 곧게(直) 세워 심으니 **심을 식**

+ 木(나무 목)

활용어휘 植木(식목), 植物(식물), 密植(밀식), 移植(이식)

7
12획 / 부수 木
一 十 术 杧 枯 枯 柿 植 植 植 植 植

사람(亻)이 바르게(直) 평가하여 매긴 값이니 **값 치**

+ 亻(사람 인 변)

활용어휘 價值(가치), 數値(수치), 平均値(평균치)

3Ⅱ
10획 / 부수 人(亻)
亻 亻 仁 佔 佔 佔 佔 值 值

▶ 3박자 학습

어원을 중심으로 한자들을 자연스럽게 연상하며 익히는 것과 함께, 각 한자들의 훈·음을 파악하고 교과서나 한자자격증 시험에 자주 출제되는 어휘, 혹은 실생활에서 빈번히 쓰이는 어휘들을 익히도록 합니다.

쓰기 훈련 노트 **활용법**

본 '한자암기박사 쓰기 훈련 노트'는 '[본 교재] 한자암기박사'에 나온 한자들을 직접 써 보며 연습할 수 있는 워크북 개념의 교재입니다. 또한 본 교재와 쓰기 연습 노트에 나온 한자의 순서가 동일하기 때문에, 본책의 MP3 파일이나 유튜브 한자 암기 훈련 영상과 함께 보며 듣고 학습을 병행하셔도 됩니다.

◉ 본 교재 ― 한자 암기박사

읽으면 저절로 외워지는 기적의 암기 공식!
[한자 3박자 연상 학습법]에 따라 한자를 자연스럽고도 효과적으로 학습할 수 있는 교재입니다. (별도 구매)

◉ 워크북 ― 한자암기박사 쓰기 훈련 노트

본 교재에 나온 한자와 활용 어휘를 직접 써보며 연습할 수 있는 워크북 개념의 교재입니다.

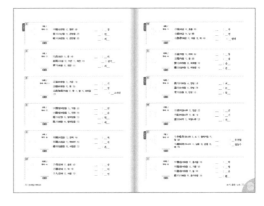

❶ 큼지막한 한자 & 한눈에 확인하는 한자 정보

본책에서 배운 한자를 복습할 수 있도록 해당 한자를 익히는 데 필요한 정보를 담았습니다. 또한 복잡한 한자의 모양새를 시원시원하게 볼 수 있도록 한자를 큼지막하게 표기하였으며, 한자를 따라 써 보고, 훈과 음을 직접 써 볼 수 있도록 하였습니다.

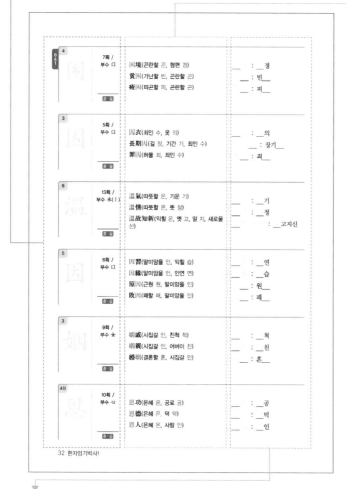

❷ 본격 한자 익히기!

본책에서 익힌 한자를 점검하며, 교과 학습과 한자격증 시험에도 꼭 나오는 어휘를 뜻에 알맞은 훈으로 익힙니다.

❸ 각 한자의 활용어휘 확인하기

한자 3박자 연상 학습법의 순서로 나열된 한자들을 자연스럽게 연상 암기를 하며 각 한자의 활용어휘를 직접 써 보며 학습할 수 있도록 표기하였습니다. (각 한자의 어원 설명 MP3 파일이나 유튜브 한자 암기 훈련 영상을 통해 듣고 보면서 학습할 수 있습니다.)

한자
암기
박사

▶ 참고자, 부수자 등의 한자는 쓰기 훈련 노트에서
제외하였습니다.

001 8	山 훈·음	총획 3획 제부수	山林(산 산, 수풀 림) 山脈(산 산, 줄기/맥 맥) 山所(산 산, 장소/바 소) 火山(불 화, 산 산)	__林 : __림 __脈 : __맥 __所 : __소 火__ : 화__
5Ⅱ	仙 훈·음	총획 5획 부수 人(亻)	仙境(신선 선, 경계 경) 仙女(신선 선, 여자 녀) 仙藥(신선 선, 약 약)	__境 : __경 __女 : __녀 __藥 : __약
7	出 훈·음	총획 5획 부수 凵	出家(나갈/나올 출, 집 가) 出嫁(나갈/나올 출, 시집갈 가) 出世(나갈/나올 출, 세상 세) 家出(집 가, 나갈/나올 출)	__家 : __가 __嫁 : __가 __世 : __세 家__ : 가__
3	拙 훈·음	총획 8획 부수 手(扌)	拙速(못날 졸, 빠를 속) 拙劣(못날 졸, 못날 렬) 拙作(못날 졸, 지을 작) 甕拙(막을 옹, 못날 졸)	__速 : __속 __劣 : __렬 __作 : __작 甕__ : 옹__
4	屈 훈·음	총획 8획 부수 尸	屈曲(굽을 굴, 굽을 곡) 屈伏(굽을 굴, 엎드릴 복) 不屈(아닐 불, 굽을 굴)	__曲 : __곡 __伏 : __복 不__ : 불__
002 3Ⅱ	谷 훈·음	총획 7획 제부수	溪谷(시내 계, 골짜기 곡) 深谷(깊을 심, 골짜기 곡) 幽谷(아득할 유, 골짜기 곡) 峽谷(골짜기 협, 골짜기 곡)	溪__ : 계__ 深__ : 심__ 幽__ : 유__ 峽__ : 협__

4Ⅱ 俗 훈·음	총획 9획 부수 人(亻)	俗物(저속할 속, 물건 물) 俗談(풍속 속, 말씀 담) 俗世(속세 속, 세상 세) 民俗(백성 민, 풍속 속)	__物 : __물 __談 : __담 __世 : __세 民__ : 민__
3Ⅱ 裕 훈·음	총획 12획 부수 衣(衤)	裕寬(넉넉할 유, 너그러울 관) 裕福(넉넉할 유, 복 복) 裕餘(넉넉할 유, 남을 여) 富裕(넉넉할 부, 넉넉할 유)	__寬 : __관 __福 : __복 __餘 : __여 富__ : 부__
4Ⅱ 容 훈·음	총획 10획 부수 宀	容貌(얼굴 용, 모양 모) 容認(받아들일 용, 알 인) 許容(허락할 허, 받아들일 용) 容恕(용서할 용, 용서할 서)	__貌 : __모 __認 : __인 許__ : 허__ __恕 : __서
5 浴 훈·음	총획 10획 부수 水(氵)	沐浴(목욕할 목, 목욕할 욕) 坐浴(앉을 좌, 목욕할 욕) 足浴(발 족, 목욕할 욕)	沐__ : 목__ 坐__ : 좌__ 足__ : 족__
3Ⅱ 欲 훈·음	총획 11획 부수 欠	欲求(바랄 욕, 구할 구) 欲心(바랄 욕, 마음 심)	__求 : __구 __心 : __심
3Ⅱ 慾 훈·음	총획 15획 부수 心	慾望(욕심 욕, 바랄 망) 物慾(물건 물, 욕심 욕) 意慾(뜻 의, 욕심 욕) 貪慾(탐낼 탐, 욕심 욕)	__望 : __망 物__ : 물__ 意__ : 의__ 貪__ : 탐__

8 004	총획 4획 제부수 水 훈·음	水路(물 수, 길 로) 冷水(찰 냉, 물 수) 溫水(따뜻할 온, 물 수) 食水(먹을 식, 물 수)	___路 : ___로 冷___ : 냉___ 溫___ : 온___ 食___ : 식___

5	총획 5획 부수 水 氷 훈·음	氷菓(얼음 빙, 과자 과) 氷山(얼음 빙, 산 산) 氷水(얼음 빙, 물 수) 解氷(풀 해, 얼음 빙)	___菓 : ___과 ___山 : ___산 ___水 : ___수 解___ : 해___

6	총획 5획 부수 水 永 훈·음	永眠(길/오랠 영, 잘 면) 永續(길/오랠 영, 이을 속) 永遠(길/오랠 영, 멀 원)	___眠 : ___면 ___續 : ___속 ___遠 : ___원

3	총획 8획 부수 水(氵) 泳 훈·음	泳法(헤엄칠 영, 법 법) 背泳(등 배, 헤엄칠 영) 水泳(물 수, 헤엄칠 영) 遊泳(놀 유, 헤엄칠 영)	___法 : ___법 背___ : 배___ 水___ : 수___ 遊___ : 유___

3	총획 12획 부수 言 詠 훈·음	詠歌(읊을 영, 노래 가) 詠嘆(읊을 영, 탄식할 탄) 吟詠(읊을 음, 읊을 영)	___歌 : ___가 ___嘆 : ___탄 吟___ : 음___

8 005	총획 4획 제부수 日 훈·음	日光(해/날 일, 빛 광) 日蝕(해/날 일, 좀먹을 식) 今日(이제/오늘 금, 날 일) 明日(밝을 명, 날 일)	___光 : ___광 ___蝕 : ___식 今___ : 금___ 明___ : 명___

3	총획 4획 제부수 ─── 훈·음	曰可曰否 (가로 왈, 옳을 가, 가로 왈, 아닐 부) 曰是曰非 (가로 왈, 옳을 시, 가로 왈, 아닐 비)	__可__否 : __가__부 __是__非 : __시__비
6	총획 5획 제부수 ─── 훈·음	目前(눈 목, 앞 전) 注目(쏟을 주, 볼 목) 目錄(항목 목, 기록할 록) 條目(조목 조, 항목 목)	__前 : __전 注__ : 주__ __錄 : __록 條__ : 조__
3	총획 5획 부수 一 ─── 훈·음	且置(또 차, 둘 치) 重且大(무거울 중, 또 차, 큰 대) 況且(하물며 황, 또 차)	__置 : __치 重__大 : 중__대 況__ : 황__
8	총획 4획 제부수 ─── 훈·음	半月(반 반, 달 월) 明月(밝을 명, 달 월) 月刊(달 월, 책 펴낼 간) 月貰(달 월, 세놓을 세)	半__ : 반__ 明__ : 명__ __刊 : __간 __貰 : __세
3Ⅱ	총획 8획 부수 日 ─── 훈·음	昌大(빛날 창, 큰 대) 昌盛(빛날 창, 성할 성) 昌昌(빛날 창, 빛날 창) 繁昌(번거로울 번, 빛날 창)	__大 : __대 __盛 : __성 __ __ : __ __ 繁__ : 번__
5	총획 11획 부수 口 ─── 훈·음	唱歌(노래 부를 창, 노래 가) 名唱(이름날 명, 노래 부를 창) 齊唱(가지런할 제, 노래 부를 창) 合唱(합할 합, 노래 부를 창)	__歌 : __가 名__ : 명__ 齊__ : 제__ 合__ : 합__

3	冒	총획 9획 부수 冂	冒瀆(무릅쓸 모, 더럽힐 독) 冒頭(무릅쓸 모, 머리 두) 冒險(무릅쓸 모, 험할 험)	__瀆 : __독 __頭 : __두 __險 : __험
		훈·음		

3	眉	총획 9획 부수 目	眉間(눈썹 미, 사이 간) 白眉(흰 백, 눈썹 미) 焦眉(탈 초, 눈썹 미)	__間 : __간 白__ : 백__ 焦__ : 초__
		훈·음		

4	看	총획 9획 부수 目	看過(볼 간, 지나칠 과) 看病(볼 간, 병들 병) 看守(볼 간, 지킬 수) 看護(볼 간, 보호할 호)	__過 : __과 __病 : __병 __守 : __수 __護 : __호
		훈·음		

6Ⅱ	明	총획 8획 부수 日	明朗(밝을 명, 밝을 랑) 鮮明(고울 선, 밝을 명) 說明(말씀 설, 밝을 명) 解明(풀 해, 밝을 명)	__朗 : __랑 鮮__ : 선__ 說__ : 설__ 解__ : 해__
		훈·음		

3Ⅱ	盟	총획 13획 부수 皿	盟誓[(맹세할 맹, 맹세할 서(세)] 盟約(맹세할 맹, 약속할 약) 同盟(같을 동, 맹세할 맹)	__誓 : __서(세) __約 : __약 同__ : 동__
		훈·음		

3	朋	총획 8획 부수 月	朋結(벗 붕, 맺을 결) 朋友(벗 붕, 벗 우) 朋黨(벗 붕, 무리 당) 朋輩(벗 붕, 무리 배)	__結 : __결 __友 : __우 __黨 : __당 __輩 : __배
		훈·음		

3	崩 훈·음	총획 11획 부수 山	崩壞(무너질 붕, 무너질 괴) 崩潰(무너질 붕, 무너질 궤) 崩御(무너질 붕, 임금 어)	__壞 : __괴 __潰 : __궤 __御 : __어
4	組 훈·음	총획 11획 부수 糸	組立(짤 조, 설 립) 組成(짤 조, 이룰 성) 組合(짤 조, 합할 합) 勞組(일할 노, 짤 조)	__立 : __립 __成 : __성 __合 : __합 勞__ : 노__
7	祖 훈·음	총획 10획 부수 示	祖父(할아버지 조, 아비 부) 始祖(처음 시, 할아버지 조) 元祖(원래 원, 조상 조)	__父 : __부 始__ : 시__ 元__ : 원__
3Ⅱ	租 훈·음	총획 10획 부수 禾	租貢(세낼 조, 바칠 공) 租稅(세금 조, 세금 세) 租借(세낼 조, 빌릴 차)	__貢 : __공 __稅 : __세 __借 : __차
3	宜 훈·음	총획 8획 부수 宀	宜當(마땅할 의, 마땅 당) 時宜(때 시, 마땅할 의) 便宜(편할 편, 마땅힐 의)	__當 : __당 時__ : 시__ 便__ : 편__
5	査 훈·음	총획 9획 부수 木	査定(조사할 사, 정할 정) 監査(볼 감, 조사할 사) 檢査(검사할 검, 조사할 사) 內査(안 내, 조사할 사)	__定 : __정 監__ : 감__ 檢__ : 검__ 內__ : 내__

008

3 II	旦 훈·음	총획 5획 부수 日	元旦(으뜸 원, 아침 단) 早旦(일찍 조, 아침 단) 一旦(한 일, 아침 단)	元__ : 원__ 早__ : 조__ 一__ : 일__
3 II	但 훈·음	총획 7획 부수 人(亻)	但只(다만 단, 다만 지) 但書(다만 단, 글 서) 非但(아닐 비, 다만 단)	__只 : __지 __書 : __서 非__ : 비__
4 II	得 훈·음	총획 11획 부수 彳	得道(얻을 득, 도리 도) 納得(들을 납, 얻을 득) 體得(몸 체, 얻을 득)	__道 : __도 納__ : 납__ 體__ : 체__

1	亘 훈·음	총획 6획 부수 二	亘古(뻗칠 긍, 옛 고) 亘萬古(뻗칠 긍, 많을 만, 옛 고)	__古 : __고 __萬古 : __만고
3 II	恒 훈·음	총획 9획 부수 心(忄)	恒常(항상 항, 항상 상) 恒久(항상 항, 오랠 구) 恒溫(항상 항, 따뜻할 온) 恒時(항상 항, 때 시)	__常 : __상 __久 : __구 __溫 : __온 __時 : __시
4	宣 훈·음	총획 9획 부수 宀	宣告(펼 선, 알릴 고) 宣教(펼 선, 가르칠 교) 宣言(펼 선, 말씀 언) 宣傳(펼 선, 전할 전)	__告 : __고 __教 : __교 __言 : __언 __傳 : __전

011 7 夕 훈·음	총획 3획 제부수	夕刊(저녁 석, 책 펴낼 간) 夕陽(저녁 석, 볕 양) 朝夕(아침 조, 저녁 석) 秋夕(가을 추, 저녁 석)	__刊 : __간 __陽 : __양 朝__ : 조__ 秋__ : 추__
6 多 훈·음	총획 6획 부수 夕	多急(많을 다, 급할 급) 多讀(많을 다, 읽을 독) 多福(많을 다, 복 복) 多情(많을 다, 정 정)	__急 : __급 __讀 : __독 __福 : __복 __情 : __정
4Ⅱ 移 훈·음	총획 11획 부수 禾	移民(옮길 이, 백성 민) 移動(옮길 이, 움직일 동) 移徙(옮길 이, 옮길 사) 推移(밀 추, 옮길 이)	__民 : __민 __動 : __동 __徙 : __사 推__ : 추__
7Ⅱ 名 훈·음	총획 6획 부수 口	改名(고칠 개, 이름 명) 無名(없을 무, 이름 명) 名家(이름날 명, 전문가 가) 名品(이름날 명, 물건 품)	改__ : 개__ 無__ : 무__ __家 : __가 __品 : __품
3Ⅱ 銘 훈·음	총획 14획 부수 金	銘心(새길 명, 마음 심) 感銘(감동할 감, 새길 명) 座右銘(위치 좌, 오른쪽 우, 새길 명)	__心 : __심 感__ : 감__ 座右__ : 좌우__
012 6Ⅱ 各 훈·음	총획 6획 부수 口	各各(각각 각, 각각 각) 各界(각각 각, 경계 계) 各別(각각 각, 다를 별) 各種(각각 각, 종류 종)	____ : ____ __界 : __계 __別 : __별 __種 : __종

5Ⅱ 格 훈·음	총획 10획 부수 木	格式(격식 격, 법 식) 格調(격식 격, 고를/가락 조) 性格(성품 성, 헤아릴 격) 格物(헤아릴 격, 물건 물)	__式 : __식 __調 : __조 性__ : 성__ __物 : __물
3Ⅱ 絡 훈·음	총획 12획 부수 糸	經絡(지날 경, 이을 락) 脈絡(줄기/혈맥 맥, 이을 락) 連絡(이을 연, 이을 락)	經__ : 경__ 脈__ : 맥__ 連__ : 연__
4 略 훈·음	총획 11획 부수 田	略圖(간략할 약, 그림 도) 略式(간략할 약, 법 식) 簡略(간단할 간, 간략할 략) 計略(꾀할 계, 빼앗을 략)	__圖 : __도 __式 : __식 簡__ : 간__ 計__ : 계__
6 路 훈·음	총획 13획 부수 足(⻊)	路邊(길 노, 가 변) 路線(길 노, 줄 선) 路資(길 노, 재물 자) 通路(통할 통, 길 로)	__邊 : __변 __線 : __선 __資 : __자 通__ : 통__
3Ⅱ 閣 훈·음	총획 14획 부수 門	鐘閣(쇠북 종, 누각 각) 閣僚(내각 각, 동료 료)	鐘__ : 종__ __僚 : __료
5Ⅱ 客 훈·음	총획 9획 부수 宀	客觀(손님 객, 볼 관) 客室(손님 객, 집 실) 客地(손님 객, 땅 지) 觀客(볼 관, 손님 객)	__觀 : __관 __室 : __실 __地 : __지 觀__ : 관__

5 落 훈·음	총획 13획 부수 草(艹)	落心(떨어질 낙, 마음 심) 落書(떨어질 낙, 쓸 서) 脫落(벗을 탈, 떨어질 락) 村落(마을 촌, 떨어질 락)	__心 : __심 __書 : __서 脫__ : 탈__ 村__ : 촌__
8 一 훈·음	총획 1획 제부수	一念(한 일, 생각 념) 一行(한 일, 다닐 행) 單一(홑 단, 한 일) 同一(같을 동, 한 일)	__念 : __념 __行 : __행 單__ : 단__ 同__ : 동__
8 二 훈·음	총획 2획 제부수	二輪車(둘 이, 바퀴 륜, 수레 차) 二重(둘 이, 거듭 중) 一人二役(한 일, 사람 인, 둘 이, 부릴 역)	__輪車 : __륜차 __重 : __중 一人__役 : 일인__역
8 三 훈·음	총획 3획 부수 一	三寸(석 삼, 마디 촌) 作心三日(지을 작, 마음 심, 석 삼, 날 일)	__寸 : __촌 作心__日 : 작심__일
8 四 훈·음	총획 5획 부수 囗	四骨(넉 사, 뼈 골) 四柱(넉 사, 기둥 주) 四寸(넉 사, 마디 촌) 四海(넉 사, 바다 해)	__骨 : __골 __柱 : __주 __寸 : __촌 __海 : __해
8 五 훈·음	총획 4획 부수 二	五感(다섯 오, 느낄 감) 五穀(다섯 오, 곡식 곡) 三綱五倫 (석 삼, 벼리 강, 다섯 오, 윤리 륜)	__感 : __감 __穀 : __곡 三綱__倫 : 삼강__륜

六

총획 4획
부수 八

__훈·음__

六感(여섯 육, 느낄 감)

六旬(여섯 육, 열흘 순)

六身(여섯 육, 몸 신)

__感 : __감

__旬 : __순

__身 : __신

8

七

총획 2획
부수 一

__훈·음__

七寶(일곱 칠, 보배 보)

七夕(일곱 칠, 저녁 석)

七旬(일곱 칠, 열흘 순)

__寶 : __보

__夕 : __석

__旬 : __순

8

八

총획 2획
제부수

__훈·음__

八達(여덟 팔, 통달할 달)

八道(여덟 팔, 행정 구역의 도)

八字(여덟 팔, 글자 자)

__達 : __달

__道 : __도

__字 : __자

8

九

총획 2획
부수 乙

__훈·음__

十九孔炭
(열 십, 아홉 구, 구멍 공, 숯/석탄 탄)

九牛一毛
(아홉 구, 소 우, 한 일, 털 모)

十__孔炭 : 십__공탄

__牛一毛 : __우일모

8

十

총획 2획
제부수

__훈·음__

十戒(열 십, 경계할 계)

十代(열 십, 세대 대)

十分(많을 십, 단위 분)

__戒 : __계

__代 : __대

__分 : __분

吾

총획 7획
부수 口

__훈·음__

吾等(나 오, 무리 등)

吾不關焉
(나 오, 아닐 불, 관계 관, 어찌 언)

__等 : __등

__不關焉 : __불관언

3Ⅱ	총획 10획 부수 心(忄)	悟道(깨달을 오, 도리 도) 覺悟(깨달을 각, 깨달을 오) 大悟覺醒(큰 대, 깨달을 오, 깨달을 각, 깰 성)	__道 : __도 覺__ : 각__ 大__覺醒 : 대__각성
	悟 [훈·음]		

6Ⅱ	총획 5획 부수 十	半開(반 반, 열 개) 半熟(반 반, 익을 숙) 半折(반 반, 꺾을 절) 過半(지날 과, 반 반)	__開 : __개 __熟 : __숙 __折 : __절 過__ : 과__
	半 [훈·음]		

3	총획 7획 부수 人(亻)	伴侶者(짝 반, 짝 려, 놈 자) 同伴(같을 동, 짝 반) 伴奏(따를 반, 아뢸 주)	__侶者 : __려자 同__ : 동__ __奏 : __주
	伴 [훈·음]		

4	총획 7획 부수 刀(刂)	判決(판단할 판, 정할 결) 判例(판단할 판, 법식 례) 談判(말씀 담, 판단할 판) 批判(비평할 비, 판단할 판)	__決 : __결 __例 : __례 談__ : 담__ 批__ : 비__
	判 [훈·음]		

8	총획 3획 제부수	小心(작을 소, 마음 심) 小食(작을 소, 먹을 식) 小說(작을 소, 말씀 설)	__心 : __심 __食 : __식 __說 : __설
	小 [훈·음]		

7	총획 4획 부수 小	少量(적을 소, 용량 량) 少數(적을 소, 셀 수) 減少(줄어들 감, 적을 소) 少年(젊을 소, 나이 년)	__量 : __량 __數 : __수 減__ : 감__ __年 : __년
	少 [훈·음]		

3 尖 훈·음	총획 6획 부수 小	尖端(뾰족할 첨, 끝 단) 尖兵(뾰족할 첨, 군사 병) 尖銳(뾰족할 첨, 날카로울 예) 尖塔(뾰족할 첨, 탑 탑)	__端 : __단 __兵 : __병 __銳 : __예 __塔 : __탑
7Ⅱ 017 不 훈·음	총획 4획 부수 一	不潔(아닐 불, 깨끗할 결) 不滿(아닐 불, 찰 만) 不當(아닐 부, 마땅할 당) 不正(아닐 부, 바를 정)	__潔 : __결 __滿 : __만 __當 : __당 __正 : __정
3 杯 훈·음	총획 8획 부수 木	杯盤(잔 배, 쟁반 반) 乾杯(하늘 건, 잔 배) 苦杯(쓸 고, 잔 배) 祝杯(축하할 축, 잔 배)	__盤 : __반 乾__ : 건__ 苦__ : 고__ 祝__ : 축__
4 否 훈·음	총획 7획 부수 口	否決(아닐 부, 정할 결) 否認(아닐 부, 인정할 인) 安否(편안할 안, 아닐 부) 否運(막힐 비, 운수 운)	__決 : __결 __認 : __인 安__ : 안__ __運 : __운
3Ⅱ 018 沙 훈·음	총획 7획 부수 水(氵)	沙漠(모래 사, 사막 막) 沙上樓閣(모래 사, 위 상, 누각 누, 집 각) 黃沙(누를 황, 모래 사)	__漠 : __막 __上樓閣 : __상누각 黃__ : __황
4 妙 훈·음	총획 7획 부수 女	妙技(묘할 묘, 재주 기) 妙案(묘할 묘, 생각 안) 絶妙(끊을 절, 묘할 묘) 妙齡(예쁠 묘, 나이 령)	__技 : __기 __案 : __안 絶__ : 절__ __齡 : __령

| 3 抄 총획 7획
부수 手(扌)

훈·음 | 抄錄(뽑을 초, 기록할 록)
抄譯(뽑을 초, 번역할 역)
抄本(베낄 초, 근본 본) | __錄 : __록
__譯 : __역
__本 : __본 |

| 3 秒 총획 9획
부수 禾

훈·음 | 秒速(초 초, 빠를 속)
秒針(초 초, 바늘 침)
每秒(매양/항상 매, 초 초) | __速 : __속
__針 : __침
每__ : 매__ |

| 3 賓 총획 14획
부수 貝

훈·음 | 國賓(나라 국, 손님 빈)
貴賓(귀할 귀, 손님 빈)
來賓(올 내, 손님 빈)
外賓(밖 외, 손님 빈) | 國__ : 국__
貴__ : 귀__
來__ : 내__
外__ : 외__ |

| 6Ⅱ 省 총획 9획
부수 目

훈·음 | 省墓(살필 성, 무덤 묘)
反省(거꾸로 반, 살필 성)
自省(스스로 자, 살필 성)
省略(줄일 생, 간략할 략) | __墓 : __묘
反__ : 반__
自__ : 자__
__略 : __략 |

| 3Ⅱ 肖 총획 7획
부수 肉(月)

훈·음 | 肖像權(닮을 초, 모양 상, 권세 권)
肖像畫(닮을 초, 모양 상, 그림 화)
不肖(아닐 불, 닮을 초) | __像權 : __상권
__像畫 : __상화
不__ : 불__ |

| 6Ⅱ 消 총획 10획
부수 水(氵)

훈·음 | 消火(끌 소, 불 화)
消化(삭일 소, 변화할 화)
消極的(물러설 소, 다할 극, 접미사 적) | __火 : __화
__化 : __화
__極的 : __극적 |

| 3Ⅱ 削
훈·음 | 총획 9획
부수 刀(刂) | 削減(깎을 삭, 줄어들 감)
削髮(깎을 삭, 머리털 발)
削除(깎을 삭, 제거할 제)
添削(더할 첨, 깎을 삭) | __減 : __감
__髮 : __발
__除 : __제
添__ : 첨__ |

| 6Ⅱ 020 計
훈·음 | 총획 9획
부수 言 | 計算(셈할 계, 셈할 산)
計數(셈할 계, 셀 수)
計策(꾀할 계, 꾀 책)
凶計(흉할 흉, 꾀할 계) | __算 : __산
__數 : __수
__策 : __책
凶__ : 흉__ |

| 4 針
훈·음 | 총획 10획
부수 金 | 方針(방향 방, 바늘 침)
時針(때 시, 바늘 침)
指針(가리킬 지, 바늘 침) | 方__ : 방__
時__ : 시__
指__ : 지__ |

| 4Ⅱ 支
훈·음 | 총획 4획
제부수 | 支撐(다룰 지, 버틸 탱)
支店(가를 지, 가게 점)
支給(지출할 지, 줄 급)
支拂(지출할 지, 떨칠 불) | __撐 : __탱
__店 : __점
__給 : __급
__拂 : __불 |

| 3Ⅱ 枝
훈·음 | 총획 8획
부수 木 | 枝葉(가지 지, 잎 엽)
金枝玉葉(금 금, 가지 지, 구슬 옥, 잎 엽)
剪枝(자를 전, 가지 지) | __葉 : __엽
金__玉葉 :금__옥엽
剪__ : 전__ |

| 5 技
훈·음 | 총획 7획
부수 手(扌) | 技師(재주 기, 전문가 사)
技術(재주 기, 재주 술)
實技(실제 실, 재주 기)
演技(펼 연, 재주 기) | __師 : __사
__術 : __술
實__ : 실__
演__ : 연__ |

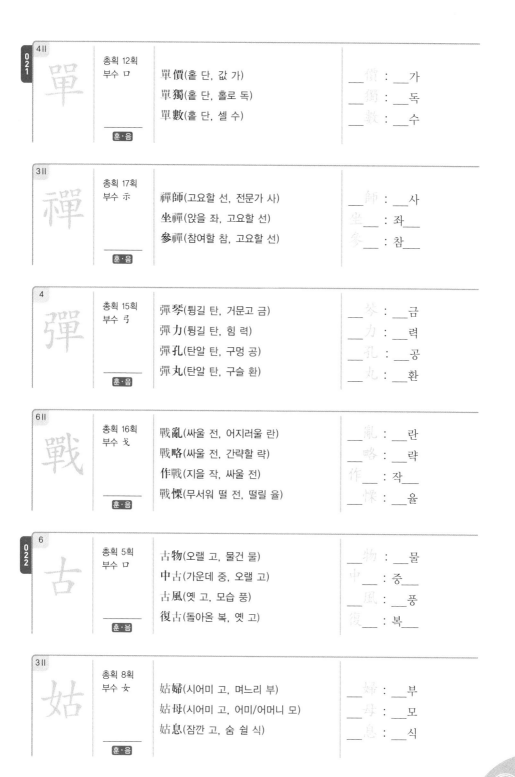

021

| 4Ⅱ 單 훈·음 | 총획 12획 부수 口 | 單價(홑 단, 값 가)
單獨(홑 단, 홀로 독)
單數(홑 단, 셀 수) | __價 : __가
__獨 : __독
__數 : __수 |

| 3Ⅱ 禪 훈·음 | 총획 17획 부수 示 | 禪師(고요할 선, 전문가 사)
坐禪(앉을 좌, 고요할 선)
參禪(참여할 참, 고요할 선) | __師 : __사
坐__ : 좌__
參__ : 참__ |

| 4 彈 훈·음 | 총획 15획 부수 弓 | 彈琴(튕길 탄, 거문고 금)
彈力(튕길 탄, 힘 력)
彈孔(탄알 탄, 구멍 공)
彈丸(탄알 탄, 구슬 환) | __琴 : __금
__力 : __력
__孔 : __공
__丸 : __환 |

| 6Ⅱ 戰 훈·음 | 총획 16획 부수 戈 | 戰亂(싸울 전, 어지러울 란)
戰略(싸울 전, 간략할 략)
作戰(지을 작, 싸울 전)
戰慄(무서워 떨 전, 떨릴 율) | __亂 : __란
__略 : __략
作__ : 작__
__慄 : __율 |

022

| 6 古 훈·음 | 총획 5획 부수 口 | 古物(오랠 고, 물건 물)
中古(가운데 중, 오랠 고)
古風(옛 고, 모습 풍)
復古(돌아올 복, 옛 고) | __物 : __물
中__ : 중__
__風 : __풍
復__ : 복__ |

| 3Ⅱ 姑 훈·음 | 총획 8획 부수 女 | 姑婦(시어미 고, 며느리 부)
姑母(시어미 고, 어미/어머니 모)
姑息(잠깐 고, 숨 쉴 식) | __婦 : __부
__母 : __모
__息 : __식 |

3	枯 ___(훈·음)	총획 9획 부수 木	枯渴(마를 고, 마를 갈) 枯木(마를 고, 나무 목) 枯死(마를/죽을 고, 죽을 사) 枯葉(마를 고, 잎 엽)	__渴 : __갈 __木 : __목 __死 : __사 __葉 : __엽
5	固 ___(훈·음)	총획 8획 부수 口	固守(굳을 고, 지킬 수) 固體(굳을 고, 몸 체) 固所願(진실로 고, 장소 소, 원할 원)	__守 : __수 __體 : __체 __所願 : __소원
3Ⅱ	胡 ___(훈·음)	총획 9획 부수 肉(月)	胡角(오랑캐 호, 뿔 각) 胡桃(오랑캐 호, 복숭아 도) 胡亂(오랑캐 호, 어지러울 란)	__角 : __각 __桃 : __도 __亂 : __란
5	湖 ___(훈·음)	총획 12획 부수 水(氵)	湖畔(호수 호, 밭두둑 반) 江湖(강 강, 호수 호)	__畔 : __반 江__ : 강__
7Ⅱ	直 ___(훈·음)	총획 8획 부수 目	直線(곧을 직, 줄 선) 直進(곧을 직, 나아갈 진) 剛直(굳셀 강, 바를 직) 率直(솔직할 솔, 바를 직)	__線 : __선 __進 : __진 剛__ : 강__ 率__ : 솔__
7	植 ___(훈·음)	총획 12획 부수 木	植木(심을 식, 나무 목) 植物(심을 식, 물건 물) 密植(빽빽할 밀, 심을 식) 移植(옮길 이, 심을 식)	__木 : __목 __物 : __물 密__ : 밀__ 移__ : 이__

3Ⅱ			
値 훈·음	총획 10획 부수 人(亻)	價値(값 가, 값 치) 數値(셀 수, 값 치) 平均値(평평할 평, 평평할/고를 균, 값 치)	價__ : 가__ 數__ : 수__ 平均__ : 평균__

024 5Ⅱ			
德 훈·음	총획 15획 부수 彳	德談(덕 덕, 말씀 담) 德澤(덕 덕, 은혜 택) 道德(도리 도, 덕 덕) 德用(덕 덕, 쓸 용)	__談 : __담 __澤 : __택 道__ : 도__ __用 : __용

4			
聽 훈·음	총획 22획 부수 耳	聽覺(들을 청, 깨달을 각) 聽力(들을 청, 힘 력) 聽衆(들을 청, 무리 중) 視聽(볼 시, 들을 청)	__覺 : __각 __力 : __력 __衆 : __중 視__ : 시__

4			
廳 훈·음	총획 25획 부수 广	廳舍(관청 청, 집 사) 廳長(관청 청, 어른 장) 區廳(구역 구, 관청 청) 市廳(시내 시, 관청 청)	__舍 : __사 __長 : __장 區__ : 구__ 市__ : 시__

025 7Ⅱ			
自 훈·음	총획 6획 제부수	自力(스스로 자, 힘 력) 自律(스스로 자, 법률 율) 自初至終 (부터 자, 처음 초, 이를 지, 마칠 종)	__力 : __력 __律 : __율 __初至終 : __초지종

4Ⅱ			
息 훈·음	총획 10획 부수 心	休息(쉴 휴, 쉴 식) 瞬息間(눈 깜짝할 순, 숨 쉴 식, 사이 간) 子息(아들 자, 자식 식)	休__ : 휴__ 瞬__間 : 순__간 子__ : 자__

3	총획 10획 부수 自	惡臭(악할 악, 냄새 취) 體臭(몸 체, 냄새 취) 脫臭(벗을 탈, 냄새 취) 香臭(향기 향, 냄새 취)	惡___ : 악___ 體___ : 체___ 脫___ : 탈___ 香___ : 향___
臭 훈·음			

5	총획 14획 제부수	鼻笑(코 비, 웃을 소) 鼻炎(코 비, 염증 염) 鼻音(코 비, 소리 음) 鼻祖(비롯할 비, 조상 조)	___笑 : ___소 ___炎 : ___염 ___音 : ___음 ___祖 : ___조
鼻 훈·음			

4II	총획 19획 부수 辶(辶)	邊境(가 변, 경계 경) 邊方(가 변, 방향 방) 海邊(바다 해, 가 변)	___境 : ___경 ___方 : ___방 海___ : 해___
邊 훈·음			

7	총획 9획 제부수	面談(얼굴 면, 말씀 담) 面前(향할 면, 앞 전) 面會(얼굴/볼 면, 모일 회) 面長(행정 구역의 면, 어른 장)	___談 : ___담 ___前 : ___전 ___會 : ___회 ___長 : ___장
面 훈·음			

7II	총획 9획 부수 刀(刂)	前面(앞 전, 향할 면) 前夜(앞 전, 밤 야) 前提(앞 전, 내놓을 제) 前進(앞 전, 나아갈 진)	___面 : ___면 ___夜 : ___야 ___提 : ___제 ___進 : ___진
前 훈·음			

5II	총획 9획 제부수	首尾(머리 수, 꼬리 미) 首都(머리 수, 도시 도) 自首(스스로 자, 머리 수) 首席(우두머리 수, 자리 석)	___尾 : ___미 ___都 : ___도 自___ : 자___ ___席 : ___석
首 훈·음			

| 7Ⅱ | 총획 13획
부수 辵(辶) | 道路(길 도, 길 로)
道理(도리 도, 이치 리)
報道(알릴 보, 말할 도)
唱道(노래 부를 창, 말할 도) | __路 : __로
__理 : __리
報__ : 보__
唱__ : 창__ |
| 道
훈·음 | | | |

| 4Ⅱ | 총획 16획
부수 寸 | 導入(인도할 도, 들 입)
善導(착할 선, 인도할 도)
誘導(꾈 유, 인도할 도)
指導(가리킬 지, 인도할 도) | __入 : __입
善__ : 선__
誘__ : 유__
指__ : 지__ |
| 導
훈·음 | | | |

| 8 | 총획 5획
제부수 | 白色(흰 백, 빛 색)
明白(밝을 명, 밝을 백)
白紙(깨끗할 백, 종이 지)
自白(스스로 자, 아뢸 백) | __色 : __색
明__ : 명__
__紙 : __지
自__ : 자__ |
| 白
훈·음 | | | |

| 3Ⅱ | 총획 7획
부수 人(亻) | 伯父(맏 백, 아비 부)
伯仲之勢
(우두머리 백, 버금 중, ~의 지, 기세 세)
道伯(행정 구역의 도, 우두머리 백) | __父 : __부
__仲之勢 : __중지세
道__ : 도__ |
| 伯
훈·음 | | | |

| 4 | 총획 8획
부수 手(扌) | 拍手(칠 박, 손 수)
拍子(칠 박, 접미사 자)
拍車(칠 박, 수레 차) | __手 : __수
__子 : __자
__車 : __차 |
| 拍
훈·음 | | | |

| 3 | 총획 8획
부수 水(氵) | 碇泊(닻 정, 배댈 박)
宿泊(잘 숙, 묵을 박)
外泊(밖 외, 묵을 박)
淡泊(맑을 담, 산뜻할 박) | 碇__ : 정__
宿__ : 숙__
外__ : 외__
淡__ : 담__ |
| 泊
훈·음 | | | |

3Ⅱ 迫 훈·음	총획 9획 부수 辵(辶)	迫頭(닥칠 박, 머리 두) 迫力(닥칠 박, 힘 력) 切迫(간절할 절, 닥칠 박) 逼迫(닥칠 핍, 닥칠 박)	__頭 : __두 __力 : __력 切__ : 절__ 逼__ : 핍__
028 7 百 훈·음	총획 6획 부수 白	百發百中 (일백 백, 쏠 발, 일백 백, 맞힐 중) 百方(많을 백, 방법 방) 百害(많을 백, 해칠 해)	__發__中 : __발__중 __方 : __방 __害 : __해
3Ⅱ 皇 훈·음	총획 9획 부수 白	皇國(황제 황, 나라 국) 皇宮(황제 황, 궁궐 궁) 皇后(황제 황, 황후 후)	__國 : __국 __宮 : __궁 __后 : __후
1 帛 훈·음	총획 8획 부수 巾	帛書(비단 백, 글/쓸 서)	__書 : __서
3Ⅱ 錦 훈·음	총획 16획 부수 金	錦歸(비단 금, 돌아올 귀) 錦冠(비단 금, 갓 관) 錦衣還鄉 (비단 금, 옷 의, 돌아올 환, 고향 향)	__歸 : __귀 __冠 : __관 __衣還鄉 : __의환향
3Ⅱ 綿 훈·음	총획 14획 부수 糸	純綿(순수할 순, 솜 면) 綿織(솜 면, 짤 직) 綿密(자세할 면, 빽빽할 밀) 綿綿(이어질 면, 이어질 면)	純__ : 순__ __織 : __직 __密 : __밀 ____ : ____

| | 5Ⅱ | 총획 11획
부수 宀 | 宿食(잘 숙, 먹을 식)
宿願(오랠 숙, 원할 원)
宿患(오랠 숙, 근심 환)
星宿(별 성, 별자리 수) | __食 : __식
__願 : __원
__患 : __환
星__ : 성__ |
| 宿 | | 훈·음 | | |

| | 4 | 총획 17획
부수 糸 | 縮圖(줄어들 축, 그림 도)
縮小(줄어들 축, 작을 소)
縮約(줄어들 축, 맺을 약)
減縮(줄어들 감, 줄어들 축) | __圖 : __도
__小 : __소
__約 : __약
減__ : 감__ |
| 縮 | | 훈·음 | | |

| | 4 | 총획 9획
부수 水 | 甘泉(달 감, 샘 천)
冷泉(찰 냉, 샘 천)
溫泉(따뜻할 온, 샘 천)
源泉(근원 원, 샘 천) | 甘__ : 감__
冷__ : 냉__
溫__ : 온__
源__ : 원__ |
| 泉 | | 훈·음 | | |

| | 6Ⅱ | 총획 15획
부수 糸 | 線路(줄 선, 길 로)
曲線(굽을 곡, 줄 선)
光線(빛 광, 줄 선)
脫線(벗을 탈, 줄 선) | __路 : __로
曲__ : 곡__
光__ : 광__
脫__ : 탈__ |
| 線 | | 훈·음 | | |

| | 5 | 총획 10획
부수 厂 | 草原(풀 초, 언덕 원)
平原(평평할 평, 언덕 원)
原價(근원 원, 값 가)
原告(근원 원, 알릴 고) | 草__ : 초__
平__ : 평__
__價 : __가
__告 : __고 |
| 原 | | 훈·음 | | |

| | 4 | 총획 13획
부수 水(氵) | 起源(일어날 기, 근원 원)
語源(말씀 어, 근원 원)
發源(일어날 발, 근원 원) | 起__ : 기__
語__ : 어__
發__ : 발__ |
| 源 | | 훈·음 | | |

029

| 5 願 | 총획 19획 부수 頁 훈·음 | 願書(원할 원, 쓸 서) 民願(백성 민, 원할 원) 所願(바 소, 원할 원) 自願(스스로 자, 원할 원) | __書 : __서 民__ : 민__ 所__ : 소__ 自__ : 자__ |

| 030 4Ⅱ 早 | 총획 6획 부수 日 훈·음 | 早期(일찍 조, 기간 기) 早老(일찍 조, 늙을 로) 早退(일찍 조, 물러날 퇴) 早婚(일찍 조, 결혼할 혼) | __期 : __기 __老 : __로 __退 : __퇴 __婚 : __혼 |

| 7 草 | 총획 10획 부수 草(艹) 훈·음 | 草家(풀 초, 집 가) 草木(풀 초, 나무 목) 花草(꽃 화, 풀 초) 雜草(섞일 잡, 풀 초) | __家 : __가 __木 : __목 花__ : 화__ 雜__ : 잡__ |

| 5 卓 | 총획 8획 부수 十 훈·음 | 卓見(높을 탁, 볼 견) 卓越(높을/뛰어날 탁, 넘을 월) 卓球(탁자 탁, 공 구) 教卓(가르칠 교, 탁자 탁) | __見 : __견 __越 : __월 __球 : __구 教__ : 교__ |

| 031 7 千 | 총획 3획 부수 十 훈·음 | 千金(일천/많을 천, 돈 금) 千里(많을 천, 거리 리) 千秋(많을 천, 가을 추) | __金 : __금 __里 : __리 __秋 : __추 |

| 3 于 | 총획 3획 부수 二 훈·음 | 于今(어조사 우, 이제 금) 于先(어조사 우, 먼저 선) | __今 : __금 __先 : __선 |

4	총획 3획 제부수	干戈(방패 간, 창 과)	___戈 : ___과
		干與(범할 간, 참여할 여)	___與 : ___여
干		干潮(마를 간, 밀물 조)	___潮 : ___조
	훈·음		

7Ⅱ	총획 4획 부수 十	午睡(낮 오, 잘 수)	___睡 : ___수
		午餐(낮 오, 먹을/밥 찬)	___餐 : ___찬
午		午後(낮 오, 뒤 후)	___後 : ___후
	훈·음	正午(바를 정, 낮 오)	正___ : 정___

5	총획 4획 제부수	牛乳(소 우, 젖 유)	___乳 : ___유
		牛肉(소 우, 고기 육)	___肉 : ___육
牛		牛足(소 우, 발 족)	___足 : ___족
	훈·음	韓牛(한국 한, 소 우)	韓___ : 한___

3Ⅱ 032	총획 6획 부수 水(氵)	汗蒸幕(땀 한, 찔 증, 장막 막)	___蒸幕 : ___증막
		發汗(일어날 발, 땀 한)	發___ : 발___
汗		血汗(피 혈, 땀 한)	血___ : 혈___
	훈·음		

3	총획 10획 부수 車	軒頭(처마 헌, 머리 두)	___頭 : ___두
		軒燈(처마 헌, 등불 등)	___燈 : ___등
軒		軒號(집 헌, 이름 호)	___號 : ___호
	훈·음		

3Ⅱ	총획 7획 부수 肉(月)	肝癌(간 간, 암 암)	___癌 : ___암
		肝炎(간 간, 염증 염)	___炎 : ___염
肝		肝腸(간 간, 창자 장)	___腸 : ___장
	훈·음		

3Ⅱ 刊 ___ 훈·음	총획 5획 부수 刀(刂)	刊行(책 펴낼 간, 행할 행) 發刊(일어날 발, 책 펴낼 간) 日刊(날 일, 책 펴낼 간) 出刊(나갈/나올 출, 책 펴낼 간)	__行 : ___행 發__ : 발___ 日__ : 일___ 出__ : 출___
3 033 旱 ___ 훈·음	총획 7획 부수 日	旱穀(가물 한, 곡식 곡) 旱害(가물 한, 해칠 해) 大旱(큰 대, 가물 한)	__穀 : ___곡 __害 : ___해 大__ : ___대
3Ⅱ 岸 ___ 훈·음	총획 8획 부수 山	岸壁(언덕 안, 벽 벽) 此岸(이 차, 언덕 안) 海岸線(바다 해, 언덕 안, 줄 선)	__壁 : ___벽 此__ : 차___ 海__線 : 해___선
8 南 ___ 훈·음	총획 9획 부수 十	南方(남쪽 남, 방향 방) 南部(남쪽 남, 나눌 부) 南向(남쪽 남, 향할 향) 越南(넘을 월, 남쪽 남)	__方 : ___방 __部 : ___부 __向 : ___향 越__ : 월___
2 盾 ___ 훈·음	총획 9획 부수 目	盾戈(방패 순, 창 과) 矛盾(창 모, 방패 순)	__戈 : ___과 矛__ : 모___
3 循 ___ 훈·음	총획 12획 부수 彳	循環(돌 순, 두를 환) 循行(돌/좇을 순, 다닐 행) 循次(좇을 순, 차례 차)	__環 : ___환 __行 : ___행 __次 : ___차

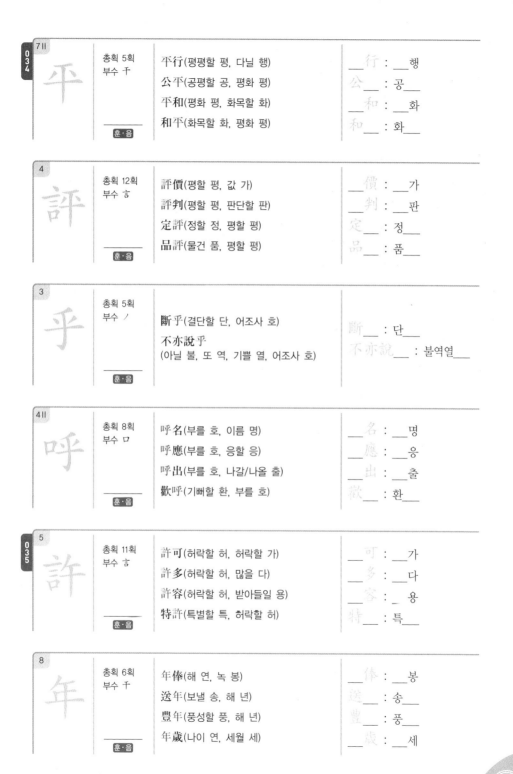

7Ⅱ 034	平 훈·음	총획 5획 부수 干	平行(평평할 평, 다닐 행) 公平(공평할 공, 평화 평) 平和(평화 평, 화목할 화) 和平(화목할 화, 평화 평)	__行 : __행 公__ : 공__ __和 : __화 和__ : 화__
4	評 훈·음	총획 12획 부수 言	評價(평할 평, 값 가) 評判(평할 평, 판단할 판) 定評(정할 정, 평할 평) 品評(물건 품, 평할 평)	__價 : __가 __判 : __판 定__ : 정__ 品__ : 품__
3	乎 훈·음	총획 5획 부수 丿	斷乎(결단할 단, 어조사 호) 不亦說乎 (아닐 불, 또 역, 기쁠 열, 어조사 호)	斷__ : 단__ 不亦說__ : 불역열__
4Ⅱ	呼 훈·음	총획 8획 부수 口	呼名(부를 호, 이름 명) 呼應(부를 호, 응할 응) 呼出(부를 호, 나갈/나올 출) 歡呼(기뻐할 환, 부를 호)	__名 : __명 __應 : __응 __出 : __출 歡__ : 환__
5 035	許 훈·음	총획 11획 부수 言	許可(허락할 허, 허락할 가) 許多(허락할 허, 많을 다) 許容(허락할 허, 받아들일 용) 特許(특별할 특, 허락할 허)	__可 : __가 __多 : __다 __容 : __용 特__ : 특__
8	年 훈·음	총획 6획 부수 干	年俸(해 연, 녹 봉) 送年(보낼 송, 해 년) 豊年(풍성할 풍, 해 년) 年歲(나이 연, 세월 세)	__俸 : __봉 送__ : 송__ 豊__ : 풍__ __歲 : __세

先	총획 6획 부수 人(儿) ___ 훈·음	先頭(먼저 선, 우두머리 두) 先拂(먼저 선, 떨칠 불) 先生(먼저 선, 사람을 부를 때 쓰는 접사 생) 先天(먼저 선, 하늘 천)	__頭 : __두 __拂 : __불 __生 : __생 __天 : __천

洗	총획 9획 부수 水(氵) ___ 훈·음	洗練(씻을 세, 익힐 련) 洗禮(씻을 세, 예도 례) 洗手(씻을 세, 손 수) 洗淨(씻을 세, 깨끗할 정)	__練 : __련 __禮 : __례 __手 : __수 __淨 : __정

贊	총획 19획 부수 貝 ___ 훈·음	贊助(도울 찬, 도울 조) 協贊(도울 협, 도울 찬) 贊成(찬성할 찬, 이룰 성) 贊反(찬성할 찬, 뒤집을 반)	__助 : __조 協__ : 협__ __成 : __성 __反 : __반

讚	총획 26획 부수 言 ___ 훈·음	稱讚(일컬을 칭, 칭찬할 찬) 過讚(지나칠 과, 칭찬할 찬) 讚辭(칭찬할 찬, 글/말씀 사) 讚揚(기릴 찬, 높일 양)	稱__ : 칭__ 過__ : 과__ __辭 : __사 __揚 : __양

告	총획 7획 부수 口 ___ 훈·음	告白(알릴 고, 아뢸 백) 告發(알릴 고, 일어날 발) 公告(대중 공, 알릴 고) 申告(아뢸 신, 알릴 고)	__白 : __백 __發 : __발 公__ : 공__ 申__ : 신__

浩	총획 10획 부수 水(氵) ___ 훈·음	浩氣(클/넓을 호, 기운 기) 浩然之氣 (클/넓을 호, 그러할 연, ~의 지, 기운 기) 浩蕩(넓을 호, 넓을 탕)	__氣 : __기 __然之氣 : __연지기 __蕩 : __탕

4 II	총획 11획 부수 辶(辶)	造作(지을 조, 지을 작) 造花(지을 조, 꽃 화) 釀造(빚을 양, 지을 조) 製造(만들 제, 지을 조)	___作 : ___작 ___花 : ___화 釀___ : 양___ 製___ : 제___
造 훈·음			

037	3 II	총획 6획 부수 宀	宇內(집 우, 안 내) 宇宙觀(우주 우, 하늘 주, 볼 관) 宇宙圈(우주 우, 하늘 주, 둘레 권)	___內 : ___내 ___宙觀 : ___주관 ___宙圈 : ___주권
	宇 훈·음			

3 II	총획 8획 부수 宀	宇宙船(우주 우, 하늘 주, 배 선) 宇宙基地(우주 우, 하늘 주, 터 기, 땅 지)	宇___船 : 우___선 宇___基地 : 우___기지
宙 훈·음			

4 II	총획 10획 부수 宀	宮闕(궁궐 궁, 대궐 궐) 宮女(궁궐 궁, 여자 녀) 宮合(궁궐 궁, 합할 합) 王宮(임금 왕, 궁궐 궁)	___闕 : ___궐 ___女 : ___녀 ___合 : ___합 王___ : 왕___
宮 훈·음			

7	총획 6획 부수 子	字源(글자 자, 근원 원) 字幕(글자 자, 장막 막) 字板(글자 자, 널조각 판) 文字(글월 문, 글자 자)	___源 : ___원 ___幕 : ___막 ___板 : ___판 文___ : 문___
字 훈·음			

038	3 II	총획 5획 제부수	穴居(굴 혈, 살 거) 穴見(구멍 혈, 볼 견) 穴居野處(굴 혈, 살 거, 들 야, 곳 처)	___居 : ___거 ___見 : ___견 ___居野處 : ___거야처
	穴 훈·음			

4Ⅱ	총획 7획 부수 穴	究明(연구할 구, 밝을 명)	___明 : ___명
究		研究(연구할 연, 연구할 구)	研___ : 연___
		探究(찾을 탐, 연구할 구)	探___ : 탐___
	훈·음	學究(배울 학, 연구할 구)	學___ : 학___

7Ⅱ	총획 8획 부수 穴	空白(빌 공, 깨끗할 백)	___白 : ___백
空		空想(빌 공, 생각할 상)	___想 : ___상
		空氣(하늘 공, 대기 기)	___氣 : ___기
	훈·음	空港(하늘 공, 항구 항)	___港 : ___항

6Ⅱ	총획 11획 부수 穴	窓口(창문 창, 구멍 구)	___口 : ___구
窓		窓門(창문 창, 문 문)	___門 : ___문
		車窓(수레 차, 창문 창)	車___ : 차___
	훈·음	學窓(배울 학, 창문 창)	學___ : 학___

3Ⅱ	총획 9획 부수 穴	突發(갑자기 돌, 일어날 발)	___發 : ___발
突		衝突(부딪칠 충, 부딪칠 돌)	衝___ : 충___
		突出(갑자기 돌, 나올 출)	___出 : ___출
	훈·음	烟突(연기 연, 굴뚝 돌)	烟___ : 연___

7	총획 4획 제부수	心性(마음 심, 성품 성)	___性 : ___성
心		良心(어질 양, 마음 심)	良___ : 양___
		都心(도시 도, 중심 심)	都___ : 도___
	훈·음	圓心(둥글 원, 중심 심)	圓___ : 원___

5Ⅱ	총획 5획 부수 心	必須(반드시 필, 반드시 수)	___須 : ___수
必		必勝(반드시 필, 이길 승)	___勝 : ___승
		何必(어찌 하, 반드시 필)	何___ : ___하
	훈·음		

4 祕 훈·음	총획 10획 부수 示	祕訣(숨길 비, 비결 결) 祕密(숨길 비, 비밀 밀) 祕藏(숨길 비, 감출 장) 祕境(신비로울 비, 경계 경)	__訣 : __결 __密 : __밀 __藏 : __장 __境 : __경
4Ⅱ 密 훈·음	총획 11획 부수 宀	密度(빽빽할 밀, 정도 도) 密林(빽빽할 밀, 수풀 림) 密告(비밀 밀, 알릴 고) 密輸(비밀 밀, 나를 수)	__度 : __도 __林 : __림 __告 : __고 __輸 : __수
3 蜜 훈·음	총획 14획 부수 虫	蜜柑(꿀 밀, 귤 감) 蜜月(꿀 밀, 달 월) 口蜜腹劍(입 구, 꿀 밀, 배 복, 칼 검)	__柑 : __감 __月 : __월 口__腹劍 : 구__복검
7 口 훈·음	총획 3획 제부수	口味(입 구, 맛 미) 口傳(말할 구, 전할 전) 入口(들 입, 구멍 구) 出口(나갈/나올 출, 구멍 구)	__味 : __미 __傳 : __전 入__ : 입__ 出__ : 출__
5 品 훈·음	총획 9획 부수 口	物品(물건 물, 물건 품) 商品(장사할 상, 물건 품) 上品(오를 상, 등급 품) 品格(꿈위 품, 헤아릴 격)	物__ : 물__ 商__ : 상__ 上__ : 상__ __格 : __격
4Ⅱ 回 훈·음	총획 6획 부수 口	回轉(돌 회, 구를 전) 回顧(돌아올 회, 돌아볼 고) 回答(돌아올 회, 대답 답) 一回(한 일, 횟수 회)	__轉 : __전 __顧 : __고 __答 : __답 一__ : 일__

4	困	총획 7획 부수 口 훈·음	困境(곤란할 곤, 형편 경) 貧困(가난할 빈, 곤란할 곤) 疲困(피곤할 피, 곤란할 곤)	__境 : __경 貧__ : 빈__ 疲__ : 피__
3	囚	총획 5획 부수 口 훈·음	囚衣(죄인 수, 옷 의) 長期囚(길 장, 기간 기, 죄인 수) 罪囚(죄지을 죄, 죄인 수)	__衣 : __의 長期__ : 장기__ 罪__ : 죄__
6	溫	총획 13획 부수 水(氵) 훈·음	溫氣(따뜻할 온, 기운 기) 溫情(따뜻할 온, 정 정) 溫故知新 (익힐 온, 옛 고, 알 지, 새로울 신)	__氣 : __기 __情 : __정 __故知新 : __고지신
5	因	총획 6획 부수 口 훈·음	因習(말미암을 인, 익힐 습) 因緣(말미암을 인, 인연 연) 原因(근원 원, 말미암을 인) 敗因(패할 패, 말미암을 인)	__習 : __습 __緣 : __연 原__ : 원__ 敗__ : 패__
3	姻	총획 9획 부수 女 훈·음	姻戚(시집갈 인, 친척 척) 姻親(시집갈 인, 어버이 친) 婚姻(결혼할 혼, 시집갈 인)	__戚 : __척 __親 : __친 婚__ : 혼__
4 II	恩	총획 10획 부수 心 훈·음	恩功(은혜 은, 공로 공) 恩德(은혜 은, 덕 덕) 恩人(은혜 은, 사람 인)	__功 : __공 __德 : __덕 __人 : __인

042	3Ⅱ 亞 훈·음	총획 8획 부수 二	亞流(버금 아, 흐를 류) 亞鉛(버금 아, 납 연) 亞熱帶(버금 아, 더울 열, 띠 대)	___流 : ___류 ___鉛 : ___연 ___熱帶 : ___열대
5Ⅱ 惡 훈·음		총획 12획 부수 心	惡童(악할 악, 아이 동) 惡用(악할 악, 쓸 용) 憎惡(미워할 증, 미워할 오) 嫌惡(싫어할 혐, 미워할 오)	___童 : ___동 ___用 : ___용 憎___ : 증___ 嫌___ : 혐___
043	5 壇 훈·음	총획 16획 부수 土	教壇(가르칠 교, 단상 단) 論壇(논의할 논, 단상 단) 登壇(오를 등, 단상 단)	教___ : 교___ 論___ : 논___ 登___ : 등___
4Ⅱ 檀 훈·음		총획 17획 부수 木	檀君(박달나무 단, 임금 군) 檀紀(박달나무 단, 해 기) 震檀(벼락/진동할 진, 박달나무 단)	___君 : ___군 ___紀 : ___기 震___ : 진___
044	2 吳 훈·음	총획 7획 부수 口	吳牛喘月 (오나라 오, 소 우, 헐떡거릴 천, 달 월) 吳越同舟 (오나라 오, 넘을 월, 같을 동, 배 주)	___牛喘月 : ___우천월 ___越同舟 : ___월동주
3 娛 훈·음		총획 10획 부수 女	娛樂(즐거워할 오, 즐길 락) 娛悅(즐거워할 오, 기쁠 열) 娛遊(즐거워할 오, 놀 유) 歡娛(기뻐할 환, 즐거워할 오)	___樂 : ___락 ___悅 : ___열 ___遊 : ___유 歡___ : 환___

4Ⅱ			
誤 훈·음	총획 14획 부수 言	誤答(그르칠 오, 대답할 답) 誤發(그르칠 오, 쏠 발) 誤報(그르칠 오, 알릴 보) 錯誤(어긋날 착, 그르칠 오)	__答 : __답 __發 : __발 __報 : __보 錯__ : 착__
0 4 5 操 훈·음	총획 16획 부수 手(扌)	操心(다룰 조, 마음 심) 志操(뜻 지, 잡을 조) 操業(다룰 조, 일 업) 操縱(다룰 조, 놓을 종)	__心 : __심 志__ : 지__ __業 : __업 __縱 : __종
3 燥 훈·음	총획 17획 부수 火	焦燥(탈 초, 탈 조) 燥渴(마를 조, 마를 갈) 乾燥(마를 건, 마를 조)	焦__ : 초__ __渴 : __갈 乾__ : 건__
6 區 훈·음	총획 11획 부수 匚	區分(나눌 구, 나눌 분) 區劃(나눌 구, 그을 획) 區域(구역 구, 구역 역) 區間(구역 구, 사이 간)	__分 : __분 __劃 : __획 __域 : __역 __間 : __간
3 驅 훈·음	총획 21획 부수 馬	驅使(몰 구, 부릴 사) 驅迫(몰 구, 핍박할 박) 驅蟲(몰 구, 벌레 충) 驅步(달릴 구, 걸음 보)	__使 : __사 __迫 : __박 __蟲 : __충 __步 : __보
0 4 6 中 훈·음	총획 4획 부수 丨	中立(가운데 중, 설 립) 中央(가운데 중, 가운데 앙) 命中(목숨 명, 맞힐 중)	__立 : __립 __央 : __앙 命__ : 명__

3Ⅱ 仲 ___ 훈·음	총획 6획 부수 人(亻)	伯仲(맏 백, 버금 중) 伯仲勢(맏 백, 버금 중, 기세 세) 仲介人(중개할 중, 끼일 개, 사람 인)	伯___ : 백___ 伯___勢 : 백___세 ___介人 : ___개인
4Ⅱ 忠 ___ 훈·음	총획 8획 부수 心	忠告(충성 충, 알릴 고) 忠武(충성 충, 군사 무) 忠臣(충성 충, 신하 신) 忠孝(충성 충, 효도 효)	___告 : ___고 ___武 : ___무 ___臣 : ___신 ___孝 : ___효
5 患 ___ 훈·음	총획 11획 부수 心	患難(근심 환, 어려울 난) 患者(근심 환, 놈 자) 病患(병들 병, 근심 환) 宿患(오랠 숙, 근심 환)	___難 : ___난 ___者 : ___자 病___ : 병___ 宿___ : 숙___
5Ⅱ 史 ___ 훈·음	총획 5획 부수 口	歷史(지날 역, 역사 사) 史觀(역사 사, 볼 관) 史劇(역사 사, 연극 극) 略史(간략할 약, 역사 사)	歷___ : 역___ ___觀 : ___관 ___劇 : ___극 略___ : 약___
3Ⅱ 吏 ___ 훈·음	총획 6획 부수 口	淸白吏(맑을 청, 깨끗할 백, 관리 리) 貪官汚吏 (탐낼 탐, 벼슬 관, 더러울 오, 관리 리)	淸白___ : 청백___ 貪官汚___ : 탐관오___
6 使 ___ 훈·음	총획 8획 부수 人(亻)	使命(하여금 사, 목숨 명) 使童(부릴 사, 아이 동) 使役(부릴 사, 부릴 역) 勞使(일할 노, 부릴 사)	___命 : ___명 ___童 : ___동 ___役 : ___역 勞___ : 노___

047 4 更 훈·음	총획 7획 부수 曰	更張(고칠 경, 벌릴 장) 更正(고칠 경, 바를 정) 變更(변할 변, 고칠 경) 更生(다시 갱, 날 생)	__張 : __장 __正 : __정 變__ : 변__ __生 : __생
3II 硬 훈·음	총획 12획 부수 石	硬度(단단할 경, 정도 도) 硬直(단단할 경, 곧을 직) 硬化(단단할 경, 될 화) 強硬(강할 강, 단단할 경)	__度 : __도 __直 : __직 __化 : __화 強__ : 강__
7 便 훈·음	총획 9획 부수 人(亻)	便利(편할 편, 이로울 리) 簡便(간단할 간, 편할 편) 便所(똥오줌 변, 장소 소) 小便(작을 소, 똥오줌 변)	__利 : __리 簡__ : 간__ __所 : __소 小__ : 소__
048 4 舌 훈·음	총획 6획 제부수	舌戰(혀 설, 싸울 전) 舌禍(혀 설, 재앙 화) 口舌(말할 구, 혀 설)	__戰 : __전 __禍 : __화 口__ : 구__
7II 活 훈·음	총획 9획 부수 水(氵)	活力(살 활, 힘 력) 活路(살 활, 길 로) 活魚(살 활, 물고기 어) 再活(다시 재, 살 활)	__力 : __력 __路 : __로 __魚 : __어 再__ : 재__
7II 話 훈·음	총획 13획 부수 言	話術(말씀 화, 재주 술) 對話(대답할 대, 말씀 화) 童話(아이 동, 이야기 화) 實話(실제 실, 이야기 화)	__術 : __술 對__ : 대__ 童__ : 동__ 實__ : 실__

4Ⅱ 舍 훈·음	총획 8획 부수 舌	舍廊(집 사, 행랑 랑) 官舍(관청 관, 집 사) 寄宿舍(붙어살 기, 잘 숙, 집 사)	__廊 : __랑 官__ : 관__ 寄宿__ : 기숙__
3 捨 훈·음	총획 11획 부수 手(扌)	取捨(취할 취, 버릴 사) 投捨(던질 투, 버릴 사) 喜捨(기쁠 희, 버릴 사)	取__ : 취__ 投__ : 투__ 喜__ : 희__
4 甘 훈·음	총획 5획 제부수	甘味(달 감, 맛 미) 甘受(달 감, 받을 수) 甘言利說 (달 감, 말씀 언, 이로울 이, 말씀 설)	__味 : __미 __受 : __수 __言利說 : __언이설
3Ⅱ 甚 훈·음	총획 9획 부수 甘	甚難(심할 심, 어려울 난) 甚至於(심할 심, 이를 지, 어조사 어) 極甚(다할 극, 심할 심)	__難 : __난 __至於 : __지어 極__ : 극__
3 某 훈·음	총획 9획 부수 木	某某(아무 모, 아무 모) 某年(아무 모, 해 년) 某種(아무 모, 종류 종) 某處(아무 모, 곳 처)	____ : ____ __年 : __년 __種 : __종 __處 : __처
3Ⅱ 謀 훈·음	총획 16획 부수 言	謀略(꾀할 모, 간략할 략) 謀議(꾀할 모, 의논할 의) 謀陷(꾀할 모, 빠질 함) 主謀(주인 주, 도모할 모)	__略 : __략 __議 : __의 __陷 : __함 主__ : 주__

049

3Ⅱ 媒 훈·음	총획 12획 부수 女	媒介(중매 매, 끼일 개) 媒體(중매 매, 몸 체) 觸媒(닿을 촉, 중매 매)	__介 : __개 __體 : __체 觸__ : 촉__
3Ⅱ 050 其 훈·음	총획 8획 부수 八	其間(그 기, 사이 간) 其實(그 기, 실제 실) 其餘(그 기, 남을 여) 其他(그 기, 다를 타)	__間 : __간 __實 : __실 __餘 : __여 __他 : __타
3 欺 훈·음	총획 12획 부수 欠	欺瞞(속일 기, 속일 만) 欺罔(속일 기, 그물 망) 詐欺(속일 사, 속일 기)	__瞞 : __만 __罔 : __망 詐__ : 사__
5Ⅱ 期 훈·음	총획 12획 부수 月	期間(기간 기, 사이 간) 婚期(결혼할 혼, 기간 기) 期約(기약할 기, 약속할 약) 期待(기약할 기, 기다릴 대)	__間 : __간 婚__ : 혼__ __約 : __약 __待 : __대
5Ⅱ 基 훈·음	총획 11획 부수 土	基幹(터 기, 간부 간) 基盤(터 기, 쟁반 반) 基準(기초 기, 준할 준) 基礎(기초 기, 주춧돌 초)	__幹 : __간 __盤 : __반 __準 : __준 __礎 : __초
4Ⅱ 051 田 훈·음	총획 5획 제부수	田畓(밭 전, 논 답) 田園(밭 전, 밭 원) 鹽田(소금 염, 밭 전) 油田(기름 유, 밭 전)	__畓 : __답 __園 : __원 鹽__ : 염__ 油__ : 유__

| 6 | 총획 5획
부수 田 | 由來(까닭 유, 올 래)
由緒(까닭 유, 실마리 서)
理由(이치 이, 까닭 유)
自由(자기 자, 말미암을 유) | __來 : __래
__緒 : __서
理__ : 이__
自__ : 자__ |
| 由 | 훈·음 | | |

| 4 | 총획 5획
부수 田 | 甲富(첫째 갑, 부자 부)
甲種(첫째 갑, 종류 종)
回甲(돌아올 회, 첫째 천간 갑)
鐵甲(쇠 철, 갑옷 갑) | __富 : __부
__種 : __종
回__ : 회__
鐵__ : 철__ |
| 甲 | 훈·음 | | |

| 4Ⅱ | 총획 5획
부수 田 | 申告(아뢸 신, 알릴 고)
申請(아뢸 신, 청할 청)
申聞鼓(아뢸 신, 들을 문, 북 고) | __告 : __고
__請 : __청
__聞鼓 : __문고 |
| 申 | 훈·음 | | |

| 3 | 총획 7획
부수 人(亻) | 伸張(늘일 신, 벌릴 장)
伸縮(늘일 신, 줄어들 축)
追伸(따를 추, 늘일 신) | __張 : __장
__縮 : __축
追__ : 추__ |
| 伸 | 훈·음 | | |

| 6Ⅱ | 총획 10획
부수 示 | 神奇(신비할 신, 기이할 기)
神童(귀신 신, 아이 동)
神靈(귀신 신, 신령 령)
神祕(신비할 신, 신비할 비) | __奇 : __기
__童 : __동
__靈 : _령
__祕 : __비 |
| 神 | 훈·음 | | |

| 3 | 총획 8획
부수 土 | 坤靈(땅 곤, 신령 령)
乾坤(하늘 건, 땅 곤)
別有乾坤
(다를 별, 있을 유, 하늘 건, 땅 곤) | __靈 : __령
乾__ : 건__
別有乾__ : 별유건__ |
| 坤 | 훈·음 | | |

3 **052** 苗 훈·음	총획 9획 부수 艸(艹)	苗木(싹 묘, 나무 목) 苗板(싹 묘, 널조각 판) 育苗(기를 육, 싹 묘) 種苗(씨앗 종, 싹 묘)	__木 : __목 __板 : __판 育__ : 육__ 種__ : 종__
3 畓 훈·음	총획 9획 부수 田	畓農(논 답, 농사 농) 田畓(밭 전, 논 답) 沃畓(기름질 옥, 논 답) 宗畓(종가 종, 논 답)	__農 : __농 田__ : 전__ 沃__ : 옥__ 宗__ : 종__
특II 沓 훈·음	총획 8획 부수 水	沓沓(합할 답, 합할 답) 沓雜(합할 답, 섞일 잡) 紛沓(어지러울 분, 합할 답)	__ __ : __ __ __雜 : __잡 紛__ : 분__
3II 踏 훈·음	총획 15획 부수 足(足)	踏步(밟을 답, 걸음 보) 踏査(밟을 답, 조사할 사) 踏襲(밟을 답, 이어받을 습) 踏破(밟을 답, 다할 파)	__步 : __보 __査 : __사 __襲 : __습 __破 : __파
3II **053** 介 훈·음	총획 4획 부수 人	介意(끼일 개, 뜻 의) 介入(끼일 개, 들 입) 媒介(중매 매, 끼일 개) 紹介(소개할 소, 끼일 개)	__意 : __의 __入 : __입 媒__ : 매__ 紹__ : 소__
6II 界 훈·음	총획 9획 부수 田	境界(경계 경, 경계 계) 限界(한계 한, 경계 계) 世界(세상 세, 세계 계) 財界(재물 재, 세계 계)	境__ : 경__ 限__ : 한__ 世__ : 세__ 財__ : 재__

3Ⅱ	총획 9획 부수 肉(月) 훈·음	胃液(밥통 위, 진액 액) 胃腸(밥통 위, 창자 장) 胃痛(밥통 위, 아플 통)	___液 : ___액 ___腸 : ___장 ___痛 : ___통
3Ⅱ 謂	총획 16획 부수 言 훈·음	所謂(바 소, 이를 위) 云謂(말할 운, 이를 위) 或謂(혹시 혹, 이를 위)	所___ : 소___ 云___ : 운___ 或___ : 혹___
5Ⅱ 福	총획 14획 부수 示 훈·음	福券(복 복, 문서 권) 福音(복 복, 소리 음) 祝福(빌/축하할 축, 복 복) 幸福(다행 행, 복 복)	___券 : ___권 ___音 : ___음 祝___ : 축___ 幸___ : 행___
3 幅	총획 12획 부수 巾 훈·음	大幅(큰 대, 넓이 폭) 小幅(작을 소, 넓이 폭) 步幅(걸음 보, 넓이 폭) 增幅(더할 증, 넓이 폭)	大___ : 대___ 小___ : 소___ 步___ : 보___ 增___ : 증___
4Ⅱ 副	총획 11획 부수 刀(刂) 훈·음	副本(예비 부, 책 본) 副業(버금 부, 일 업) 副作用(버금 부, 지을 작, 쓸 용)	___本 : ___본 ___業 : ___업 ___作用 : ___작용
4Ⅱ 富	총획 12획 부수 宀 훈·음	富強(넉넉할 부, 강할 강) 豊富(풍성할 풍, 넉넉할 부) 甲富(첫째 갑, 부자 부) 巨富(클 거, 부자 부)	___強 : ___강 豊___ : 풍___ 甲___ : 갑___ 巨___ : 거___

054

| 055 | 4Ⅱ 細 ──훈·음── | 총획 11획 부수 糸 | 細工(가늘 세, 장인 공)
細菌(가늘 세, 세균 균)
細密(가늘 세, 빽빽할 밀)
細心(가늘 세, 마음 심) | __工 : __공
__菌 : __균
__密 : __밀
__心 : __심 |

| | 3Ⅱ 累 ──훈·음── | 총획 11획 부수 糸 | 累計(여러 누, 셈할 계)
累積(쌓일 누, 쌓을 적)
累增(여러 누, 더할 증)
連累(이을 연, 폐 끼칠 루) | __計 : __계
__積 : __적
__增 : __증
連__ : 연__ |

| | 5 思 ──훈·음── | 총획 9획 부수 心 | 思考(생각할 사, 생각할 고)
思慕(생각할 사, 그리워할 모)
思想(생각할 사, 생각할 상)
思索(생각할 사, 찾을 색) | __考 : __고
__慕 : __모
__想 : __상
__索 : __색 |

| | 7Ⅱ 男 ──훈·음── | 총획 7획 부수 田 | 男妹(사내 남, 누이 매)
男裝(사내 남, 꾸밀 장)
得男(얻을 득, 사내 남)
美男(아름다울 미, 사내 남) | __妹 : __매
__裝 : __장
得__ : 득__
美__ : 미__ |

| | 3 畏 ──훈·음── | 총획 9획 부수 田 | 敬畏(공경할 경, 두려워할 외)
可畏(가히 가, 두려워할 외)
無畏(없을 무, 두려워할 외) | 敬__ : 경__
可__ : 가__
無__ : 무__ |

| 056 | 7 里 ──훈·음── | 총획 7획 제부수 | 洞里(마을 동, 마을 리)
里程標(거리 이, 정도 정, 표 표)
千里眼(많을 천, 거리 리, 눈 안) | 洞__ : 동__
__程標 : __정표
千__眼 : 천__안 |

42 한자암기박사1

6Ⅱ 理 훈·음	총획 11획 부수 玉(王)	理論(이치 이, 논의할 론) 合理(합할 합, 이치 리) 管理(관리할 관, 다스릴 리) 處理(처리할 처, 다스릴 리)	__論 : __론 合理 : 합__ 管__ : 관__ 處__ : 처__
3 埋 훈·음	총획 10획 부수 土	埋沒(묻을 매, 빠질 몰) 埋藏(묻을 매, 감출 장) 埋葬(묻을 매, 장사 지낼 장)	__沒 : __몰 __藏 : __장 __葬 : __장
3Ⅱ 裏 훈·음	총획 13획 부수 衣	裏面(속 이, 향할 면) 裏書(속 이, 쓸 서) 表裏不同(겉 표, 속 리, 아닐 부, 같을 동)	__面 : __면 __書 : __서 表__不同 : 표__부동
5 量 훈·음	총획 12획 부수 里	雅量(맑을 아, 헤아릴 량) 裁量(마를 재, 헤아릴 량) 減量(줄어들 감, 용량 량) 數量(셀 수, 용량 량)	雅__ : 아__ 裁__ : 재__ 減__ : 감__ 數__ : 수__
4 糧 훈·음	총획 18획 부수 米	糧穀(양식 양, 곡식 곡) 糧政(양식 양, 다스릴 정) 軍糧米(군사 군, 양식 량, 쌀 미)	__穀 : __곡 __政 : __정 軍__米 : 군__미
7 重 훈·음	총획 9획 부수 里	重量(무거울 중, 헤아릴 량) 貴重(귀할 귀, 귀중할 중) 重要(귀중할 중, 중요할 요) 重複(거듭 중, 겹칠 복)	__量 : __량 貴__ : 귀__ __要 : __요 __複 : __복

5Ⅱ 種 훈·음	총획 14획 부수 禾	種子(씨앗 종, 접미사 자) 滅種(꺼질 멸, 종류 종) 播種(뿌릴 파, 씨앗 종) 種類(종류 종, 무리 류)	__子 : __자 滅__ : 멸__ 播__ : 파__ __類 : __류
4 鍾	총획 17획 부수 金	鍾路(쇠북 종, 길 로) 掛鍾(걸 괘, 쇠북 종) 鍾子(술잔 종, 접미사 자) 茶鍾(차 차, 술잔 종)	__路 : __로 掛__ : 괘__ __子 : __자 茶__ : 차__
7Ⅱ 動 훈·음	총획 11획 부수 力	動力(움직일 동, 힘 력) 動物(움직일 동, 물건 물) 動搖(움직일 동, 흔들 요)	__力 : __력 __物 : __물 __搖 : __요
058 3 押 훈·음	총획 8획 부수 手(扌)	押釘(누를 압, 못 정) 押留(압수할 압, 머무를 류) 押送(압수할 압, 보낼 송)	__釘 : __정 __留 : __류 __送 : __송
3Ⅱ 卑 훈·음	총획 8획 부수 十	卑屈(낮을 비, 굽힐 굴) 卑俗(천할 비, 풍속 속) 卑劣(천할 비, 못날 열) 卑賤(천할 비, 천할 천)	__屈 : __굴 __俗 : __속 __劣 : __열 __賤 : __천
3Ⅱ 婢 훈·음	총획 11획 부수 女	婢女(여자 종 비, 여자 녀) 婢僕(여자 종 비, 종 복) 婢妾(여자 종 비, 첩 첩) 奴婢(종 노, 여자 종 비)	__女 : __녀 __僕 : __복 __妾 : __첩 奴__ : 노__

| 4 | 총획 13획
부수 石

훈·음 | 碑木(비석 비, 나무 목)
碑文(비석 비, 글월 문)
墓碑(무덤 묘, 비석 비) | __木 : __목
__文 : __문
墓__ : 묘__ |

| 6 | 총획 8획
부수 水(氵)

훈·음 | 油價(기름 유, 값 가)
油田(기름 유, 밭 전)
原油(근원 원, 기름 유)
精油(찧을 정, 기름 유) | __價 : __가
__田 : __전
原__ : 원__
精__ : 정__ |

| 3 | 총획 8획
부수 手(扌)

훈·음 | 抽讀(뽑을 추, 읽을 독)
抽象(뽑을 추, 모양 상)
抽出(뽑을 추, 나갈/나올 출) | __讀 : __독
__象 : __상
__出 : __출 |

| 3Ⅱ | 총획 11획
부수 竹(⺮)

훈·음 | 警笛(경계할 경, 피리 적)
汽笛(김 기, 피리 적)
號笛(부를 호, 피리 적) | 警__ : 경__
汽__ : 기__
號__ : 호__ |

| 3 | 총획 11획
부수 宀

훈·음 | 寅念(삼갈 인, 생각 념)
寅時(셋째 지지 인, 때 시) | __念 : __념
__時 : __시 |

| 4Ⅱ | 총획 14획
부수 水(氵)

훈·음 | 演劇(펼 연, 연극 극)
演技(펼 연, 재주 기)
演說(설명할 연, 말씀 설)
演題(설명할 연, 제목 제) | __劇 : __극
__技 : __기
__說 : __설
__題 : __제 |

8 060	木 ——— 훈·음	총획 4획 제부수	木刻(나무 목, 새길 각) 木器(나무 목, 그릇 기) 木材(나무 목, 재목 재) 伐木(칠 벌, 나무 목)	__刻 : __각 __器 : __기 __材 : __재 伐__ : 벌__
7	休 ——— 훈·음	총획 6획 부수 人(亻)	休紙(쉴 휴, 종이 지) 休戰(쉴 휴, 싸울 전) 休職(쉴 휴, 맡을 직) 連休(이을 연, 쉴 휴)	__紙 : __지 __戰 : __전 __職 : __직 連__ : 연__
6	本 ——— 훈·음	총획 5획 부수 木	拔本(뽑을 발, 근본 본) 本論(근본 본, 논의할 론) 本性(뿌리 본, 성품 성) 原本(근원 원, 책 본)	拔__ : 발__ __論 : __론 __性 : __성 原__ : 원__
4Ⅱ	床 ——— 훈·음	총획 7획 부수 广	臨床(임할 임, 평상 상) 病床(병들 병, 평상 상) 寢床(잘 침, 평상 상) 冊床(책 책, 책상 상)	臨__ : 임__ 病__ : 병__ 寢__ : 침__ 冊__ : 책__
7 061	林 ——— 훈·음	총획 8획 부수 木	林野(수풀 임, 들 야) 密林(빽빽할 밀, 수풀 림) 山林(산 산, 수풀 림) 竹林(대 죽, 수풀 림)	__野 : __야 密__ : 밀__ 山__ : 산__ 竹__ : 죽__
3Ⅱ	森 ——— 훈·음	총획 12획 부수 木	森林(빽빽할 삼, 수풀 림) 陰森(그늘 음, 빽빽할 삼) 森嚴(엄숙한 모양 삼, 엄할 엄)	__林 : __림 陰__ : 음__ __嚴 : __엄

| 禁 훈·음 | 총획 13획
부수 示 | 禁忌(금할 금, 꺼릴 기)
禁食(금할 금, 먹을 식)
禁止(금할 금, 그칠 지)
嚴禁(엄할 엄, 금할 금) | ___忌 : ___기
___食 : ___식
___止 : ___지
嚴___ : 엄___ |

| 麻 훈·음 | 총획 11획
제부수 | 麻布(삼 마, 베 포)
麻醉(마약 마, 취할 취)
大麻草(큰 대, 마약 마, 풀 초) | ___布 : ___포
___醉 : ___취
大___草 : 대___초 |

| 磨 훈·음 | 총획 16획
부수 石 | 磨滅(갈 마, 꺼질 멸)
磨耗(갈 마, 줄어들 모)
研磨(갈 연, 갈 마)
達磨(통달할 달, 갈 마) | ___滅 : ___멸
___耗 : ___모
研___ : 연___
達___ : 달___ |

| 術 훈·음 | 총획 11획
부수 行 | 術法(재주 술, 법 법)
術策(재주 술, 꾀 책)
技術(재주 기, 기술 술)
奇術(기이할 기, 기술 술) | ___法 : ___법
___策 : ___책
技___ : 기___
奇___ : 기___ |

| 述 훈·음 | 총획 9획
부수 辵(辶) | 論述(논의할 논, 말할 술)
口述(말할 구, 말할 술)
陳述(늘어놓을 진, 말할 술)
著述(글 지을 저, 책 쓸 술) | 論___ : 논___
口___ : 구___
陳___ : 진_
著___ : 저_ |

5

062

| 末 훈·음 | 총획 5획
부수 木 | 末期(끝 말, 기간 기)
末端(끝 말, 끝 단)
結末(맺을 결, 끝 말)
本末(근본 본, 끝 말) | ___期 : ___기
___端 : ___단
結___ : 결___
本___ : 본___ |

4Ⅱ	총획 5획 부수 木	未開(아닐 미, 열 개) 未歸(아직~않을 미, 돌아갈 귀) 未知(아직~않을 미, 알 지)	__開 : __개 __婦 : __귀 __知 : __지
未 훈·음			

4Ⅱ	총획 8획 부수 口	味覺(맛 미, 깨달을 각) 加味(더할 가, 맛 미) 甘味(달 감, 맛 미) 別味(다를 별, 맛 미)	__覺 : __각 加__ : 가__ 甘__ : 감__ 別__ : 별__
味 훈·음			

4	총획 8획 부수 女	妹夫(누이 매, 남편 부) 妹弟(누이 매, 아우 제) 男妹(사내 남, 누이 매) 姉妹(손위 누이 자, 누이 매)	__夫 : __부 __弟 : __제 男__ : 남__ 姉__ : 자__
妹 훈·음			

4	총획 6획 부수 木	朱記(붉을 주, 기록할 기) 朱書(붉을 주, 글/쓸 서) 朱紅(붉을 주, 붉을 홍) 朱黃(붉을 주, 누를 황)	__記 : __기 __書 : __서 __紅 : __홍 __黃 : __황
朱 훈·음			

3Ⅱ	총획 10획 부수 木	守株待兔 (지킬 수, 그루터기 주, 기다릴 대, 토끼 토) 株價(주식 주, 값 가) 有望株(있을 유, 바랄 망, 그루 주)	守__待兔 : 수__대토 __價 : __가 有望__ : 유망__
株 훈·음			

3Ⅱ	총획 10획 부수 玉(王)	珠玉(구슬 주, 구슬 옥) 如意珠(같을 여, 뜻 의, 구슬 주) 念珠(생각 염, 구슬 주)	__玉 : __옥 如意__ : 여의__ 念__ : 염__
珠 훈·음			

3Ⅱ			
殊 훈·음	총획 10획 부수 歹	殊功(다를 수, 공로 공) 殊怪(다를 수, 괴이할 괴) 殊常(다를 수, 보통 상) 特殊(특별할 특, 다를 수)	___功 : ___공 ___怪 : ___괴 ___常 : ___상 特___ : 특___

3Ⅱ			
刺 훈·음	총획 8획 부수 刀(刂)	刺客(찌를 자, 손님 객) 刺戟(찌를 자, 창 극) 刺傷(찌를 자, 다칠 상) 刺殺(찌를 척, 죽일 살)	___客 : ___객 ___戟 : ___극 ___傷 : ___상 ___殺 : ___살

3Ⅱ			
策 훈·음	총획 12획 부수 竹(⺮)	策勵(채찍 책, 힘쓸 려) 對策(상대할 대, 꾀 책) 妙策(묘할 묘, 꾀 책) 政策(다스릴 정, 꾀 책)	___勵 : ___려 對___ : 대___ 妙___ : 묘___ 政___ : 정___

5Ⅱ			
束 훈·음	총획 7획 부수 木	結束(맺을 결, 묶을 속) 拘束(잡을 구, 묶을 속) 團束(모일 단, 묶을 속) 約束(약속할 약, 묶을 속)	結___ : 결___ 拘___ : 구___ 團___ : 단___ 約___ : 약___

6			
速 훈·음	총획 11획 부수 辵(辶)	速度(빠를 속, 정도 도) 速報(빠를 속, 알릴 보) 迅速(빠를 신, 빠를 속) 拙速(못날 졸, 빠를 속)	___度 : ___도 ___報 : ___보 迅___ : 신___ 拙___ : 졸___

8			
東 훈·음	총획 8획 부수 木	東問西答 (동쪽 동, 물을 문, 서쪽 서, 대답할 답) 東學(동쪽 동, 배울 학) 東海(동쪽 동, 바다 해)	___問西答 : ___문서답 ___學 : ___학 ___海 : ___해

3Ⅱ 凍 훈·음	총획 10획 부수 氷(冫)	凍傷(얼 동, 상할 상) 凍結(얼 동, 맺을 결) 解凍(풀 해, 얼 동)	__傷 : __상 __結 : __결 解__ : 해__
3Ⅱ 陳 훈·음	총획 11획 부수 阜(阝)	陳述(늘어놓을 진, 말할 술) 陳列(늘어놓을 진, 벌릴 열) 開陳(열 개, 늘어놓을 진) 陳腐(묵을 진, 썩을 부)	__述 : __술 __列 : __열 開__ : 개__ __腐 : __부
7 066 來 훈·음	총획 8획 부수 人	來日(올 내, 날 일) 去來(갈 거, 올 래) 往來(갈 왕, 올 래) 傳來(전할 전, 올 래)	__日 : __일 去__ : 거__ 往__ : 왕__ 傳__ : 전__
3Ⅱ 麥 훈·음	총획 11획 제부수	麥類(보리 맥, 무리 류) 麥芽(보리 맥, 싹 아) 麥酒(보리 맥, 술 주)	__類 : __류 __芽 : __아 __酒 : __주
1 吝 훈·음	총획 13획 부수 口	吝嗇(아낄 인, 아낄 색) 吝嗇漢 (아낄 인, 아낄 색, 남을 흉하게 부르는 접미 사 한)	吝__ : 인__ 吝__漢 : 인__한
3 墻 훈·음	총획 16획 부수 土	墻外(담 장, 밖 외) 壁墻(벽 벽, 담 장) 越墻(넘을 월, 담 장)	__外 : __외 壁__ : 벽__ 越__ : 월__

067 4Ⅱ 保 _{훈·음}	총획 9획 부수 人(亻)	保健(지킬 보, 건강할 건) 保守(지킬 보, 지킬 수) 保證(지킬 보, 증명할 증) 保險(보호할 보, 험할 험)	__健 : __건 __守 : __수 __證 : __증 __險 : __험

6Ⅱ 果 _{훈·음}	총획 8획 부수 木	果實(과실 과, 열매 실) 靑果(푸를 청, 과실 과) 結果(맺을 결, 결과 과) 成果(이룰 성, 결과 과)	__實 : __실 靑__ : 청__ 結__ : 결__ 成__ : 성__

5Ⅱ 課 _{훈·음}	총획 15획 부수 言	課稅(부과할 과, 세금 세) 課題(공부할 과, 제목/문제 제) 課程(과정 과, 정도 정)	__稅 : __세 __題 : __제 __程 : __정

068 5Ⅱ 相 _{훈·음}	총획 9획 부수 目	相對(서로 상, 상대할 대) 眞相(참 진, 모습 상) 觀相(볼 관, 볼 상) 首相(우두머리 수, 재상 상)	__對 : __대 眞__ : 진__ 觀__ : 관__ 首__ : 수__

4Ⅱ 想 _{훈·음}	총획 13획 부수 心	想念(생각할 상, 생각 념) 想像(생각할 상, 모양 상) 構想(얽을 구, 생각할 상) 發想(일어날 발, 생각할 상)	__念 : __념 __像 : __상 構__ : 구__ 發__ : 발__

3Ⅱ 染 _{훈·음}	총획 9획 부수 木	染料(물들일 염, 재료 료) 染色(물들일 염, 빛 색) 汚染(더러울 오, 물들일 염)	__料 : __료 __色 : __색 汚__ : 오__

3Ⅱ 梁 훈·음	총획 11획 부수 木	橋梁(다리 교, 다리 량) 上梁(오를 상, 들보 량) 梁上君子 (들보 양, 위 상, 임금 군, 아들 자)	橋＿＿ : 교＿＿ 上＿＿ : ＿＿상＿＿ ＿＿上君子 : ＿＿상군자
3 棄 훈·음	총획 12획 부수 木	棄權(버릴 기, 권세 권) 棄兒(버릴 기, 아이 아) 廢棄(폐할 폐, 버릴 기)	＿＿權 : ＿＿권 ＿＿兒 : ＿＿아 廢＿＿ : 폐＿＿
4 氏 훈·음	총획 4획 제부수	氏族(뿌리 씨, 겨레 족) 姓氏(성씨 성, 성 씨) 攝氏(알맞게 할 섭, 사람을 부를 때 붙이는 씨)	＿＿族 : ＿＿족 姓＿＿ : 성＿＿ 攝＿＿ : 섭＿＿
7 紙 훈·음	총획 10획 부수 糸	紙錢(종이 지, 돈 전) 紙幣(종이 지, 돈 폐) 壁紙(벽 벽, 종이 지) 韓紙(한국 한, 종이 지)	＿＿錢 : ＿＿전 ＿＿幣 : ＿＿폐 壁＿＿ : 벽＿＿ 韓＿＿ : 한＿＿
3 昏 훈·음	총획 8획 부수 日	昏亂(어두울 혼, 어지러울 란) 昏迷(어두울 혼, 헷갈릴 미) 黃昏(누를 황, 저물 혼)	＿＿亂 : ＿＿란 ＿＿迷 : ＿＿미 黃＿＿ : 황＿＿
4 婚 훈·음	총획 11획 부수 女	婚期(결혼할 혼, 기약할 기) 婚姻(결혼할 혼, 시집갈 인) 請婚(청할 청, 결혼할 혼) 約婚(약속할 약, 결혼할 혼)	＿＿期 : ＿＿기 ＿＿姻 : ＿＿인 請＿＿ : 청＿＿ 約＿＿ : 약＿＿

069

| 4Ⅱ | 총획 7획
부수 人(亻)

[훈·음] | 低價(낮을 저, 값 가)
低廉(낮을 저, 값쌀 렴)
低俗(낮을 저, 저속할 속) | __價 : __가
__廉 : __렴
__俗 : __속 |

低

| 3Ⅱ | 총획 8획
부수 手(扌)

[훈·음] | 抵當(막을 저, 당할 당)
抵觸(막을 저, 닿을 촉)
抵抗(막을 저, 대항할 항) | __當 : __당
__觸 : __촉
__抗 : __항 |

抵

| 4 | 총획 8획
부수 广

[훈·음] | 底力(밑 저, 힘 력)
底意(밑 저, 뜻 의)
海底(바다 해, 밑 저) | __力 : __력
__意 : __의
海__ : 해__ |

底

| 8 | 총획 5획
부수 氏

[훈·음] | 民間(백성 민, 사이 간)
民官(백성 민, 벼슬 관)
民族(백성 민, 겨레 족)
難民(어려울 난, 백성 민) | __間 : __간
__官 : __관
__族 : __족
難__ : 난__ |

民

| 3Ⅱ | 총획 10획
부수 目

[훈·음] | 冬眠(겨울 동, 잘 면)
睡眠(잘 수, 잘 면)
熟眠(익을 숙, 잘 면) | 冬__ : 동__
睡__ : 수__
熟__ : 숙__ |

眠

| 4Ⅱ | 총획 11획
부수 目

[훈·음] | 眼鏡(눈 안, 거울 경)
眼科(눈 안, 조목 과)
眼光(눈 안, 빛 광)
着眼(붙을 착, 눈 안) | __鏡 : __경
__科 : __과
__光 : __광
着__ : 착__ |

眼

| 4Ⅱ | 총획 10획
부수 肉(月) | 脈度(혈관 맥, 정도 도)
脈動(혈관 맥, 움직일 동)
血脈(피 혈, 혈관/줄기 맥)
山脈(산 산, 줄기 맥) | __度 : __도
__動 : __동
血__ : 혈__
山__ : 산__ |
| 脈
훈·음 | | | |

| 4 | 총획 9획
부수 水(氵) | 派遣(물갈래 파, 보낼 견)
派生(물갈래 파, 날 생)
政派(다스릴 정, 파벌 파) | __遣 : __견
__生 : __생
政__ : 정__ |
| 派
훈·음 | | | |

| 3 | 총획 5획
제부수 | 禾穀(벼 화, 곡식 곡)
禾利(벼 화, 이로울 리) | __穀 : __곡
__利 : __리 |
| 禾
훈·음 | | | |

072

| 6 | 총획 6획
제부수 | 米飮(쌀 미, 마실 음)
白米(흰 백, 쌀 미)
精米(찧을 정, 쌀 미)
玄米(검을 현, 쌀 미) | __飮 : __음
白__ : 백__
精__ : 정__
玄__ : 현__ |
| 米
훈·음 | | | |

| 3 | 총획 22획
부수 穴 | 竊盜(훔칠 절, 도둑 도)
竊取(훔칠 절, 가질 취)
剽竊(빼앗을 표, 훔칠 절) | __盜 : __도
__取 : __취
剽__ : 표__ |
| 竊
훈·음 | | | |

| 6 | 총획 12획
부수 田 | 當番(당할 당, 차례 번)
輪番(돌 윤, 차례 번)
週番(주일 주, 차례 번)
地番(땅 지, 번지 번) | 當__ : 당__
輪__ : 윤__
週__ : 주__
地__ : 지__ |
| 番
훈·음 | | | |

3 播 훈·음	총획 15획 부수 手(扌)	播種(씨뿌릴 파, 씨앗 종) 直播(곧을 직, 씨뿌릴 파) 播多(퍼뜨릴 파, 많을 다) 傳播(전할 전, 퍼뜨릴 파)	__種 : __종 直__ : 직__ __多 : __다 傳__ : 전__
3Ⅱ 審 훈·음	총획 15획 부수 宀	審理(살필 심, 이치 리) 審問(살필 심, 물을 문) 審査(살필 심, 조사할 사) 審判(살필 심, 판단할 판)	__理 : __리 __問 : __문 __査 : __사 __判 : __판
4 私 훈·음	총획 7획 부수 禾	私立(사사로울 사, 설 립) 私費(사사로울 사, 비용 비) 私心(사사로울 사, 마음 심) 私有(사사로울 사, 있을 유)	__立 : __립 __費 : __비 __心 : __심 __有 : __유
6Ⅱ 和 훈·음	총획 8획 부수 口	和睦(화목할 화, 화목할 목) 和音(화할 화, 소리 음) 和解(화할 화, 풀 해) 調和(어울릴 조, 화할 화)	__睦 : __목 __音 : __음 __解 : __해 調__ : 조__
3Ⅱ 秩 훈·음	총획 10획 부수 禾	秩序(차례 질, 차례 서) 無秩序(없을 무, 차례 질, 차례 서)	__序 : __서 無__序 : 무__서
4Ⅱ 香 훈·음	총획 9획 제부수	香氣(향기 향, 기운 기) 香爐(향기 향, 화로 로) 香水(향기 향, 물 수) 香油(향기 향, 기름 유)	__氣 : __기 __爐 : __로 __水 : __수 __油 : __유

073

7 秋	총획 9획 부수 禾 ——— 훈·음	秋霜(가을 추, 서리 상) 秋收(가을 추, 거둘 수) 秋毫(가을 추, 가는 털 호) 晩秋(늦을 만, 가을 추)	__霜 : __상 __收 : __수 __毫 : __호 晩__ : 만__
3Ⅱ 愁	총획 13획 부수 心 ——— 훈·음	愁苦(근심 수, 괴로울 고) 愁心(근심 수, 마음 심) 哀愁(슬플 애, 근심 수) 鄉愁(시골/고향 향, 근심 수)	__苦 : __고 __心 : __심 哀__ : 애__ 鄉__ : 향__
6Ⅱ 利	총획 7획 부수 刀(刂) ——— 훈·음	利己(이로울 이, 자기 기) 利他(이로울 이, 다를 타) 利潤(이로울 이, 붙을 윤) 銳利(날카로울 예, 날카로울 리)	__己 : __기 __他 : __타 __潤 : __윤 銳__ : 예__
3 梨	총획 11획 부수 木 ——— 훈·음	梨花(배 이, 꽃 화) 烏飛梨落 (까마귀 오, 날 비, 배 이, 떨어질 락)	__花 : __화 烏飛__落 : 오비__락
3 乃	총획 2획 부수 丿 ——— 훈·음	乃至(이에 내, 이를 지) 終乃(마칠 종, 이에 내) 人乃天(사람 인, 곧 내, 하늘 천)	__至 : __지 終__ : 종__ 人__天 : 인__천
4 秀	총획 7획 부수 禾 ——— 훈·음	秀作(빼어날 수, 지을 작) 秀才(빼어날 수, 재주 재) 優秀(우수할 우, 빼어날 수) 俊秀(뛰어날 준, 빼어날 수)	__作 : __작 __才 : __재 優__ : 우__ 俊__ : 준__

074

3Ⅱ 誘 훈·음	총획 14획 부수 言	誘導(꾈 유, 인도할 도) 誘引(꾈 유, 끌 인) 誘惑(꾈 유, 유혹할 혹) 勸誘(권할 권, 꾈 유)	__導 : __도 __引 : __인 __惑 : __혹 勸__ : 권__
3Ⅱ 透 훈·음	총획 11획 부수 辵(辶)	透明(통할 투, 밝을 명) 透視(통할 투, 볼 시) 透徹(통할 투, 통할 철) 浸透(적실 침, 통할 투)	__明 : __명 __視 : __시 __徹 : __철 浸__ : 침__
3Ⅱ 及 훈·음	총획 3획 부수 又	及第(이를 급, 차례 제) 普及(넓을 보, 미칠 급) 言及(말씀 언, 미칠 급) 波及(물결 파, 미칠 급)	__第 : __제 普__ : 보__ 言__ : 언__ 波__ : 파__
6 級 훈·음	총획 9획 부수 糸	級數(등급 급, 셀 수) 級友(등급 급, 벗 우) 進級(나아갈 진, 등급 급)	__數 : __수 __友 : __우 進__ : 진__
4Ⅱ 吸 훈·음	총획 6획 부수 口	呼吸(부를 호, 숨 들이쉴 흡) 吸收(마실 흡, 거둘 수) 吸煙(마실 흡, 담배 연) 吸着(마실 흡, 붙을 착)	呼__ : 호__ __收 : __수 __煙 : __연 __着 : __착
4 委 훈·음	총획 8획 부수 女	委寄(맡길 위, 붙어살 기) 委員(맡길 위, 사람 원) 委任(맡길 위, 맡을 임) 委託(맡길 위, 부탁할 탁)	__寄 : __기 __員 : __원 __任 : __임 __託 : __탁

4 季 훈·음	총획 8획 부수 子	季父(끝 계, 아비 부) 季節(계절 계, 계절 절) 季刊(계절 계, 책 펴낼 간) 四季(넉 사, 계절 계)	__父 : __부 __節 : __절 __刊 : __간 四__ : 사__
6 李 훈·음	총획 7획 부수 木	張三李四 (베풀 장, 석 삼, 성씨 이, 넉 사) 李下不整冠 (오얏 이, 아래 하, 아닐 부, 가지런할 정, 갓 관)	張三__四 : 장삼__사 __下不整冠 : __하부정관
3Ⅱ 曆 훈·음	총획 16획 부수 日	曆法(책력 역, 법 법) 陽曆(볕 양, 책력 력) 陰曆(그늘 음, 책력 력)	__法 : __법 陽__ : 양__ 陰__ : 음__
5Ⅱ 歷 훈·음	총획 16획 부수 止	歷史(지낼/겪을 역, 역사 사) 歷任(지낼 역, 맡을 임) 歷程(지낼 역, 정도 정) 經歷(지날 경, 겪을 력)	__史 : __사 __任 : __임 __程 : __정 經__ : 경__
3Ⅱ 齊 훈·음	총획 14획 제부수	齊家(가지런할 제, 집 가) 齊均(가지런할 제, 고를 균) 齊唱(가지런할 제, 노래 부를 창) 整齊(가지런할 정, 가지런할 제)	__家 : __가 __均 : __균 __唱 : __창 整__ : 정__
4Ⅱ 濟 훈·음	총획 17획 부수 水(氵)	濟度(건널 제, 법도 도) 救濟(도울 구, 구제할 제) 決濟(정할 결, 구제할 제) 經濟(지날 경, 구제할 제)	__度 : __도 救__ : 구__ 決__ : 결__ 經__ : 경__

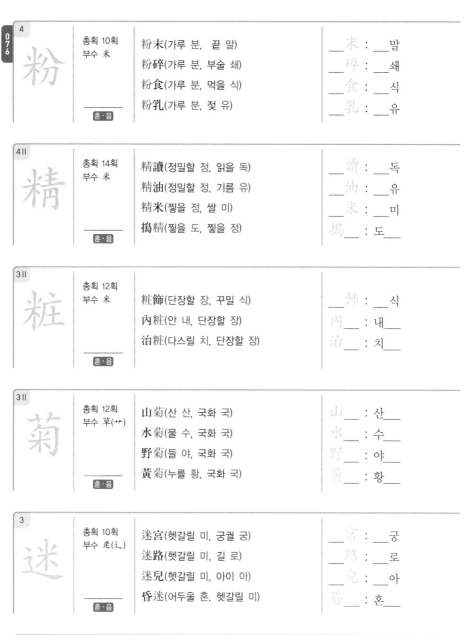

076

4

粉

총획 10획
부수 米

훈·음

粉末(가루 분, 끝 말)

粉碎(가루 분, 부술 쇄)

粉食(가루 분, 먹을 식)

粉乳(가루 분, 젖 유)

___末 : ___말

___碎 : ___쇄

___食 : ___식

___乳 : ___유

4Ⅱ

精

총획 14획
부수 米

훈·음

精讀(정밀할 정, 읽을 독)

精油(정밀할 정, 기름 유)

精米(찧을 정, 쌀 미)

搗精(찧을 도, 찧을 정)

___讀 : ___독

___油 : ___유

___米 : ___미

搗___ : 도___

3Ⅱ

粧

총획 12획
부수 米

훈·음

粧飾(단장할 장, 꾸밀 식)

內粧(안 내, 단장할 장)

治粧(다스릴 치, 단장할 장)

___飾 : ___식

內___ : 내___

治___ : 치___

3Ⅱ

菊

총획 12획
부수 艹(艹)

훈·음

山菊(산 산, 국화 국)

水菊(물 수, 국화 국)

野菊(들 야, 국화 국)

黃菊(누를 황, 국화 국)

山___ : 산___

水___ : 수___

野___ : 야___

黃___ : 황___

3

迷

총획 10획
부수 辵(辶)

훈·음

迷宮(헷갈릴 미, 궁궐 궁)

迷路(헷갈릴 미, 길 로)

迷兒(헷갈릴 미, 아이 아)

昏迷(어두울 혼, 헷갈릴 미)

___宮 : ___궁

___路 : ___로

___兒 : ___아

昏___ : 혼___

077

4Ⅱ

斗

총획 4획
제부수

훈·음

北斗七星
(북쪽 북, 국자 두, 일곱 칠, 별 성)

泰山北斗
(클 태, 산 산, 북쪽 북, 국자 두)

北___七星 : 북___칠성

泰山北___ : 태산북___

6 II	총획 9획 부수 禾	科目(과목 과, 항목 목) 眼科(눈 안, 조목 과) 轉科(구를 전, 과목 과)	__目 : __목 眼__ : 안__ 轉__ : 전__
科			
	훈·음		

5	총획 10획 부수 斗	料量(헤아릴 요, 헤아릴 량) 思料(생각할 사, 헤아릴 료) 材料(재료 재, 재료 료) 無料(없을 무, 값 료)	__量 : __량 思__ : 사__ 材__ : 재__ 無__ : 무__
料			
	훈·음		

3 II	총획 11획 부수 斗	斜線(비스듬할 사, 줄 선) 斜陽(기울 사, 볕 양) 傾斜(기울 경, 기울 사)	__線 : __선 __陽 : __양 傾__ : 경__
斜			
	훈·음		

3	총획 8획 부수 糸	紛糾(어지러울 분, 얽힐 규) 糾合(모일 규, 합할 합) 糾明(살필 규, 밝을 명)	紛__ : 분__ __合 : __합 __明 : __명
糾			
	훈·음		

3	총획 5획 부수 口	叫叫(부르짖을 규, 부르짖을 규) 叫聲(부르짖을 규, 소리 성) 叫彈(부르짖을 규, 튕길 탄) 絶叫(죽을 절, 부르짖을 규)	__ __ : __ __ __聲 : __성 __彈 : __탄 絶__ : 절__
叫			
	훈·음		

4 II	총획 6획 부수 攴(攵)	收支(거둘 수, 지출할 지) 收集(거둘 수, 모을 집) 收縮(거둘 수, 줄어들 축) 回收(돌아올 회, 거둘 수)	__支 : __지 __集 : __집 __縮 : __축 回__ : 회__
收			
	훈·음		

078 4	華 훈·음	총획 10획 부수 艸(艹)	華燭(빛날 화, 촛불 촉) 繁華(번성할 번, 화려할 화) 昇華(오를 승, 빛날 화) 榮華(영화 영, 빛날 화)	___燭 : ___촉 繁___ : 번___ 昇___ : 승___ 榮___ : 영___
3Ⅱ	畢 훈·음	총획 11획 부수 田	畢竟(마칠 필, 마침내 경) 畢生(마칠 필, 살 생) 檢查畢(검사할 검, 조사할 사, 마칠 필)	___竟 : ___경 ___生 : ___생 檢查___ : 검사___
079 3	昔 훈·음	총획 8획 부수 日	昔日(옛 석, 날 일) 昔年(옛 석, 해 년) 今昔(이제 금, 옛 석)	___日 : ___일 ___年 : ___년 今___ : 금___
3Ⅱ	惜 훈·음	총획 11획 부수 心(忄)	惜時如金(아낄 석, 때 시, 같을 여, 쇠 금) 惜別(아낄 석, 나눌 별) 哀惜(슬플 애, 가엾을 석)	___時如金 : ___시여금 ___別 : ___별 哀___ : 애___
3Ⅱ	借 훈·음	총획 10획 부수 人(亻)	借名(빌릴 차, 이름 명) 借用(빌릴 차, 쓸 용) 貸借(빌린 대, 빌릴 차)	___名 : ___명 ___用 : ___용 貸___ : 대___
3Ⅱ	錯 훈·음	총획 16획 부수 金	錯亂(섞일 착, 어지러울 란) 錯雜(섞일 착, 섞일 잡) 錯覺(어긋날 착, 깨달을 각) 錯誤(어긋날 착, 그르칠 오)	___亂 : ___란 ___雜 : ___잡 ___覺 : ___각 ___誤 : ___오

4 籍 훈·음	총획 20획 부수 竹(⺮)	書籍(책 서, 서적 적) 國籍(나라 국, 문서 적) 除籍(제거할 제, 문서 적) 戶籍(집 호, 문서 적)	書__ : 서__ 國__ : 국__ 除__ : 제__ 戶__ : 호__
6Ⅱ 080 共 훈·음	총획 6획 부수 八	共感(함께 공, 느낄 감) 共同(함께 공, 같을 동) 共犯(함께 공, 범할 범) 共助(함께 공, 도울 조)	__感 : __감 __同 : __동 __犯 : __범 __助 : __조
3Ⅱ 供 훈·음	총획 8획 부수 人(亻)	供給(줄 공, 줄 급) 供與(줄 공, 줄 여) 供出(줄 공, 나올 출) 提供(내놓을 제, 줄 공)	__給 : __급 __與 : __여 __出 : __출 提__ : 제__
3Ⅱ 洪 훈·음	총획 9획 부수 水(氵)	洪規(넓을 홍, 법 규) 洪魚(넓을 홍, 물고기 어) 洪吉童(성씨 홍, 길할 길, 아이 동)	__規 : __규 __魚 : __어 __吉童 : __길동
3Ⅱ 恭 훈·음	총획 10획 부수 心(忄)	恭遜(공손할 공, 겸손할 손) 恭敬(공손할 공, 공경할 경) 恭待(공손할 공, 기다릴 대) 過恭(지나칠 과, 공손할 공)	__遜 : __손 __敬 : __경 __待 : __대 過__ : 과__
4 異 훈·음	총획 11획 부수 田	異見(다를 이, 볼 견) 差異(다를 차, 다를 이) 特異(특별할 특, 다를 이)	__見 : __견 差__ : 차__ 特__ : 특__

3 II 翼	총획 17획 부수 羽 _____ 훈·음	左翼(왼쪽 좌, 날개 익) 左翼手 (왼쪽 좌, 도울 익, 재주 있는 사람 수) 比翼(나란할 비, 날개 익)	左__ : 좌__ 左__手 : 좌__수 比__ : 비__
4 II 暴	총획 15획 부수 日 _____ 훈·음	暴力(사나울 폭, 힘 력) 暴惡(사나울 포, 악할 악) 亂暴(어지러울 난, 사나울 폭) 暴露(드러날 폭, 드러날 로)	__力 : __력 __惡 : __악 亂__ : 난__ __露 : __로
4 爆	총획 19획 부수 火 _____ 훈·음	爆發(폭발할 폭, 쏠 발) 爆擊(폭발할 폭, 칠 격) 爆笑(폭발할 폭, 웃을 소) 爆破(폭발할 폭, 깨질 파)	__發 : __발 __擊 : __격 __笑 : __소 __破 : __파
3 僅	총획 13획 부수 人(亻) _____ 훈·음	僅僅(겨우 근, 겨우 근) 僅僅圖生 (겨우 근, 겨우 근, 꾀할 도, 살 생) 僅少(겨우 근, 적을 소)	____ : ____ ____圖生 : ____도생 __少 : __소
3 謹	총획 18획 부수 言 _____ 훈·음	謹愼(삼갈 근, 삼갈 신) 謹嚴(삼갈 근, 엄할 엄) 謹呈(삼갈 근, 드릴 정) 謹賀(삼살 근, 축하할 하)	__愼 : __신 __嚴 : __엄 __呈 : _ 정 __賀 : __하
4 勤	총획 13획 부수 力 _____ 훈·음	勤儉(부지런할 근, 검소할 검) 勤勉(부지런할 근, 힘쓸 면) 轉勤(구를 전, 일 근) 退勤(물러날 퇴, 일 근)	__儉 : __검 __勉 : __면 轉__ : 전__ 退__ : 퇴__

7Ⅱ			
漢 훈·음	총획 14획 부수 水(氵)	漢文(한나라 한, 글월 문) 漢字(한나라 한, 글자 자) 怪漢 (괴이할 괴, 남을 흉하게 부르는 접미사 한)	__文 : __문 __字 : __자 怪__ : 괴__

4Ⅱ			
難 훈·음	총획 19획 부수 隹	難局(어려울 난, 상황 국) 難解(어려울 난, 풀 해) 苦難(괴로울 고, 어려울 난) 非難(아닐 비, 비난할 난)	__局 : __국 __解 : __해 苦__ : 고__ 非__ : 비__

4			
歎 훈·음	총획 15획 부수 欠	歎息(탄식할 탄, 숨 쉴 식) 歎聲(탄식/감탄할 탄, 소리 성) 恨歎(한할 한, 탄식할 탄) 感歎(감동할 감, 감탄할 탄)	__息 : __식 __聲 : __성 恨__ : 한__ 感__ : 감__

3			
庶 훈·음	총획 11획 부수 广	庶務(여러 서, 일 무) 庶民(백성 서, 백성 민) 庶出(첩의 아들 서, 나올 출) 嫡庶(본마누라 적, 첩의 아들 서)	__務 : __무 __民 : __민 __出 : __출 嫡__ : 적__

6			
席 훈·음	총획 10획 부수 巾	席次(자리 석, 차례 차) 缺席(빠질 결, 자리 석) 出席(나올 출, 자리 석) 座席(자리 좌, 자리 석)	__次 : __차 缺__ : 결__ 出__ : 출__ 座__ : 좌__

6			
度 훈·음	총획 9획 부수 广	制度(절제할 제, 법도 도) 程度(정도 정, 정도 도) 強度(강할 강, 정도 도) 忖度(헤아릴 촌, 헤아릴 탁)	制__ : 제__ 程__ : 정__ 強__ : 강__ 忖__ : 촌__

082

3Ⅱ	총획 12획	渡河(건널 도, 강 하)	__河 : __하
渡	부수 水(氵)	賣渡(팔 매, 건널 도)	賣__ : 매__
		不渡(아닐 부, 건널 도)	不__ : 부__
	훈·음	讓渡(사양할 양, 건널 도)	讓__ : 양__

6	총획 12획	黃桃(누를 황, 복숭아 도)	__桃 : __도
黃	제부수	黃砂(누를 황, 모래 사)	__砂 : __사
083		黃昏(누를 황, 저물 혼)	__昏 : __혼
	훈·음	朱黃(붉을 주, 누를 황)	朱__ : 주__

3Ⅱ	총획 16획	橫斷(가로 횡, 끊을 단)	__斷 : __단
橫	부수 木	橫領(제멋대로 할 횡, 거느릴 령)	__領 : __령
		橫厄(제멋대로 할 횡, 재앙 액)	__厄 : __액
	훈·음	橫財(제멋대로 할 횡, 재물 재)	__財 : __재

5Ⅱ	총획 15획	廣告(넓을 광, 알릴 고)	__告 : __고
廣	부수 广	廣野(넓을 광, 들 야)	__野 : __야
		廣場(넓을 광, 마당 장)	__場 : __장
	훈·음		

4	총획 23획	鑛物(쇳돌 광, 물건 물)	__物 : __물
鑛	부수 金	鑛夫(쇳돌 광, 사내 부)	__夫 : __부
		鑛山(쇳돌 광, 산 산)	__山 : __산
	훈·음	鑛石(쇳돌 광, 돌 석)	__石 : __석

3	총획 18획	擴大(넓힐 확, 큰 대)	__大 : __대
擴	부수 手(扌)	擴散(넓힐 확, 흩어질 산)	__散 : __산
		擴延(넓힐 확, 늘일 연)	__延 : __연
	훈·음		

084 7II 世 훈·음	총획 5획 부수 一	世孫(세대 세, 손자 손) 世態(세상 세, 모양 태) 處世(살 처, 세상 세) 出世(나갈/나올 출, 세상 세)	__孫 : __손 __態 : __태 處__ : 처__ 出__ : 출__
5 葉 훈·음	총획 13획 부수 草(艹)	葉書(잎 엽, 쓸 서) 葉茶(잎 엽, 차 차) 落葉(떨어질 낙, 잎 엽) 枝葉(가지 지, 잎 엽)	__書 : __서 __茶 : __차 落__ : 낙__ 枝__ : 지__
3 蝶 훈·음	총획 15획 부수 虫	蝶舞(나비 접, 춤출 무) 蝶泳(나비 접, 헤엄칠 영) 探花蜂蝶(찾을 탐, 꽃 화, 벌 봉, 나비 접)	__舞 : __무 __泳 : __영 探花蜂__ : 탐화봉__
085 1 卉 훈·음	총획 5획 부수 十	卉服(풀 훼, 옷 복) 花卉(꽃 화, 풀 훼)	__服 : __복 花__ : 화__
3II 奔 훈·음	총획 8획 부수 大	奔忙(바쁠 분, 바쁠 망) 奔走(바쁠 분, 달릴 주) 狂奔(미칠 광, 달아날 분)	__忙 : __망 __走 : __주 狂__ : 광__
특II 賁 훈·음	총획 12획 부수 貝	賁飾(꾸밀 비, 꾸밀 식) 賁然(꾸밀 비, 그러할 연)	__飾 : __식 __然 : __연

3			
墳	총획 15획 부수 土 훈·음	墳墓(무덤 분, 무덤 묘) 墳上(무덤 분, 위 상) 古墳(옛 고, 무덤 분) 封墳(봉할 봉, 무덤 분)	__墓 : __묘 __上 : __상 古__ : 고__ 封__ : 봉__

4			
憤	총획 15획 부수 心(忄) 훈·음	憤慨(분할 분, 슬퍼할 개) 憤怒(분할 분, 성낼 노) 憤敗(분할 분, 패할 패) 激憤(격할 격, 분할 분)	__慨 : __개 __怒 : __노 __敗 : __패 激__ : 격__

3Ⅱ			
弄	총획 7획 부수 廾 훈·음	弄談(희롱할 농, 말씀 담) 弄調(희롱할 농, 고를 조) 嘲弄(비웃을 조, 가지고 놀 롱)	__談 : __담 __調 : __조 嘲__ : 조__

7			
算	총획 7획 부수 竹(⺮) 훈·음	算數(셈할 산, 셀 수) 加算(더할 가, 셈할 산) 減算(줄어들 감, 셈할 산) 精算(정밀할 정, 셈할 산)	__數 : __수 加__ : 가__ 減__ : 감__ 精__ : 정__

4			
戒	총획 7획 부수 戈 훈·음	戒名(경계할 계, 이름 명) 戒律(경계할 계, 법칙 율) 一罰百戒 (한 일, 벌할 벌, 일백 백, 경계할 계)	__名 : __명 __律 : __율 一罰百__ : 일벌백__

3Ⅱ			
械	총획 11획 부수 木 훈·음	機械(기계 기, 기계 계) 器械(기구 기, 기계 계)	機__ : 기__ 器__ : 기__

1	총획 4획 제부수 훈·음	爻	卦爻(점괘 괘, 점괘 효) 數爻(셀 수, 수효 효)	卦__ : 괘__ 數__ : 수__
8	총획 4획 제부수 훈·음	父	父母(아비 부, 어미/어머니 모) 父子(아비 부, 아들 자) 父親(아비 부, 어버이 친) 師父(스승 사, 아비 부)	__母 : __모 __子 : __자 __親 : __친 師__ : 사__
7	총획 4획 제부수 훈·음	文	文庫(글월 문, 창고 고) 文盲(글월 문, 무지할 맹) 文集(글월 문, 모을 집)	__庫 : __고 __盲 : __맹 __集 : __집
3Ⅱ	총획 10획 부수 糸 훈·음	紋	紋身(무늬 문, 몸 신) 紋樣(무늬 문, 모양 양) 指紋(손가락 지, 무늬 문) 波紋(물결 파, 무늬 문)	__身 : __신 __樣 : __양 指__ : 지__ 波__ : 파__
5Ⅱ	총획 4획 부수 凵 훈·음	凶	凶器(흉할 흉, 기구 기) 凶惡(흉할 흉, 악할 악) 凶年(흉년 흉, 해 년)	__器 : __기 __惡 : __악 __年 : __년
3Ⅱ	총획 10획 부수 肉(月) 훈·음	胸	胸膈(가슴 흉, 가슴 격) 胸襟(가슴 흉, 가슴 금) 胸部(가슴 흉, 나눌 부) 胸像(가슴 흉, 모양 상)	__膈 : __격 __襟 : __금 __部 : __부 __像 : __상

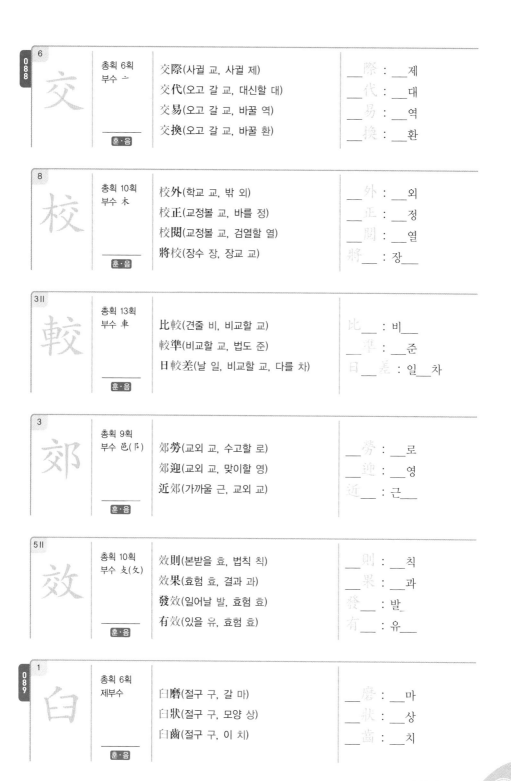

6 0 8 8	交 훈·음	총획 6획 부수 亠	交際(사귈 교, 사귈 제) 交代(오고 갈 교, 대신할 대) 交易(오고 갈 교, 바꿀 역) 交換(오고 갈 교, 바꿀 환)	__際 : __제 __代 : __대 __易 : __역 __換 : __환
8	校 훈·음	총획 10획 부수 木	校外(학교 교, 밖 외) 校正(교정볼 교, 바를 정) 校閱(교정볼 교, 검열할 열) 將校(장수 장, 장교 교)	__外 : __외 __正 : __정 __閱 : __열 將__ : 장__
3Ⅱ	較 훈·음	총획 13획 부수 車	比較(견줄 비, 비교할 교) 較準(비교할 교, 법도 준) 日較差(날 일, 비교할 교, 다를 차)	比__ : 비__ __準 : __준 日__差 : 일__차
3	郊 훈·음	총획 9획 부수 邑(阝)	郊勞(교외 교, 수고할 로) 郊迎(교외 교, 맞이할 영) 近郊(가까울 근, 교외 교)	__勞 : __로 __迎 : __영 近__ : 근__
5Ⅱ	效 훈·음	총획 10획 부수 攴(攵)	效則(본받을 효, 법칙 칙) 效果(효험 효, 결과 과) 發效(일어날 발, 효험 효) 有效(있을 유, 효험 효)	__則 : __칙 __果 : __과 發__ : 발__ 有__ : 유__
1 0 8 9	臼 훈·음	총획 6획 제부수	臼磨(절구 구, 갈 마) 臼狀(절구 구, 모양 상) 臼齒(절구 구, 이 치)	__磨 : __마 __狀 : __상 __齒 : __치

5 寫 **훈·음**	총획 15획 부수 宀	寫本(그릴 사, 책 본) 寫眞(그릴 사, 참 진) 複寫(겹칠 복, 베낄 사) 透寫(통할 투, 베낄 사)	___本 : ___본 ___眞 : ___진 複___ : 복___ 透___ : 투___
3Ⅱ 陷 **훈·음**	총획 11획 부수 阜(阝)	陷穽(함정 함, 함정 정) 謀陷(꾈 모, 함정 함) 陷落(빠질 함, 떨어질 락) 陷沒(빠질 함, 빠질 몰)	___穽 : ___정 謀___ : 모___ ___落 : ___락 ___沒 : ___몰
특 叟 **훈·음**	총획 9획 부수 又	釣叟(낚시 조, 늙은이 수) 樵叟(땔나무 초, 늙은이 수)	釣___ : 조___ 樵___ : 초___
3 搜 **훈·음**	총획 12획 부수 手(扌)	搜査(찾을 수, 조사할 사) 搜索(찾을 수, 찾을 색) 搜所聞(찾을 수, 장소 소, 들을 문)	___査 : ___사 ___索 : ___색 ___所聞 : ___소문
8 學 **훈·음**	총획 16획 부수 子	學校(배울 학, 학교 교) 學究(배울 학, 연구할 구) 勉學(힘쓸 면, 배울 학) 放學(놓을 방, 배울 학)	___校 : ___교 ___究 : ___구 勉___ : 면___ 放___ : 방___
4 覺 **훈·음**	총획 20획 부수 見	覺書(깨달을 각, 쓸 서) 覺醒(깨달을 각, 깨달을 성) 發覺(일어날 발, 깨달을 각) 自覺(스스로 자, 깨달을 각)	___書 : ___서 ___醒 : ___성 發___ : 발___ 自___ : 자___

3 輿 훈·음	총획 17획 부수 車	喪輿(초상날 상, 가마 여) 輿論(무리 여, 논의할 론) 輿望(무리 여, 바랄 망)	喪__ : 상__ __論 : __론 __望 : __망

4Ⅱ 興 훈·음	총획 16획 부수 臼	興亡(흥할 흥, 망할 망) 振興(떨칠 진, 흥할 흥) 興味(흥겨울 흥, 맛 미) 遊興(놀 유, 흥겨울 흥)	__亡 : __망 振__ : 진__ __味 : __미 遊__ : 유__

4 與 훈·음	총획 14획 부수 臼	授與(줄 수, 줄 여) 與件(줄 여, 사건 건) 贈與(줄 증, 줄 여) 參與(참여할 참, 참여할 여)	授__ : 수__ __件 : __건 贈__ : 증__ 參__ : 참__

5 擧 훈·음	총획 18획 부수 手	擧手(들 거, 손 수) 擧動(행할 거, 움직일 동) 擧行(행할 거, 행할 행) 擧事(일으킬 거, 일 사)	__手 : __수 __動 : __동 __行 : __행 __事 : __사

3Ⅱ 譽 훈·음	총획 21획 부수 言	譽聲(기릴 예, 소리 성) 譽言(기릴 예, 말씀 언) 名譽(이름날 명, 명예 예) 榮譽(영화 영, 명예 예)	__聲 : __성 __言 : __언 名__ : 명__ 榮__ : 영__

5Ⅱ 士 훈·음	총획 3획 제부수	士農工商 (선비 사, 농사 농, 장인 공, 장사할 상) 軍士(군사 군, 군사 사) 壯士(굳셀 장, 칭호나 직업에 붙이는 말 사)	__農工商 : __농공상 軍__ : 군__ 壯__ : 장__

5 II 仕 훈·음	총획 5획 부수 人(亻)	仕途(벼슬할 사, 길 도) 仕路(벼슬할 사, 길 로) 給仕(줄 급, 벼슬할 사) 奉仕(받들 봉, 섬길 사)	__途 : __도 __路 : __로 給__ : 급__ 奉__ : 봉__
4 II 志 훈·음	총획 7획 부수 心	志願(뜻 지, 원할 원) 志操(뜻 지, 잡을 조) 意志(뜻 의, 뜻 지) 初志(처음 초, 뜻 지)	__願 : __원 __操 : __조 意__ : 의__ 初__ : 초__
4 誌 훈·음	총획 14획 부수 言	誌略(기록할 지, 간략할 략) 校誌(학교 교, 책 지) 日誌(날 일, 책 지) 雜誌(섞일 잡, 책 지)	__略 : __략 校__ : 교__ 日__ : 일__ 雜__ : 잡__
5 吉 훈·음	총획 6획 부수 口	吉運(길할 길, 운수 운) 吉日(길할 길, 날 일) 吉兆(길할/상서로울 길, 조짐 조) 吉凶(길할/상서로울 길, 흉할 흉)	__運 : __운 __日 : __일 __兆 : __조 __凶 : __흉
3 II 鼓 훈·음	총획 13획 제부수	鼓動(두드릴 고, 움직일 동) 鼓舞(북 고, 춤출 무) 鼓吹(북 고, 불 취)	__動 : __동 __舞 : __무 __吹 : __취
6 樹 훈·음	총획 16획 부수 木	樹立(세울 수, 설 립) 樹木(나무 수, 나무 목) 樹液(나무 수, 진액 액)	__立 : __립 __木 : __목 __液 : __액

092

4	총획 12획 부수 口	喜悲(기쁠 희, 슬플 비)	__悲 : __비
		喜捨(기쁠 희, 버릴 사)	__捨 : __사
喜		喜悅(기쁠 희, 기쁠 열)	__悅 : __열
훈·음		歡喜(기뻐할 환, 기쁠 희)	歡__ : 환__

8 093	총획 3획 제부수	土沙(흙 토, 모래 사)	__沙 : __사
		土俗(흙 토, 풍속 속)	__俗 : __속
土		土地(흙 토, 땅 지)	__地 : __지
훈·음		黃土(누를 황, 흙 토)	黃__ : 황__

3 II	총획 6획 부수 口	吐納(토할 토, 들일 납)	__納 : __납
		吐露(토할 토, 드러날 로)	__露 : __로
吐		嘔吐(토할 구, 토할 토)	嘔__ : 구__
훈·음		實吐(실제 실, 토할 토)	實__ : 실__

3 II	총획 7획 부수 土	坐像(앉을 좌, 모양 상)	__像 : __상
		坐定(앉을 좌, 정할 정)	__定 : __정
坐		對坐(상대할 대, 앉을 좌)	對__ : 대__
훈·음			

4	총획 10획 부수 广	座談(자리 좌, 말씀 담)	__談 : __담
		座席(자리 좌, 자리 석)	__席 : __석
座		座右銘(위치 좌, 오른쪽 우, 새길 명)	__右銘 : __우녕
훈·음			

1 II	총획 12획 부수 土	堯舜時代 (요임금 요, 순임금 순, 때 시, 세대 대)	__舜時代 : __순시대
堯			
훈·음			

3 曉 ___ 훈·음	총획 16획 부수 日	曉光(새벽 효, 빛 광) 曉星(새벽 효, 별 성) 曉起(새벽 효, 일어날 기) 曉得(깨달을 효, 얻을 득)	___光 : ___광 ___星 : ___성 ___起 : ___기 ___得 : ___득
3Ⅱ 燒 ___ 훈·음	총획 16획 부수 火	燒却(불사를 소, 물리칠 각) 燒滅(불사를 소, 꺼질 멸) 燒失(불사를 소, 잃을 실) 燒酒(불사를 소, 술 주)	___却 : ___각 ___滅 : ___멸 ___失 : ___실 ___酒 : ___주
3Ⅱ 桂 ___ 훈·음	총획 10획 부수 木	桂冠(계수나무 계, 갓 관) 桂皮(계수나무 계, 가죽 피) 月桂樹(달 월, 계수나무 계, 나무 수)	___冠 : ___관 ___皮 : ___피 月___樹 : 월___수
3Ⅱ 佳 ___ 훈·음	총획 8획 부수 人(亻)	佳境(아름다울 가, 형편 경) 佳約(아름다울 가, 약속할 약) 佳作(아름다울 가, 지을 작) 佳節(아름다울 가, 계절 절)	___境 : ___경 ___約 : ___약 ___作 : ___작 ___節 : ___절
4Ⅱ 街 ___ 훈·음	총획 12획 부수 行	街道(거리 가, 길 도) 街路燈(거리 가, 길 로, 등불 등) 街販(거리 가, 장사할 판)	___道 : ___도 ___路燈 : ___로등 ___販 : ___판
3Ⅱ 封 ___ 훈·음	총획 9획 부수 寸	封建(봉할 봉, 세울 건) 封鎖(봉할 봉, 자물쇠 쇄) 封印(봉할 봉, 찍을/도장 인) 開封(열 개, 봉할 봉)	___建 : ___건 ___鎖 : ___쇄 ___印 : ___인 開___ : 개___

094

1 卦	총획 8획 부수 卜 훈·음	占卦(점칠 점, 점괘 괘) 卦爻(점괘 괘, 점괘 효) 八卦(여덟 팔, 점괘 괘)	占__ : 점__ __爻 : __효 八__ : 팔__
3 掛	총획 11획 부수 手(扌) 훈·음	掛念(걸 괘, 생각 념) 掛圖(걸 괘, 그림 도) 掛鐘(걸 괘, 종치는 시계 종)	__念 : __념 __圖 : __도 __鐘 : __종
특II 厓	총획 8획 부수 厂 훈·음	層厓(층 층, 언덕 애)	層__ : 층__
3 涯	총획 11획 부수 水(氵) 훈·음	涯岸(물가 애, 언덕 안) 涯際(물가 애, 즈음 제) 生涯(살 생, 끝 애) 天涯(하늘 천, 끝 애)	__岸 : __안 __際 : __제 生__ : 생__ 天__ : 천__
3II 垂	총획 8획 부수 土 훈·음	垂範(드리울 수, 본보기 범) 垂直(드리울 수, 곧을 직) 懸垂幕(매달 현, 드리울 수, 장막 막)	__範 : __범 __直 : __직 懸__幕 : 현__막
3 睡	총획 13획 부수 目 훈·음	睡眠(잘 수, 잠잘 면) 午睡(낮 오, 잘 수) 寢睡(잘 침, 잘 수) 昏睡(어두울 혼, 잘 수)	__眠 : __면 午__ : 오__ 寢__ : 침__ 昏__ : 혼__

4	총획 11획 부수 邑(阝)	郵送(우편 우, 보낼 송)	__送 : __송
郵 훈·음		郵便(우편 우, 편할 편)	__便 : __편
		郵票(우편 우, 표 표)	__票 : __표

3	총획 6획 부수 手(扌)	托鉢(받칠 탁, 바리때 발)	__鉢 : __발
托 훈·음		信托(믿을 신, 맡길 탁)	信__ : 신__

5 II	총획 6획 부수 宀	宅配(집 택, 나눌 배)	__配 : __배
宅 훈·음		宅地(집 택, 땅 지)	__地 : __지
		自宅(자기 자, 집 택)	自__ : 자__
		媤宅(시집 시, 집 택)	媤__ : 시__

5 II	총획 11획 부수 阜(阝)	陸地(육지 육, 땅 지)	__地 : __지
096 陸 훈·음		大陸(큰 대, 육지 륙)	大__ : 대__
		離陸(헤어질 이, 육지 륙)	離__ : 이__
		着陸(붙을 착, 육지 륙)	着__ : 착__

3 II	총획 13획 부수 目	和睦(화목할 화, 화목할 목)	和__ : 화__
睦 훈·음		不睦(아닐 불, 화목할 목)	不__ : 불__
		親睦(친할 친, 화목할 목)	親__ : 친__

4 II	총획 18획 부수 草(艹)	藝術(재주 예, 재주 술)	__術 : __술
藝 훈·음		技藝(재주 기, 재주 예)	技__ : 기__
		書藝(쓸 서, 기술 예)	書__ : 서__
		學藝(배울 학, 재주/기술 예)	學__ : 학__

5			
熱 훈·음	총획 15획 부수 火(灬)	熱望(더울 열, 바랄 망) 熱情(더울 열, 정 정) 解熱(풀 해, 더울 열)	___望 : ___망 ___情 : ___정 解___ : 해___

4Ⅱ			
勢 훈·음	총획 13획 부수 力	勢力(기세 세, 힘 력) 強勢(강할 강, 기세 세) 攻勢(칠 공, 기세 세) 氣勢(기운 기, 기세 세)	___力 : ___력 強___ : 강___ 攻___ : 공___ 氣___ : 기___

8			
生 훈·음	총획 5획 제부수	生日(날 생, 날 일) 同生(같을 동, 날 생) 生活(살 생, 살 활) 生徒(사람을 부를 때 쓰는 접사 생, 무리 도)	___日 : ___일 同___ : 동___ ___活 : ___활 ___徒 : ___도

5Ⅱ			
性 훈·음	총획 8획 부수 心(忄)	性質(성품/바탕 성, 바탕 질) 個性(낱 개, 성품/바탕 성) 本性(뿌리 본, 성품 성) 適性(알맞을 적, 성품 성)	___質 : ___질 個___ : 개___ 本___ : 본___ 適___ : 적___

7Ⅱ			
姓 훈·음	총획 8획 부수 女	姓名(성씨 성, 이름 명) 同姓(같을 동, 성씨 성) 百姓(많을 백, 백성 성)	___名 : ___명 同___ : 동___ 百___ : 백___

4Ⅱ			
星 훈·음	총획 9획 부수 日	星霜(별 성, 서리 상) 流星(흐를 유, 별 성) 行星(다닐 행, 별 성) 曉星(새벽 효, 별 성)	___霜 : ___상 流___ : 유___ 行___ : 행___ 曉___ : 효___

5Ⅱ 産 훈·음	총획 11획 부수 生	産苦(낳을 산, 괴로울 고) 産母(낳을 산, 어미/어머니 모) 産業(낳을 산, 일 업) 出産(나올 출, 낳을 산)	__苦 : __고 __母 : __모 __業 : __업 出__ : 출__
7 **098** 老 훈·음	총획 6획 부수 耂	老益壯(늙을 노, 더할 익, 굳셀 장) 敬老(공경할 경, 늙을 로) 元老(으뜸 원, 늙을 로)	__益壯 : __익장 敬__ : 경__ 元__ : 원__
7Ⅱ 孝 훈·음	총획 7획 부수 子	孝道(효도 효, 도리 도) 孝誠(효도 효, 정성 성) 孝行(효도 효, 행할 행)	__道 : __도 __誠 : __성 __行 : __행
6 者 훈·음	총획 9획 부수 耂	強者(강할 강, 놈 자) 讀者(읽을 독, 놈 자) 仁者無敵 (어질 인, 놈 자, 없을 무, 원수 적)	強__ : 강__ 讀__ : 독__ 仁__無敵 : 인__무적
5 考 훈·음	총획 6획 부수 耂	考慮(생각할 고, 생각할 려) 考察(살필 고, 살필 찰) 熟考(익을 숙, 생각할 고) 再考(다시 재, 생각할 고)	__慮 : __려 __察 : __찰 熟__ : 숙__ 再__ : 재__
3Ⅱ **099** 諸 훈·음	총획 16획 부수 言	諸國(여러 제, 나라 국) 諸君(여러 제, 임금 군) 諸般(여러 제, 일반 반) 諸賢(여러 제, 어질 현)	__國 : __국 __君 : __군 __般 : __반 __賢 : __현

3Ⅱ 緒 ___ 훈·음	총획 15획 부수 糸	緒論(실마리 서, 논의할 론) 緒言(실마리 서, 말씀 언) 端緒(실마리 단, 실마리 서) 頭緒(우두머리 두, 실마리 서)	___論 : ___론 ___言 : ___언 端___ : 단___ 頭___ : 두___
5 都 ___ 훈·음	총획 12획 부수 邑(阝)	都農(도시 도, 농사 농) 首都(우두머리 수, 도시 도) 遷都(옮길 천, 도시 도) 都合(모두 도, 합할 합)	___農 : ___농 首___ : 수___ 遷___ : 천___ ___合 : ___합
3 暑 ___ 훈·음	총획 13획 부수 日	暑傷(더울 서, 상할 상) 大暑(큰 대, 더울 서) 處暑(살 처, 더울 서) 避暑(피할 피, 더울 서)	___傷 : ___상 大___ : 대___ 處___ : 처___ 避___ : 피___
3Ⅱ 著 ___ 훈·음	총획 11획 부수 草(艹)	著者(글 지을 저, 놈 자) 著名(드러날 저, 이름날 명) 著壓(붙을 착, 누를 압) 著服(입을 착, 옷 복)	___者 : ___자 ___名 : ___명 ___壓 : ___압 ___服 : ___복
8 王 ___ 훈·음	총획 4획 제부수	王冠(임금 왕, 갓 관) 王權(임금 왕, 권세 권) 王固執(으뜸 왕, 굳을 고, 잡을 집)	___冠 : ___관 ___權 : ___권 ___固執 : ___고집
4Ⅱ 玉 ___ 훈·음	총획 5획 제부수	玉稿(구슬 옥, 원고 고) 玉體(구슬 옥, 몸 체) 白玉(흰 백, 구슬 옥)	___稿 : ___고 ___體 : ___체 白___ : 백___

7			
主	총획 5획 부수 丶 _____ 훈·음	主人(주인 주, 사람 인) 主要(주인 주, 중요할 요) 主題(주인 주, 제목 제) 戶主(집 호, 주인 주)	__人 : __인 __要 : __요 __題 : __제 戶__ : 호__

3Ⅱ			
壬	총획 4획 부수 士 _____ 훈·음	壬亂(아홉째 천간 임, 어지러울 란) 壬辰倭亂(아홉째 천간 임, 다섯째 지지 진, 왜국 왜, 어지러울 란)	__亂 : __란 __辰倭亂 : __진왜란

5Ⅱ			
任	총획 6획 부수 人(亻) _____ 훈·음	任期(맡을 임, 기간 기) 任務(맡을 임, 일 무) 在任(있을 재, 맡을 임) 責任(책임 책, 맡을 임)	__期 : __기 __務 : __무 在__ : 재__ 責__ : 책__

3Ⅱ			
賃	총획 13획 부수 貝 _____ 훈·음	賃金(품삯 임, 돈 금) 勞賃(일할 노, 품삯 임) 賃貸(빌릴 임, 빌릴 대) 賃借(빌릴 임, 빌릴 차)	__金 : __금 勞__ : 노__ __貸 : __대 __借 : __차

2			
呈	총획 7획 부수 口 _____ 훈·음	露呈(드러날 노, 보일 정) 謹呈(삼갈 근, 드릴 정) 贈呈(줄 증, 드릴 정)	露__ : 노__ 謹__ : 근__ 贈__ : 증__

4Ⅱ			
程	총획 12획 부수 禾 _____ 훈·음	規程(법 규, 법 정) 課程(과정 과, 정도 정) 程度(정도 정, 정도 도) 過程(지날 과, 정도 정)	規__ : 규__ 課__ : 과__ __度 : __도 過__ : 과__

4 II 聖 훈·음	총획 13획 부수 耳	聖君(성스러울 성, 임금 군) 聖恩(성스러울 성, 은혜 은) 聖誕節(성인 성, 태어날 탄, 마디 절)	__君 : __군 __恩 : __은 __誕節 : __탄절
101 **6 II** 注 훈·음	총획 8획 부수 水(氵)	注油(물댈 주, 기름 유) 注目(쏟을 주, 볼 목) 注射(쏟을 주, 쏠 사) 注入(쏟을 주, 들 입)	__油 : __유 __目 : __목 __射 : __사 __入 : __입
7 住 훈·음	총획 7획 부수 人(亻)	住居(살 주, 살 거) 住所(사는 곳 주, 장소 소) 住宅(사는 곳 주, 집 택)	__居 : __거 __所 : __소 __宅 : __택
3 II 柱 훈·음	총획 9획 부수 木	石柱(돌 석, 기둥 주) 電柱(전기 전, 기둥 주) 支柱(다룰 지, 기둥 주)	石__ : 석__ 電__ : 전__ 支__ : 지__
4 II 往 훈·음	총획 8획 부수 彳	往年(갈 왕, 해 년) 往來(갈 왕, 올 래) 往復(갈 왕, 돌아올 복) 往診(갈 왕, 신찰할 진)	__年 : __년 __來 : __래 __復 : __복 __診 : __진
102 **8** 靑 훈·음	총획 8획 제부수	靑山(푸를 청, 산 산) 靑松(푸를 청, 소나무 송) 靑年(젊을 청, 나이 년) 靑春(젊을 청, 봄 춘)	__山 : __산 __松 : __송 __年 : __년 __春 : __춘

4Ⅱ 素 훈·음	총획 10획 부수 糸	素服(흴 소, 옷 복) 素質(바탕 소, 바탕 질) 要素(필요할 요, 요소 소) 素朴(소박할 소, 순박할 박)	__服 : __복 __質 : __질 要__ : 요__ __朴 : __박
4Ⅱ 毒 훈·음	총획 9획 부수 毋	毒感(독할 독, 느낄 감) 毒舌(독할 독, 혀 설) 至毒(이를 지, 독 독) 消毒(끌 소, 독 독)	__感 : __감 __舌 : __설 至__ : 지__ 消__ : 소__
5Ⅱ 情 훈·음	총획 11획 부수 心(忄)	情談(정 정, 말씀 담) 情表(정 정, 겉 표) 冷情(찰 냉, 정 정) 戀情(사모할 연, 정 정)	__談 : __담 __表 : __표 冷__ : 냉__ 戀__ : 연__
6Ⅱ 淸 훈·음	총획 11획 부수 水(氵)	淸潔(맑을 청, 깨끗할 결) 淸掃(맑을 청, 쓸 소) 淸雅(맑을 청, 맑을 아)	__潔 : __결 __掃 : __소 __雅 : __아
4Ⅱ 請 훈·음	총획 15획 부수 言	請託(청할 청, 부탁할 탁) 請婚(청할 청, 결혼할 혼) 申請(아뢸 신, 청할 청) 招請(부를 초, 청할 청)	__託 : __탁 __婚 : __혼 __請 : 신__ 招__ : 초__
3 晴 훈·음	총획 12획 부수 日	晴明(날 갤 청, 밝을 명) 晴天(날 갤 청, 하늘 천) 快晴(상쾌할 쾌, 날 갤 청)	__明 : __명 __天 : __천 快__ : 쾌__

103

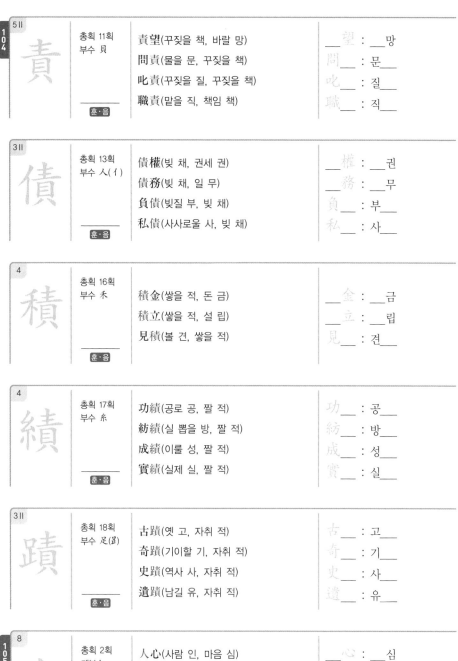

5Ⅱ **104** 責 훈·음	총획 11획 부수 貝	責望(꾸짖을 책, 바랄 망) 問責(물을 문, 꾸짖을 책) 叱責(꾸짖을 질, 꾸짖을 책) 職責(맡을 직, 책임 책)	__望 : __망 問__ : 문__ 叱__ : 질__ 職__ : 직__
3Ⅱ 債 훈·음	총획 13획 부수 人(亻)	債權(빚 채, 권세 권) 債務(빚 채, 일 무) 負債(빚질 부, 빚 채) 私債(사사로울 사, 빚 채)	__權 : __권 __務 : __무 負__ : 부__ 私__ : 사__
4 積 훈·음	총획 16획 부수 禾	積金(쌓을 적, 돈 금) 積立(쌓을 적, 설 립) 見積(볼 견, 쌓을 적)	__金 : __금 __立 : __립 見__ : 견__
4 績 훈·음	총획 17획 부수 糸	功績(공로 공, 짤 적) 紡績(실 뽑을 방, 짤 적) 成績(이룰 성, 짤 적) 實績(실제 실, 짤 적)	功__ : 공__ 紡__ : 방__ 成__ : 성__ 實__ : 실__
3Ⅱ 蹟 훈·음	총획 18획 부수 足(⻊)	古蹟(옛 고, 자취 적) 奇蹟(기이할 기, 자취 적) 史蹟(역사 사, 자취 적) 遺蹟(남길 유, 자취 적)	古__ : 고__ 奇__ : 기__ 史__ : 사__ 遺__ : 유__
8 **105** 人 훈·음	총획 2획 제부수	人心(사람 인, 마음 심) 人情(사람 인, 정 정) 巨人(클 거, 사람 인) 愛人(사랑 애, 사람 인)	__心 : __심 __情 : __정 巨__ : 거__ 愛__ : 애__

7 入	총획 2획 제부수 ___ [훈·음]	入口(들 입, 구멍 구) 入庫(들 입, 창고 고) 入學(들 입, 배울 학) 出入(나올/나갈 출, 들 입)	__口 : __구 __庫 : __고 __學 : __학 出__ : 출__
3Ⅱ 久	총획 3획 부수 丿 ___ [훈·음]	耐久(견딜 내, 오랠 구) 永久(오랠 영, 오랠 구) 長久(길 장, 오랠 구) 恒久(항상 항, 오랠 구)	耐__ : 내__ 永__ : 영__ 長__ : 장__ 恒__ : 항__
3Ⅱ 狂	총획 7획 부수 犬(犭) ___ [훈·음]	狂氣(미칠 광, 기운 기) 狂亂(미칠 광, 어지러울 란) 發狂(일어날 발, 미칠 광) 熱狂(더울 열, 미칠 광)	__氣 : __기 __亂 : __란 發__ : 발__ 熱__ : 열__
7Ⅱ 全	총획 6획 부수 入 ___ [훈·음]	全體(온전할 전, 몸 체) 安全(편안할 안, 온전할 전) 完全(완전할 완, 온전할 전)	__體 : __체 安__ : 안__ 完__ : 완__
8 大	총획 3획 제부수 ___ [훈·음]	大量(큰 대, 헤아릴/용량 량) 大望(큰 대, 바랄 망) 大衆(큰 대, 무리 중) 大會(큰 대, 모일 회)	__量 : __량 __望 : __망 __衆 : __중 __會 : __회
7 天	총획 4획 부수 大 ___ [훈·음]	天命(하늘 천, 목숨/명령할 명) 天心(하늘 천, 마음 심) 天地(하늘 천, 땅 지)	__命 : __명 __心 : __심 __地 : __지

7	총획 4획 부수 大	農夫(농사 농, 사내 부)	農__ : 농__
		漁夫(고기 잡을 어, 사내 부)	漁__ : 어__
夫		丈夫(어른 장, 사내 부)	丈__ : 장__
훈·음		夫婦(남편 부, 아내 부)	__婦 : __부

3Ⅱ	총획 7획 부수 手(扌)	扶養(도울 부, 기를 양)	__養 : __양
		扶助(도울 부, 도울 조)	__助 : __조
扶		相扶相助 (서로 상, 도울 부, 서로 상, 도울 조)	相__相助 : 상__상조
훈·음			

3	총획 12획 부수 曰	交替(오고 갈 교, 바꿀 체)	交__ : 교__
		代替(대신할 대, 바꿀 체)	代__ : 대__
替		對替(상대할 대, 바꿀 체)	對__ : 대__
훈·음		移替(옮길 이, 바꿀 체)	移__ : 이__

3Ⅱ	총획 11획 부수 艸(艹)	莫論(없을/말 막, 논의할 론)	__論 : __론
		莫逆(없을 막, 거스를 역)	__逆 : __역
莫		莫重(가장 막, 중요할 중)	__重 : __중
훈·음			

3Ⅱ	총획 14획 부수 水(氵)	沙漠(모래 사, 사막 막)	沙__ : 사__
		漠然(막막할 막, 그러할 연)	__然 : __연
漠		茫漠(아득할 망, 막막할 막)	茫__ : 망__
훈·음			

4	총획 15획 부수 木	模範(본보기 모, 본보기 범)	__範 : __범
		模倣(본뜰 모, 모방할 방)	__倣 : __방
模		規模(법 규, 본보기 모)	規__ : 규__
훈·음			

3	총획 13획 부수 力	募金(모집할 모, 돈 금) 公募(대중 공, 모집할 모) 應募(응할 응, 모집할 모)	__金 : __금 公__ : 공__ 應__ : 응__
募 훈·음			

3	총획 15획 부수 日	歲暮(해 세, 저물 모) 日暮(날 일, 저물 모) 朝令暮改 (아침 조, 명령할 령, 저물 모, 고칠 개)	歲__ : 세__ 日__ : 일__ 朝令__改 : 조령__개
暮 훈·음			

3Ⅱ	총획 15획 부수 心(忄)	思慕(생각할 사, 사모할 모) 愛慕(사랑 애, 사모할 모) 戀慕(사모할 연, 사모할 모) 追慕(따를 추, 사모할 모)	思__ : 사__ 愛__ : 애__ 戀__ : 연__ 追__ : 추__
慕 훈·음			

4	총획 14획 부수 土	墓碑(무덤 묘, 비석 비) 墓所(무덤 묘, 장소 소) 墓地(무덤 묘, 땅 지) 墳墓(무덤 분, 무덤 묘)	__碑 : __비 __所 : __소 __地 : __지 墳__ : 분__
墓 훈·음			

3Ⅱ	총획 14획 부수 巾	幕間(장막 막, 사이 간) 幕舍(장막 막, 집 사) 內幕(안 내, 장막 막) 閉幕(닫을 폐, 장막 막)	__間 : __간 __舍 : __사 內__ : 내__ 閉__ : 폐__
幕 훈·음			

6	총획 4획 부수 大	太陽(클 태, 볕 양) 太初(클 태, 처음 초) 太平(클 태, 평화 평)	__陽 : __양 __初 : __초 __平 : __평
太 훈·음			

4	총획 4획 제부수	狂犬(미칠 광, 개 견)	狂__ : 광__
		愛犬(사랑 애, 개 견)	愛__ : 애__
犬		忠犬(충성 충, 개 견)	忠__ : 충__
	훈·음		

3	총획 4획 부수 尢	尤妙(더욱 우, 묘할 묘)	__妙 : __묘
		尤物(더욱 우, 물건 물)	__物 : __물
尤		尤悔(허물 우, 뉘우칠 회)	__悔 : __회
	훈·음		

3 II	총획 3획 부수 一	丈夫(어른 장, 사내 부)	__夫 : __부
		丈人(어른 장, 사람 인)	__人 : __인
丈		萬丈(많을 만, 길이 장)	萬__ : 만__
		億丈(억 억, 길이 장)	億__ : 억__
	훈·음		

3 II	총획 14획 부수 犬(犭)	監獄(볼 감, 감옥 옥)	監__ : 감__
		獄苦(감옥 옥, 괴로울 고)	__苦 : __고
獄		獄死(감옥 옥, 죽을 사)	__死 : __사
		投獄(던질 투, 감옥 옥)	投__ : 투__
	훈·음		

3 II	총획 19획 부수 犬	獸心(짐승 수, 마음 심)	__心 : __심
		禽獸(날짐승 금, 짐승 수)	禽__ : 금__
獸		猛獸(사나울 맹, 짐승 수)	猛__ : 맹__
		野獸(들 야, 짐승 수)	野__ : 야__
	훈·음		

3 II	총획 10획 부수 口	哭聲(울 곡, 소리 성)	__聲 : __성
		弔哭(조문할 조, 울 곡)	弔__ : 조__
哭		痛哭(아플 통, 울 곡)	痛__ : 통__
		號哭(부르짖을 호, 울 곡)	號__ : 호__
	훈·음		

4Ⅱ 器 훈·음	총획 16획 부수 口	木器(나무 목, 그릇 기) 沙器(모래 사, 그릇 기) 食器(먹을 식, 그릇 기) 武器(무기 무, 기구 기)	木__ : 목__ 沙__ : 사__ 食__ : 식__ 武__ : 무__
7 然 훈·음	총획 12획 부수 火(灬)	然後(그러할 연, 뒤 후) 當然(마땅할 당, 그러할 연) 突然(갑자기 돌, 그러할 연) 肅然(엄숙할 숙, 그러할 연)	__後 : __후 當__ : 당__ 突__ : 돌__ 肅__ : 숙__
4 燃 훈·음	총획 16획 부수 火	燃料(불탈 연, 재료 료) 燃燒(불탈 연, 불사를 소) 可燃(가히 가, 불탈 연) 不燃(아닐 불, 불탈 연)	__料 : __료 __燒 : __소 可__ : 가__ 不__ : 불__
3 冥 훈·음	총획 10획 부수 宀	冥冥(어두울 명, 어두울 명) 冥福(저승 명, 복 복) 冥想(아득할 명, 생각할 상)	__ __ : __ __ __福 : __복 __想 : __상
4 厚 훈·음	총획 9획 부수 厂	厚待(두터울 후, 대접할 대) 厚德(두터울 후, 덕 덕) 厚賜(두터울 후, 줄 사) 重厚(무거울 중, 두터울 후)	__待 : __대 __德 : __덕 __賜 : __사 重__ : 중__
2 厭 훈·음	총획 14획 부수 厂	厭忌(싫어할 염, 꺼릴 기) 厭世(싫어할 염, 세상 세) 厭症(싫어할 염, 병세 증) 厭避(싫어할 염, 피할 피)	__忌 : __기 __世 : __세 __症 : __증 __避 : __피

4 II 壓	총획 17획 부수 土 훈·음	壓力(누를 압, 힘 력) 壓勝(누를 압, 이길 승) 強壓(강할 강, 누를 압) 指壓(손가락 지, 누를 압)	__力 : __력 __勝 : __승 強__ : 강__ 指__ : 지__
5 示	총획 5획 제부수 훈·음	示範(보일 시, 본보기 범) 示威(보일 시, 위엄 위) 明示(밝을 명, 보일 시) 暗示(어두울 암, 보일 시)	__範 : __범 __威 : __위 明__ : 명__ 暗__ : 암__
6 II 社	총획 8획 부수 示 훈·음	社稷(토지신 사, 곡신 신 직) 社交(모일 사, 사귈 교) 社屋(모일 사, 집 옥) 會社(모일 회, 모일 사)	__稷 : __직 __交 : __교 __屋 : __옥 會__ : 회__
3 II 祀	총획 8획 부수 示 훈·음	節祀(계절 절, 제사 사) 茶祀(차 차, 제사 사) 合祀(합할 합, 제사 사)	節__ : 절__ 茶__ : 차__ 合__ : 합__
3 奈	총획 8획 부수 大 훈·음	奈何(어찌 내, 어찌 하) 莫無可奈 (없을 막, 없을 무, 가히 가, 어찌 내)	__何 : __하 莫無可__ : 막무가__
4 II 宗	총획 8획 부수 宀 훈·음	宗廟(종가 종, 사당 묘) 宗孫(종가 종, 손자 손) 宗教(종가 종, 가르칠 교)	__廟 : __묘 __孫 : __손 __教 : __교

4 崇 총획 11획 부수 山 훈·음	崇儉(높일 숭, 검소할 검) 崇高(높일 숭, 높을 고) 崇拜(높일/공경할 숭, 절 배) 崇尙(높일 숭, 숭상할 상)	__儉 : __검 __高 : __고 __拜 : __배 __尙 : __상

4 崇 — 총획 11획 / 부수 山 / 훈·음

- 崇儉(높일 숭, 검소할 검) → __儉 : __검
- 崇高(높일 숭, 높을 고) → __高 : __고
- 崇拜(높일/공경할 숭, 절 배) → __拜 : __배
- 崇尙(높일 숭, 숭상할 상) → __尙 : __상

4Ⅱ 112 祭 — 총획 11획 / 부수 示 / 훈·음

- 祭祀(제사 제, 제사 사) → __祀 : __사
- 祭物(제사 제, 물건 물) → __物 : __물
- 祭典(축제 제, 법 전) → __典 : __전

4Ⅱ 際 — 총획 14획 / 부수 阜(阝) / 훈·음

- 此際(이 차, 즈음 제) → 此__ : 차__
- 實際(실제 실, 즈음 제) → 實__ : 실__
- 交際(사귈 교, 사귈 제) → 交__ : 교__
- 國際(나라 국, 사귈 제) → 國__ : 국__

4Ⅱ 察 — 총획 14획 / 부수 宀 / 훈·음

- 警察(경계할 경, 살필 찰) → 警__ : 경__
- 考察(생각할 고, 살필 찰) → 考__ : 고__
- 觀察(볼 관, 살필 찰) → 觀__ : 관__
- 診察(진찰할 진, 살필 찰) → 診__ : 진__

7 113 春 — 총획 9획 / 부수 日 / 훈·음

- 春景(봄 춘, 경치 경) → __景 : __경
- 春耕(봄 춘, 밭 갈 경) → __耕 : __경
- 春困(봄 춘, 곤란할 곤) → __困 : __곤
- 靑春(젊을 청, 봄 춘) → 靑__ : 청__

5Ⅱ 奉 — 총획 8획 / 부수 大 / 훈·음

- 奉命(받들 봉, 명령할 명) → __命 : __명
- 奉仕(받들 봉, 벼슬할 사) → __仕 : __사
- 奉養(받들 봉, 기를 양) → __養 : __양
- 奉行(받들 봉, 행할 행) → __行 : __행

3Ⅱ 奏 훈·음	총획 9획 부수 大	奏效(아뢸 주, 효험 효) 伴奏(따를 반, 아뢸 주) 吹奏(불 취, 아뢸 주) 合奏(합할 합, 아뢸 주)	__效 : __효 伴__ : 반__ 吹__ : 취__ 合__ : 합__
3Ⅱ 泰 훈·음	총획 10획 부수 水(氺)	泰斗(클 태, 국자 두) 泰山(클 태, 산 산) 泰然(편안할 태, 그러할 연) 泰平(편안할 태, 평화 평)	__斗 : __두 __山 : __산 __然 : __연 __平 : __평
6Ⅱ 今 훈·음	총획 4획 부수 人	方今(모 방, 이제 금) 只今(다만 지, 이제 금) 今日(오늘 금, 날 일)	方__ : 방__ 只__ : 지__ __日 : __일
3 吟 훈·음	총획 7획 부수 口	吟味(읊을 음, 맛 미) 吟風弄月 (읊을 음, 바람 풍, 가지고 놀 농, 달 월) 呻吟(끙끙거릴 신, 읊을 음)	__味 : __미 __風弄月 : __풍농월 呻__ : 신__
3Ⅱ 琴 훈·음	총획 12획 부수 玉(王)	琴瑟(거문고 금, 거문고 슬) 伽倻琴(절 가, 가야 야, 거문고 금) 心琴(마음 심, 거문고 금)	__瑟 : __슬 伽倻__ : 가야__ 心__ : 심__
3Ⅱ 含 훈·음	총획 7획 부수 口	含量(머금을 함, 용량 량) 含有(머금을 함, 있을 유) 含蓄(머금을 함, 쌓을 축) 包含(쌀 포, 머금을 함)	__量 : __량 __有 : __유 __蓄 : __축 包__ : 포__

1 1 4

5II	총획 8획 부수 心	念慮(생각 염, 염려할 려)	__慮 : __려
		念願(생각 염, 원할 원)	__願 : __원
念		信念(믿을 신, 생각 념)	信__ : 신__
	훈·음	專念(오로지 전, 생각 념)	專__ : 전__

6	총획 6획 부수 口	合同(합할 합, 같을 동)	__同 : __동
115		都合(모두 도, 합할 합)	都__ : 도__
合		合格(맞을 합, 격식 격)	__格 : __격
	훈·음	合理(맞을 합, 이치 리)	__理 : __리

3II	총획 9획 부수 手(扌)	拾得(주울 습, 얻을 득)	__得 : __득
拾		收拾(거둘 수, 주울 습)	收__ : 수__
	훈·음		

5	총획 12획 부수 糸	給食(줄 급, 먹을 식)	__食 : __식
		給與(줄 급, 줄 여)	__與 : __여
給		需給(구할 수, 줄 급)	需__ : 수__
	훈·음	月給(달 월, 줄 급)	月__ : 월__

7II	총획 12획 부수 竹(⺮)	答辯(대답할 답, 말 잘할 변)	__辯 : __변
		應答(응할 응, 대답할 답)	應__ : 응__
答		答禮(갚을 답, 예도 례)	__禮 : __례
	훈·음	報答(갚을 보, 갚을 답)	報__ : 보__

3II	총획 13획 부수 土	塔身(탑 탑, 몸 신)	__身 : __신
		石塔(돌 석, 탑 탑)	石__ : 석__
塔		佛塔(부처 불, 탑 탑)	佛__ : 불__
	훈·음	尖塔(뾰족할 첨, 탑 탑)	尖__ : 첨__

	총획 13획 부수 人	僉位(모두/다 첨, 자리 위) 僉員(모두/다 첨, 사람 원) 僉意(모두/다 첨, 뜻 의)	___位 : ___위 ___員 : ___원 ___意 : ___의
僉 훈·음			

4	총획 15획 부수 人(亻)	儉朴(검소할 검, 순박할 박) 儉約(검소할 검, 맺을 약) 勤儉(부지런할 근, 검소할 검)	___朴 : ___박 ___約 : ___약 勤___ : 근___
儉 훈·음			

4Ⅱ	총획 17획 부수 木	檢事(검사할 검, 일 사) 檢擧(검사할 검, 행할 거) 檢問(검사할 검, 물을 문) 檢證(검사할 검, 증명할 증)	___事 : ___사 ___擧 : ___거 ___問 : ___문 ___證 : ___증
檢 훈·음			

4	총획 16획 부수 阜(阝)	險難(험할 험, 어려울 난) 險惡(험할 험, 악할 악) 保險(지킬 보, 험할 험) 探險(찾을 탐, 험할 험)	___難 : ___난 ___惡 : ___악 保___ : 보___ 探___ : 탐___
險 훈·음			

4Ⅱ	총획 23획 부수 馬	試驗(시험할 시, 시험할 험) 經驗(지날 경, 시험할 험) 靈驗(신령스러울 영, 시험할 험) 體驗(몸 체, 시험할 험)	試___ : 시___ 經___ : 경___ 靈___ : 영___ 體___ : 체___
驗 훈·음			

3Ⅱ	총획 15획 부수 刀(刂)	劍道(칼 검, 도리 도) 劍舞(칼 검, 춤출 무) 劍術(칼 검, 기술 술)	___道 : ___도 ___舞 : ___무 ___術 : ___술
劍 훈·음			

3			
貪 훈·음	총획 11획 부수 貝	貪官(탐낼 탐, 벼슬 관) 貪心(탐낼 탐, 마음 심) 貪慾(탐낼 탐, 욕심 욕) 食貪(먹을 식, 탐낼 탐)	__官 : __관 __心 : __심 __慾 : __욕 食__ : 식__

4Ⅱ			
貧 훈·음	총획 11획 부수 貝	貧困(가난할 빈, 곤란할 곤) 貧富(가난할 빈, 부자 부) 貧弱(가난할 빈, 약할 약) 淸貧(맑을 청, 가난할 빈)	__困 : __곤 __富 : __부 __弱 : __약 淸__ : 청__

3Ⅱ			
茶 훈·음	총획 10획 부수 草(艹)	綠茶(푸를 녹, 차 차) 葉茶(잎 엽, 차 차) 花茶(꽃 화, 차 차) 茶菓(차 다, 과자 과)	綠__ : 녹__ 葉__ : 엽__ 花__ : 화__ __菓 : __과

3			
余 훈·음	총획 7획 부수 人	余等(나 여, 무리 등) 余輩(나 여, 무리 배)	__等 : __등 __輩 : __배

4Ⅱ			
餘 훈·음	총획 16획 부수 食(飠)	餘暇(남을 여, 겨를/한가할 가) 餘力(남을 여, 힘 력) 餘裕(남을 여, 넉넉할 유) 餘波(남을 여, 물결 파)	__暇 : __가 __力 : __력 __裕 : __유 __波 : __파

3Ⅱ			
徐 훈·음	총획 10획 부수 彳	徐步(천천히 할 서, 걸음 보) 徐行(천천히 할 서, 다닐 행)	__步 : __보 __行 : __행

	총획 10획 부수 阜(阝)	除去(제거할 제, 갈 거) 控除(당길 공, 덜 제) 加減乘除 (더할 가, 줄어들 감, 곱할 승, 나눌 제)	__去 : __거 控__ : 공__ 加減乘__ : 가감승__
4Ⅱ 除 훈·음			

	총획 11획 부수 攴(夂)	敍事(펼 서, 일 사) 敍述(차례 서, 책 쓸 술) 追敍(쫓을 추, 펼 서)	__事 : __사 __述 : __술 追__ : 추__
3 敍 훈·음			

	총획 11획 부수 辵(辶)	途上(길 도, 위 상) 途中(길 도, 가운데 중) 仕途(벼슬할 사, 길 도) 中途(가운데 중, 길 도)	__上 : __상 __中 : __중 仕__ : 사__ 中__ : 중__
3Ⅱ 途 훈·음			

	총획 13획 부수 土	塗色(바를 도, 빛 색) 塗布(바를 도, 펼 포) 塗炭之苦 (진흙 도, 숯 탄, ~의 지, 괴로울 고)	__色 : __색 __布 : __포 __炭之苦 : __탄지고
3 塗 훈·음			

	총획 4획 부수 人(亻)	仁德(어질 인, 덕 덕) 仁愛(어질 인, 사랑 애) 仁義(어질 인, 의로울 의) 仁慈(어질 인, 사랑 자)	__德 : __덕 __愛 : __애 __義 : __의 __慈 : __자
4 仁 훈·음			

	총획 6획 부수 人(亻)	伏乞(엎드릴 복, 빌 걸) 伏望(엎드릴 복, 바랄 망) 起伏(일어날 기, 엎드릴 복) 降伏(항복할 항, 엎드릴 복)	__乞 : __걸 __望 : __망 起__ : 기__ 降__ : 항__
4 伏 훈·음			

119

5	총획 6획 부수 人(亻)	物件(물건 물, 물건 건) 事件(일 사, 사건 건) 件數(사건 건, 셀 수) 案件(생각 안, 사건 건)	物___ : 물___ 事___ : 사___ ___數 : ___수 案___ : ___안

件
훈·음

4Ⅱ	총획 10획 부수 人(亻)	個別(낱 개, 나눌 별) 個性(낱 개, 바탕 성) 個人(낱 개, 사람 인) 別個(다를 별, 낱 개)	___別 : ___별 ___性 : ___성 ___人 : ___인 別___ : 별___

個
훈·음

6	총획 6획 부수 土	在庫(있을 재, 창고 고) 在室(있을 재, 집 실) 在中(있을 재, 가운데 중) 在學(있을 재, 배울 학)	___庫 : ___고 ___室 : ___실 ___中 : ___중 ___學 : ___학

在
훈·음

4	총획 6획 부수 子	存立(있을 존, 설 립) 存續(있을 존, 이을 속) 共存(함께 공, 있을 존) 生存(살 생, 있을 존)	___立 : ___립 ___續 : ___속 共___ : 공___ 生___ : 생___

存
훈·음

3	총획 14획 부수 人(亻)	閣僚(내각 각, 관료 료) 幕僚(장막 막, 관료 료)	閣___ : 각___ 幕___ : 막___

僚
훈·음

특Ⅱ	총획 5획 부수 丿	乍晴乍雨 (잠깐 사, 날 갤 청, 잠깐 사, 비 우)	___晴___雨 : ___청___우

乍
훈·음

120

3	총획 12획 부수 言	詐巧(속일 사, 교묘할 교) 詐欺(속일 사, 속일 기) 詐取(속일 사, 취할 취) 詐稱(속일 사, 일컬을 칭)	__巧 : __교 __欺 : __기 __取 : __취 __稱 : __칭
詐 훈·음			

6Ⅱ	총획 7획 부수 人(亻)	作家(지을 작, 전문가 가) 作名(지을 작, 이름 명) 作定(지을 작, 정할 정) 操作(다룰 조, 지을 작)	__家 : __가 __名 : __명 __定 : __정 操__ : 조__
作 훈·음			

6Ⅱ	총획 9획 부수 日	昨今(어제 작, 오늘 금) 昨年(어제 작, 해 년) 昨夢(어제 작, 꿈 몽) 昨日(어제 작, 날 일)	__今 : __금 __年 : __년 __夢 : __몽 __日 : __일
昨 훈·음			

5Ⅱ	총획 8획 부수 人(儿)	兒童(아이 아, 아이 동) 孤兒(외로울 고, 아이 아) 迷兒(헷갈릴 미, 아이 아) 幼兒(어릴 유, 아이 아)	__童 : __동 孤__ : 고__ 迷__ : 미__ 幼__ : 유__
兒 훈·음			

6Ⅱ	총획 6획 부수 人(儿)	光復(빛 광, 돌아올 복) 光澤(빛 광, 연못 택) 榮光(성할 영, 빛 광) 風光(바람 풍, 경치 광)	__復 : __복 __澤 : __택 榮__ : 영__ 風__ : 풍__
光 훈·음			

3Ⅱ	총획 7획 부수 人(儿)	克己(이길 극, 자기 기) 克難(이길 극, 어려울 난) 克明(능할 극, 밝을 명) 克服(이길 극, 복종할 복)	__己 : __기 __難 : __난 __明 : __명 __服 : __복
克 훈·음			

3	총획 4획	配匹(짝 배, 짝 필)	配__ : 배__
匹	부수 匚	匹夫(단위 필, 사내 부)	__夫 : __부
		匹馬(단위 필, 말 마)	__馬 : __마
	훈·음		

8	총획 5획	兄弟(형 형, 아우 제)	__弟 : __제
兄	부수 人(儿)	兄夫(어른 형, 남편 부)	__夫 : __부
		妹兄(누이 매, 어른 형)	妹__ : 매__
		妻兄(아내 처, 어른 형)	妻__ : 처__
	훈·음		

4	총획 8획	盛況(성할 성, 상황 황)	盛__ : 성__
況	부수 水(氵)	好況(좋을 호, 상황 황)	好__ : 호__
		況且(하물며 황, 또 차)	__且 : __차
		又況(또 우, 하물며 황)	又__ : 우__
	훈·음		

5	총획 10획	祝福(빌 축, 복 복)	__福 : __복
祝	부수 示	祝願(빌 축, 원할 원)	__願 : __원
		祝賀(축하할 축, 축하할 하)	__賀 : __하
		祝歌(축하할 축, 노래 가)	__歌 : __가
	훈·음		

5	총획 20획	競技(겨룰 경, 재주 기)	__技 : __기
競	부수 立	競買(겨룰 경, 살 매)	__買 : __매
		競賣(겨룰 경, 팔 매)	__賣 : __매
		競走(겨룰 경, 달릴 주)	__走 : __주
	훈·음		

5Ⅱ	총획 4획	元金(원래 원, 돈 금)	__金 : __금
元	부수 人(儿)	元氣(원래 원, 기운 기)	__氣 : __기
		復元(돌아올 복, 원래 원)	復__ : 복__
		壯元(장할 장, 으뜸 원)	壯__ : 장__
	훈·음		

3II	총획 9획 부수 冖	冠婚(갓 관, 결혼할 혼)	__婚 : __혼
冠		金冠(금 금, 갓 관)	金__ : 금__
		無冠(없을 무, 갓 관)	無__ : 무__
	훈·음	王冠(임금 왕, 갓 관)	王__ : 왕__

5	총획 7획 부수 冖	完結(완전할 완, 맺을 결)	__結 : __결
完		完了(완전할 완, 마칠 료)	__了 : __료
		完成(완전할 완, 이룰 성)	__成 : __성
	훈·음	補完(기울 보, 완전할 완)	補__ : 보__

5	총획 10획 부수 阜(阝)	院內(관청 원, 안 내)	__內 : __내
院		院長(관청 원, 어른 장)	__長 : __장
		法院(법 법, 관청 원)	法__ : 법__
	훈·음	學院(배울 학, 관청 원)	學__ : 학__

5II	총획 7획 제부수	見聞(볼 견, 들을 문)	__聞 : __문
見		見解(볼 견, 풀 해)	__解 : __해
		所見(바 소, 볼 견)	所__ : 소__
	훈·음	謁見(뵐 알, 뵐 현)	謁__ : 알__

5II	총획 11획 부수 玉(王)	現金(이제 현, 돈 금)	__金 : __금
現		現在(이제 현, 있을 재)	__在 : __재
		現像(나타날 현, 모양 상)	__像 : __상
	훈·음	出現(나올/나갈 출, 나타날 현)	出__ : 출__

5	총획 11획 부수 見	規格(법 규, 격식 격)	__格 : __격
規		規範(법 규, 법 범)	__範 : __범
		規則(법 규, 법칙 칙)	__則 : __칙
	훈·음	法規(법 법, 법 규)	法__ : 법__

4Ⅱ	총획 12획 부수 見	視覺(볼 시, 깨달을 각)	__覺 : __각
視		視線(볼 시, 줄 선)	__線 : __선
		重視(무거울 중, 살필 시)	重__ : 중__
	____ 훈·음	輕視(가벼울 경, 살필 시)	輕__ : 경__

3Ⅱ	총획 15획 부수 宀	寬待(너그러울 관, 대접할 대)	__待 : __대
寬		寬大(너그러울 관, 큰 대)	__大 : __대
		寬恕(너그러울 관, 용서할 서)	__恕 : __서
	____ 훈·음	寬容(너그러울 관, 받아들일/용서할 용)	__容 : __용

5Ⅱ 125	총획 6획 부수 人(儿)	充滿(가득 찰 충, 찰 만)	__滿 : __만
充		充分(가득 찰 충, 단위 분)	__分 : __분
		充電(채울 충, 전기 전)	__電 : __전
	____ 훈·음	補充(기울 보, 채울 충)	補__ : 보__

4Ⅱ	총획 14획 부수 金	銃擊(총 총, 칠 격)	__擊 : __격
銃		銃殺(총 총, 죽일 살)	__殺 : __살
		銃彈(총 총, 탄알 탄)	__彈 : __탄
	____ 훈·음	拳銃(주먹 권, 총 총)	拳__ : 권__

4Ⅱ	총획 12획 부수 糸	統一(묶을 통, 한 일)	__一 : __일
統		傳統(전할 전, 묶을 통)	傳__ : 전__
		統率(거느릴 통, 거느릴 솔)	__率 : __솔
	____ 훈·음	統治(거느릴 통, 다스릴 치)	__治 : __치

1Ⅱ 126	총획 7획 부수 人(儿)	兌換(바꿀 태, 바꿀 환)	__換 : __환
兌		兌換紙幣 (바꿀 태, 바꿀 환, 종이 지, 돈 폐)	__換紙幣 : __환지폐
	____ 훈·음		

3Ⅱ	총획 10획 부수 心(忄)	悅樂(기쁠 열, 즐길 락)	__樂 : __락
悅		悅服(기쁠 열, 복종할 복)	__服 : __복
		滿悅(찰 만, 기쁠 열)	滿__ : 만__
훈·음		喜悅(기쁠 희, 기쁠 열)	喜__ : 희__

5Ⅱ	총획 14획 부수 言	遊說(여행할 유, 달랠 세)	遊__ : 유__
說		說明(말씀 설, 밝을 명)	__明 : __명
		不亦說乎 (아닐 불, 또 역, 기쁠 열, 어조사 호)	不亦__乎 : 불역__호
훈·음			

4Ⅱ	총획 12획 부수 禾	稅金(세금 세, 돈 금)	__金 : __금
稅		稅入(세금 세, 들 입)	__入 : __입
		納稅(바칠 납, 세금 세)	納__ : 납__
훈·음		免稅(면할 면, 세금 세)	免__ : 면__

3	총획 15획 부수 金	銳利(날카로울 예, 날카로울 리)	__利 : __리
銳		銳敏(날카로울 예, 민첩할 민)	__敏 : __민
		銳鋒(날카로울 예, 뾰족할 봉)	__鋒 : __봉
훈·음		新銳(새로울 신, 날카로울 예)	新__ : 신__

4	총획 11획 부수 肉(月)	脫線(벗을 탈, 줄 선)	__線 : __선
脫		脫盡(벗을 탈, 다할 진)	__盡 : __진
		脫出(벗을 탈, 나올/나갈 출)	__出 : __출
훈·음		離脫(헤어질 이, 벗을 탈)	離__ : 이__

3	총획 15획 부수 門	閱覽(검열할 열, 볼 람)	__覽 : __람
閱		閱兵(검열할 열, 군사 병)	__兵 : __병
		校閱(교정볼 교, 검열할 열)	校__ : 교__
훈·음		査閱(조사할 사, 검열할 열)	査__ : 사__

127 3	枕 훈·음	총획 8획 부수 木	枕木(베게 침, 나무 목) 枕上(베게 침, 위 상) 起枕(일어날 기, 베게 침) 木枕(나무 목, 베게 침)	__木 : __목 __上 : __상 起__ : 기__ 木__ : 목__
3Ⅱ	沈 훈·음	총획 7획 부수 水(氵)	沈降(잠길 침, 내릴 강) 沈沒(잠길 침, 빠질 몰) 浮沈(뜰 부, 잠길 침) 沈淸(성씨 심, 맑을 청)	__降 : __강 __沒 : __몰 浮__ : 부__ __淸 : __청
4Ⅱ	深 훈·음	총획 11획 부수 水(氵)	深刻(깊을 심, 새길 각) 深度(깊을 심, 정도 도) 深思(깊을 심, 생각할 사) 深醉(깊을 심, 취할 취)	__刻 : __각 __度 : __도 __思 : __사 __醉 : __취
4	探 훈·음	총획 11획 부수 手(扌)	探求(찾을 탐, 구할 구) 探究(찾을 탐, 연구할 구) 探査(찾을 탐, 조사할 사) 探偵(찾을 탐, 염탐할 정)	__求 : __구 __究 : __구 __査 : __사 __偵 : __정
128 3Ⅱ	兎 훈·음	총획 8획 부수 人(儿)	兎死狗烹 (토끼 토, 죽을 사, 개 구, 삶을 팽) 守株待兎 (지킬 수, 그루터기 주, 기다릴 대, 토끼 토)	__死狗烹 : __사구팽 守株待__ : 수주대__
3Ⅱ	逸 훈·음	총획 12획 부수 辵(辶)	逸話(숨을 일, 이야기 화) 逸品(뛰어날 일, 물건 품) 逸味(뛰어날 일, 맛 미) 安逸(편안할 안, 편안할 일)	__話 : __화 __品 : __품 __味 : __미 安__ : 안__

3Ⅱ	총획 7획 부수 人(儿) 免 훈·음	免税(면할 면, 세금 세) 免疫(면할 면, 전염병 역) 免除(면할 면, 제거할 제) 免職(면할 면, 맡을 직)	__税 : __세 __疫 : __역 __除 : __제 __職 : __직
3Ⅱ	총획 11획 부수 日 晚 훈·음	晚年(늦을 만, 해 년) 晚學(늦을 만, 배울 학) 早晚間(일찍 조, 늦을 만, 사이 간)	__年 : __년 __學 : __학 早__間 : 조__간
4	총획 9획 부수 力 勉 훈·음	勉學(힘쓸 면, 배울 학) 勸勉(권할 권, 힘쓸 면) 勤勉(부지런할 근, 힘쓸 면)	__學 : __학 勸__ : 권__ 勤__ : 근__
6Ⅱ	총획 9획 부수 心 急 훈·음	急求(급할 급, 구할 구) 急性(급할 급, 바탕 성) 急速(급할 급, 빠를 속) 急行(급할 급, 다닐 행)	__求 : __구 __性 : __성 __速 : __속 __行 : __행
3Ⅱ	총획 7획 부수 水(氵) 沒 훈·음	沒入(빠질 몰, 들 입) 沒殺(다할 몰, 죽일 살) 沒人情(없을 몰, 사람 인, 정 정)	__入 : __입 __殺 : __살 __人情 : __인정
특Ⅱ	총획 9획 부수 大 奐 훈·음	輪奐(바퀴 윤, 빛날 환) 翬奐(훨훨 날 휘, 빛날 환)	輪__ : 윤__ 翬__ : 휘__

129

3 II	총획 12획 부수 手(扌)	換氣(바꿀 환, 대기 기) 換率(바꿀 환, 비율 율) 換乘(바꿀 환, 탈 승) 交換(오고 갈 교, 바꿀 환)	___氣 : ___기 ___率 : ___율 ___乘 : ___승 交___ : 교___
換 ____ 훈·음			

4 II	총획 16획 부수 手(扌)	擔當(맡을 담, 마땅할 당) 擔任(맡을 담, 맡을 임) 負擔(짐질 부, 맡을 담) 分擔(나눌 분, 맡을 담)	___當 : ___당 ___任 : ___임 負___ : 부___ 分___ : 분___
擔 ____ 훈·음			

130

1	총획 4획 제부수	欠伸(하품 흠, 펼 신) 欠缺(모자랄 흠, 모자랄 결) 欠席(빠질 흠, 자리 석)	___伸 : ___신 ___缺 : ___결 ___席 : ___석
欠 ____ 훈·음			

3 II	총획 7획 부수 口	吹入(불 취, 들 입) 吹奏(불 취, 아뢸 주) 吹打(불 취, 칠 타) 鼓吹(북 고, 불 취)	___入 : ___입 ___奏 : ___주 ___打 : ___타 鼓___ : 고___
吹 ____ 훈·음			

3 II	총획 11획 부수 車	軟弱(연약할 연, 약할 약) 軟骨(연할 연, 뼈 골) 柔軟(부드러울 유, 연할 연)	___弱 : ___약 ___骨 : ___골 柔___ : 유___
軟 ____ 훈·음			

4 II	총획 6획 부수 欠	次期(다음 차, 기간 기) 次善(다음 차, 잘할 선) 次例(차례 차, 보기 례) 數次(두어 수, 번 차)	___期 : ___기 ___善 : ___선 ___例 : ___례 數___ : 수___
次 ____ 훈·음			

3 恣 총획 10획 부수 心	恣樂(마음대로 자, 즐길 락)	___ 樂 : ___락
훈·음	恣意(방자할/마음대로 자, 뜻 의)	___ 意 : ___의
	恣行(방자할/마음대로 자, 행할 행)	___ 行 : ___행

4 姿 총획 9획 부수 女	姿色(모습 자, 빛 색)	___ 色 : ___색
훈·음	姿勢(모습 자, 기세 세)	___ 勢 : ___세
	姿態(모습 자, 모양 태)	___ 態 : ___태
	雄姿(클 웅, 모습 자)	雄___ : 웅___

4 資 총획 13획 부수 貝	資金(재물 자, 돈 금)	___ 金 : ___금
훈·음	資本(재물 자, 근본 본)	___ 本 : ___본
	資産(재물 자, 낳을 산)	___ 産 : ___산
	資格(신분 자, 격식 격)	___ 格 : ___격

1 3 1 朔 총획 10획 부수 月	朔望(초하루 삭, 보름 망)	___ 望 : ___망
훈·음	朔月貰(달 삭, 달 월, 세낼 세)	___ 月貰 : ___월세
	滿朔(찰 만, 달 삭)	滿___ : 만___

3 厥 총획 12획 부수 厂	厥公(그 궐, 대중 공)	___ 公 : ___공
훈·님	厥物(그 궐, 물건 물)	___ 物 : ___물
	厥初(그 궐, 처음 초)	___ 初 : ___초

4Ⅱ 逆 총획 10획 부수 辵(辶)	逆境(거스를 역, 형편 경)	___ 境 : ___경
훈·음	逆行(거스를 역, 행할 행)	___ 行 : ___행
	逆謀(배반할 역, 꾀할 모)	___ 謀 : ___모
	叛逆(배반할 반, 배반할 역)	叛___ : 반___

旬

총획 6획
부수 日

__훈·음__

旬刊(열흘 순, 책 펴낼 간)

旬報(열흘 순, 알릴 보)

上旬(위 상, 열흘 순)

七旬(일곱 칠, 열흘 순)

___刊 : ___간

___報 : ___보

上___ : 상___

七___ : 칠___

3

殉

총획 10획
부수 歹

__훈·음__

殉教(따라 죽을 순, 가르칠 교)

殉國(따라 죽을 순, 나라 국)

殉愛(따라 죽을 순, 사랑 애)

殉職(따라 죽을 순, 맡을 직)

___教 : ___교

___國 : ___국

___愛 : ___애

___職 : ___직

3

渴

총획 12획
부수 水(氵)

__훈·음__

渴望(마를 갈, 바랄 망)

渴症(마를 갈, 병세 증)

枯渴(마를 고, 마를 갈)

解渴(풀 해, 마를 갈)

___望 : ___망

___症 : ___증

枯___ : 고___

解___ : 해___

3

謁

총획 16획
부수 言

__훈·음__

謁告(뵐 알, 알릴 고)

謁見(뵐 알, 뵐 현)

拜謁(절 배, 뵐 알)

___告 : ___고

___見 : ___현

拜___ : 배___

勺

총획 3획
부수 勹

__훈·음__

勺水不入
(작은 그릇 작, 물 수, 아닐 불, 들 입)

勺藥之贈
(작은 그릇 작, 약 약, ~의 지, 줄 증)

___水不入 : ___수불입

___藥之贈 : ___약지증

3

酌

총획 10획
부수 酉

__훈·음__

自酌(자기/스스로 자, 술 따를 작)

對酌(상대할 대, 술 따를 작)

參酌(참여할 참, 참작할 작)

酌定(참작할 작, 정할 정)

自___ : 자___

對___ : 대___

參___ : 참___

___定 : ___정

5Ⅱ	총획 9획 부수 糸	要約(중요할 요, 맺을 약) 節約(마디 절, 맺을 약) 約束(약속할 약, 묶을 속) 約婚(약속할 약, 결혼할 혼)	要＿ : 요＿ 節＿ : 절＿ ＿束 : ＿속 ＿婚 : ＿혼
約 훈·음			

5Ⅱ	총획 8획 부수 白	的中(맞힐 적, 맞힐 중) 目的(항목 목, 맞힐 적) 標的(표시할 표, 과녁 적) 的確(맞힐 적, 확실할 확)	＿中 : ＿중 目＿ : 목＿ 標＿ : 표＿ ＿確 : ＿확
的 훈·음			

4Ⅱ	총획 5획 부수 勹	包括(쌀 포, 묶을 괄) 包圍(쌀 포, 둘러쌀 위) 包裝(쌀 포, 꾸밀 장) 包含(쌀 포, 머금을 함)	＿括 : ＿괄 ＿圍 : ＿위 ＿裝 : ＿장 ＿含 : ＿함
包 훈·음			

3	총획 8획 부수 手(扌)	抱卵(안을 포, 알 란) 抱負(안을 포, 짐질 부) 抱腹(안을 포, 배 복) 懷抱(품을 회, 안을 포)	＿卵 : ＿란 ＿負 : ＿부 ＿腹 : ＿복 懷＿ : 회＿
抱 훈·음			

4	총획 9획 부수 肉(月)	胞子(세포 포, 접미사 자) 僑胞(객지에 살 교, 세포 포) 同胞(같을 동, 세포 포)	＿子 : ＿자 僑＿ : 교＿ 同＿ : 농＿
胞 훈·음			

3	총획 14획 부수 食(𩙿)	飽滿(배부를 포, 찰 만) 飽食(배부를 포, 먹을 식) 飽和(배부를 포, 화할 화)	＿滿 : ＿만 ＿食 : ＿식 ＿和 : ＿화
飽 훈·음			

4 II	총획 10획 부수 石	砲擊(대포 포, 칠 격) 砲兵(대포 포, 군사 병) 砲聲(대포 포, 소리 성) 砲彈(대포 포, 탄알 탄)	__擊 : __격 __兵 : __병 __聲 : __성 __彈 : __탄
砲 훈·음			

4 II	총획 5획 부수 口	句節(글귀 구, 마디 절) 句讀點(글귀 구, 구절 두, 점 점) 對句(상대할 대, 구절 구)	__節 : __절 __讀點 : __두점 對__ : 대__
句 훈·음			

3 II	총획 8획 부수 手(扌)	拘禁(잡을 구, 금할 금) 拘束(잡을 구, 묶을 속) 拘置所(잡을 구, 둘 치, 장소 소)	__禁 : __금 __束 : __속 __置所 : __치소
拘 훈·음			

3	총획 8획 부수 犬(犭)	狗盜(강아지/개 구, 훔칠/도둑 도) 狗馬(강아지/개 구, 말 마) 走狗(달릴 주, 강아지/개 구)	__盜 : __도 __馬 : __마 走__ : 주__
狗 훈·음			

3	총획 9획 부수 草(艹)	苟且(구차할 구, 구차할 차) 苟免(구차할 구, 면할 면) 苟命(구차할 구, 목숨 명) 苟安(구차할 구, 편안할 안)	__且 : __차 __免 : __면 __命 : __명 __安 : __안
苟 훈·음			

4 II	총획 13획 부수 木	極端(끝 극, 끝 단) 南極(남쪽 남, 끝 극) 極盡(다할 극, 다할 진) 至極(지극할 지, 다할 극)	__端 : __단 南__ : 남__ __盡 : __진 至__ : 지__
極 훈·음			

| 敬 | 총획 13획
부수 攵(攴)

훈·음 | 恭敬(공손할 공, 공경할 경)
敬老(공경할 경, 늙을 로)
敬聽(공경할 경, 들을 청)
尊敬(높일 존, 공경할 경) | 恭__ : 공__
__老 : __로
__聽 : __청
尊__ : 존__ |

| 警 | 총획 20획
부수 言

훈·음 | 警笛(경계할 경, 피리 적)
警護(경계할 경, 보호할 호)
巡警(살필/돌 순, 경계할 경)
警鐘(경계할 경, 종치는 시계 종) | __笛 : __적
__護 : __호
巡__ : 순__
__鐘 : __종 |

| 驚 | 총획 23획
부수 馬

훈·음 | 驚氣(놀랄 경, 기운 기)
驚異(놀랄 경, 다를 이)
驚歎(놀랄 경, 감탄할 탄) | __氣 : __기
__異 : __이
__歎 : __탄 |

| 勿 | 총획 4획
부수 勹

훈·음 | 勿論(없을 물, 논의할/평할 론)
勿驚(말 물, 놀랄 경)
勿忘草(없을 물, 잊을 망, 풀 초) | __論 : __론
__驚 : __경
__忘草 : __망초 |

| 物 | 총획 8획
부수 牛(牜)

훈·음 | 物件(물건 물, 물건 건)
物質(물건 물, 바탕 질)
怪物(괴이할 괴, 물건 물)
寶物(보배 보, 물건 물) | __件 : __건
__質 : __질
怪__ : 괴__
__ : 보__ |

| 均 | 총획 7획
부수 土

훈·음 | 均等(고를 균, 같을 등)
均一(고를 균, 한 일)
均衡(평평할 균, 저울대 형)
平均(평평할 평, 평평할 균) | __等 : __등
__一 : __일
__衡 : __형
平__ : 평__ |

3Ⅱ 忽 ─── 훈·음	총획 8획 부수 心	忽變(문득 홀, 변할 변) 忽然(문득 홀, 그러할 연) 忽待(소홀할 홀, 대접할 대) 忽視(소홀할 홀, 볼 시)	__變 : __변 __然 : __연 __待 : __대 __視 : __시
4 易 ─── 훈·음	총획 8획 부수 日	安易(편안할 안, 쉬울 이) 容易(받아들일 용, 쉬울 이) 交易(오고 갈 교, 바꿀 역) 貿易(무역할 무, 바꿀 역)	安__ : 안__ 容__ : 용__ 交__ : 교__ 貿__ : 무__
3 賜 ─── 훈·음	총획 15획 부수 貝	賜藥(줄 사, 약 약) 膳賜(선물 선, 줄 사) 下賜(내릴 하, 줄 사) 厚賜(두터울 후, 줄 사)	__藥 : __약 膳__ : 선__ 下__ : 하__ 厚__ : 후__
6 陽 ─── 훈·음	총획 12획 부수 阜(阝)	陽曆(볕 양, 책력 력) 陽地(볕 양, 땅 지) 陽刻(드러날 양, 새길 각) 陽報(드러날 양, 갚을 보)	__曆 : __력 __地 : __지 __刻 : __각 __報 : __보
3Ⅱ 揚 ─── 훈·음	총획 12획 부수 手(扌)	宣揚(베풀 선, 날릴 양) 高揚(높을 고, 높일 양) 止揚(그칠 지, 높일 양) 激揚(격할 격, 높일 양)	宣__ : 선__ 高__ : 고__ 止__ : 지__ 激__ : 격__
3 楊 ─── 훈·음	총획 13획 부수 木	楊柳(버들 양, 버들 류) 綠楊芳草 (푸를 녹, 버들 양, 꽃다울 방, 풀 초) 垂楊(드리울 수, 버들 양)	__柳 : __류 綠__芳草 : 녹__방초 垂__ : 수__

7Ⅱ			
場 훈·음	총획 12획 부수 土	場所(마당 장, 장소 소) 廣場(넓을 광, 마당 장) 當場(당할 당, 상황 장) 場面(상황 장, 볼 면)	___所 : ___소 廣___ : 광___ 當___ : 당___ ___面 : ___면

4			
腸 훈·음	총획 13획 부수 肉(月)	肝腸(간 간, 창자 장) 胃腸(밥통 위, 창자 장) 換腸(바꿀 환, 창자 장)	肝___ : 간___ 胃___ : 위___ 換___ : 환___

3			
暢 훈·음	총획 14획 부수 日	暢達(화창할 창, 이를 달) 暢茂(화창할 창, 무성할 무) 流暢(흐를 유, 화창할 창)	___達 : ___달 ___茂 : ___무 流___ : 유___

3Ⅱ			
湯 훈·음	총획 12획 부수 水(氵)	湯器(끓일 탕, 그릇 기) 湯藥(끓일 탕, 약 약) 再湯(다시 재, 끓일 탕)	___器 : ___기 ___藥 : ___약 再___ : 재___

4			
傷 훈·음	총획 13획 부수 人(亻)	傷處(상할 상, 곳 처) 負傷(짐질 부, 상할 상) 重傷(무거울 중, 상할 상) 銃傷(총 총, 상할 상)	___處 : ___처 負___ : 부___ 重___ : 중___ 銃___ : 충___

8			
女 훈·음	총획 3획 제부수	男女(사내 남, 여자 녀) 淑女(맑을 숙, 여자 녀) 女息(여자 여, 자식 식)	男___ : 남___ 淑___ : 숙___ ___息 : ___식

3	총획 6획 부수 水(氵)	汝等(너 여, 무리 등) 汝輩(너 여, 무리 배) 汝矣島(성씨 여, 어조사 의, 섬 도)	__等 : __등 __輩 : __배 __矣島 : __의도
汝 훈·음			

4Ⅱ	총획 6획 부수 女	好感(좋을 호, 느낄 감) 好惡(좋을 호, 미워할 오) 好評(좋을 호, 평할 평) 愛好(사랑 애, 좋을 호)	__感 : __감 __惡 : __오 __評 : __평 愛__ : 애__
好 훈·음			

4Ⅱ	총획 6획 부수 女	如一(같을 여, 한 일) 如意(같을 여, 뜻 의) 如前(같을 여, 앞 전) 如此(같을 여, 이 차)	__一 : __일 __意 : __의 __前 : __전 __此 : __차
如 훈·음			

3Ⅱ	총획 10획 부수 心	恕罪(용서할 서, 죄지을 죄) 寬恕(너그러울 관, 용서할 서) 寬恕終興 (너그러울 관, 용서할 서, 다할 종, 흥할 흥)	__罪 : __죄 寬__ : 관__ 寬__終興 : 관__종흥
恕 훈·음			

3Ⅱ	총획 5획 부수 女	奴名(종 노, 이름 명) 奴婢(종 노, 여자 종 비) 奴隷(종 노, 종 예)	__名 : __명 __婢 : __비 __隷 : __예
奴 훈·음			

4Ⅱ	총획 9획 부수 心	怒發大發 (성낼 노, 일어날 발, 큰 대, 일어날 발) 激怒(격할 격, 성낼 노) 忿怒(성날 분, 성낼 노)	__發大發 : __발대발 激__ : 격__ 忿__ : 분__
怒 훈·음			

7Ⅱ 安 훈·음	총획 6획 부수 宀	安寧(편안할 안, 편안할 녕) 安否(편안할 안, 아닐 부) 安逸(편안할 안, 편안할 일) 便安(편할 편, 편안할 안)	__寧 : __녕 __否 : __부 __逸 : __일 便__ : 편__

5 案 훈·음	총획 10획 부수 木	案席(책상 안, 자리 석) 案件(생각 안, 사건 건) 代案(대신할 대, 생각 안) 草案(풀 초, 생각 안)	__席 : __석 __件 : __건 代__ : 대__ 草__ : 초__

3Ⅱ 宴 훈·음	총획 10획 부수 宀	宴會(잔치 연, 모일 회) 祝賀宴(축하할 축, 축하할 하, 잔치 연) 古稀宴(오랠 고, 드물 희, 잔치 연)	__會 : __회 祝賀__ : 축하__ 古稀__ : 고희__

3 姦 훈·음	총획 9획 부수 女	姦通(간음할 간, 통할 통) 强姦(억지 강, 간음할 간) 相姦(서로 상, 간음할 간)	__通 : __통 强__ : 강__ 相__ : 상__

3Ⅱ 妻 훈·음	총획 8획 부수 女	妻家(아내 처, 집 가) 妻福(아내 처, 복 복) 賢母良妻 (어질 현, 어미/어머니 모, 어질 양, 아내 처)	__家 : __가 __福 : __복 賢母良__ : 현모양__

3 妥 훈·음	총획 7획 부수 女	妥結(온당할 타, 맺을 결) 妥當(온당할 타, 당할 당) 妥協(온당할 타, 도울 협)	__結 : __결 __當 : __당 __協 : __협

3	총획 8획 부수 女	妾室(첩 첩, 집 실)	__室 : __실
		妾出(첩 첩, 나올 출)	__出 : __출
妾		小妾(작을 소, 첩 첩)	小__ : 소__
	훈·음	妻妾(아내 처, 첩 첩)	妻__ : 처__

4Ⅱ	총획 11획 부수 手(扌)	接近(이을 접, 가까울 근)	__近 : __근
		接觸(이을 접, 닿을 촉)	__觸 : __촉
接		待接(대접할 대, 대접할 접)	待__ : 대__
	훈·음	接待(대접할 접, 대접할 대)	__待 : __대

142

3Ⅱ	총획 15획 부수 木	樓閣(누각 누, 집 각)	__閣 : __각
		望樓(바랄 망, 다락 루)	望__ : 망__
樓	훈·음	鐘樓(쇠북 종, 누각 루)	鐘__ : 종__

7	총획 15획 부수 攵(攵)	數學(셀 수, 배울 학)	__學 : __학
		數日(두어 수, 날 일)	__日 : __일
數		數脈(자주 삭, 혈관 맥)	__脈 : __맥
	훈·음	運數(운수 운, 운수 수)	運__ : 운__

3	총획 14획 부수 尸	屢屢(자주 누, 자주 누)	__ __ : __ __
		屢代(자주 누, 대신할 대)	__代 : __대
屢		屢歲(자주 누, 해 세)	__歲 : __세
	훈·음	屢次(자주 누, 차례 차)	__次 : __차

143

1	총획 4획 제부수	毋論(없을 무, 논의할 론)	__論 : __론
		毋望之福 (없을 무, 바랄 망, ~의 지, 복 복)	__望之福 : __망지복
毋	훈·음	毋害(없을 무, 해칠 해)	__害 : __해

8 母 훈·음	총획 5획 부수 母	母國(어미/어머니 모, 나라 국) 母情(어미/어머니 모, 정 정) 慈母(사랑 자, 어미/어머니 모) 子母(아들 자, 어미/어머니 모)	__國 : __국 __情 : __정 慈__ : 자__ 子__ : 자__
7Ⅱ 每 훈·음	총획 7획 부수 母	每番(매양/항상 매, 차례 번) 每日(매양/항상 매, 날 일) 每週(매양/항상 매, 주일 주)	__番 : __번 __日 : __일 __週 : __주
3 敏 훈·음	총획 11획 부수 攵(攴)	敏感(민첩할 민, 느낄 감) 敏捷(민첩할 민, 빠를 첩) 英敏(영웅 영, 민첩할 민) 銳敏(날카로울 예, 민첩할 민)	__感 : __감 __捷 : __첩 英__ : 영__ 銳__ : 예__
3Ⅱ 繁 훈·음	총획 17획 부수 糸	繁殖(번성할 번, 불릴 식) 繁榮(번성할 번, 영화 영) 繁昌(번성할 번, 빛날 창)	__殖 : __식 __榮 : __영 __昌 : __창
3Ⅱ 梅 훈·음	총획 11획 부수 木	梅花(매화나무 매, 꽃 화) 梅實(매화나무 매, 열매 실) 梅實茶(매화나무 매, 열매 실, 차 차)	__花 : __화 __實 : __실 __實茶 : __실차
3 侮 훈·음	총획 9획 부수 人(亻)	侮蔑(업신여길 모, 업신여길 멸) 侮辱(업신여길 모, 욕될 욕) 輕侮(가벼울 경, 업신여길 모) 受侮(받을 수, 업신여길 모)	__蔑 : __멸 __辱 : __욕 輕__ : 경__ 受__ : 수__

7II 海 총획 10획 부수 水(氵) 훈·음	海警(바다 해, 경계할 경) 海難(바다 해, 어려울 난) 海流(바다 해, 흐를 류) 海底(바다 해, 밑 저)	___警 : ___경 ___難 : ___난 ___流 : ___류 ___底 : ___저
3II 悔 총획 10획 부수 心(忄) 훈·음	悔改(뉘우칠 회, 고칠 개) 悔悟(뉘우칠 회, 깨달을 오) 尤悔(허물 우, 뉘우칠 회) 後悔(늦을 후, 뉘우칠 회)	___改 : ___개 ___悟 : ___오 尤___ : 우___ 後___ : 후___
7II 子 총획 3획 제부수 훈·음	子孫(아들 자, 손자 손) 孝子(효도 효, 아들 자) 甲子(첫째/첫째 천간 갑, 접미사 자) 卓子(탁자 탁, 접미사 자)	___孫 : ___손 孝___ : 효___ 甲___ : 갑___ 卓___ : 탁___
3 了 총획 2획 부수 亅 훈·음	滿了(찰 만, 마칠 료) 修了(닦을/다스릴 수, 마칠 료) 完了(완전할 완, 마칠 료) 終了(마칠 종, 마칠 료)	滿___ : 만___ 修___ : 수___ 完___ : 완___ 終___ : 종___
3 予 총획 4획 부수 亅 훈·음	予奪(줄 여, 빼앗을 탈)	___奪 : ___탈
6 野 총획 11획 부수 里 훈·음	野外(들 야, 밖 외) 平野(평평할 평, 들 야) 荒野(거칠 황, 들 야) 野性(거칠 야, 바탕 성)	___外 : ___외 平___ : 평___ 荒___ : ___황___ ___性 : ___성

1
4
5

5 序	총획 7획 부수 广 훈·음	序曲(먼저 서, 노래 곡) 序論(먼저 서, 논의할 론) 序列(차례 서, 줄 열) 秩序(차례 질, 차례 서)	__曲 : __곡 __論 : __론 __列 : __열 秩__ : 질__
2 矛	총획 5획 제부수 훈·음	矛戈(창 모, 창 과) 矛盾(창 모, 방패 순)	__戈 : __과 __盾 : __순
3Ⅱ 柔	총획 9획 부수 木 훈·음	柔道(부드러울 유, 도리 도) 柔順(부드러울 유, 순할 순) 柔軟(부드러울 유, 부드러울 연) 溫柔(따뜻할 온, 부드러울 유)	__道 : __도 __順 : __순 __軟 : __연 溫__ : 온__
4Ⅱ 務	총획 11획 부수 力 훈·음	實務(실제 실, 일 무) 任務(맡을 임, 일 무) 休務(쉴 휴, 일 무) 勤務(부지런할 근, 일 무)	實__ : 실__ 任__ : 임__ 休__ : 휴__ 勤__ : 근__
3 霧	총획 19획 부수 雨 훈·음	霧散(안개 무, 흩어질 산) 濃霧(짙을 농, 안개 무) 霧中(안개 무, 가운데 중) 雲霧(구름 운, 안개 무)	__散 : __산 濃__ : 농__ __中 : __중 雲__ : 운__
4 孔	총획 4획 부수 子 훈·음	孔雀(구멍 공, 참새 작) 十九孔炭(열 십, 아홉 구, 구멍 공, 숯/석탄 탄) 孔孟(공자 공, 맹자 맹)	__雀 : __작 十九__炭 : 십구__탄 __孟 : __맹

146

한샘Touch

3 II	총획 8획 부수 子	孟冬(맏 맹, 겨울 동) 孟夏(맏 맹, 여름 하) 孔孟(공자 공, 맹자 맹)	__冬 : __동 __夏 : __하 孔__ : 공__
孟 훈·음			

3 II	총획 11획 부수 犬(犭)	猛犬(사나울 맹, 개 견) 猛烈(사나울 맹, 사나울 렬) 猛獸(사나울 맹, 짐승 수) 勇猛(날랠 용, 날랠 맹)	__犬 : __견 __烈 : __렬 __獸 : __수 勇__ : 용__
猛 훈·음			

4 II	총획 8획 부수 手	承繼(받을 승, 이을 계) 承諾(받을 승, 허락할 낙) 承認(이을 승, 인정할 인) 傳承(전할 전, 이을 승)	__繼 : __계 __諾 : __낙 __認 : __인 傳__ : 전__
承 훈·음			

1	총획 6획 부수 一	丞相(정승 승, 재상 상) 三政丞(석 삼, 다스릴 정, 정승 승)	__相 : __상 三政__ : 삼정__
丞 훈·음			

3 II	총획 14획 부수 艸(艹)	蒸氣(찔 증, 기운 기) 蒸發(찔 증, 일어날 발) 汗蒸(땀 한, 찔 증)	__氣 : __기 __發 : __발 汗__ : 한__
蒸 훈·음			

5 II	총획 3획 제부수	克己(이길 극, 자기 기) 自己(자기 자, 자기 기) 利己(이로울 이, 자기 기) 知己(알 지, 자기 기)	克__ : 극__ 自__ : 자__ 利__ : 이__ 知__ : 지__
己 훈·음			

| 3Ⅱ | 총획 3획 부수 己 | 已往(이미 이, 갈 왕) 已發之矢 (이미 이, 쏠 발, ~의 지, 화살 시) | __往 : __왕 __發之矢 : __발지시 |
| 已 훈·음 | | | |

| 3 | 총획 3획 부수 己 | 巳年(여섯째 지지 사, 해 년) 巳座(뱀 사, 자리/위치 좌) 巳初(여섯째 지지 사, 처음 초) | __年 : __년 __座 : __좌 __初 : __초 |
| 巳 훈·음 | | | |

| 7Ⅱ | 총획 10획 부수 言 | 記錄(기록할 기, 기록할 록) 書記(글/쓸 서, 기록할 기) 記憶(기억할 기, 기억할 억) 記念(기억할 기, 생각 념) | __錄 : __록 書__ : 서__ __憶 : __억 __念 : __념 |
| 記 훈·음 | | | |

| 4 | 총획 9획 부수 糸 | 紀綱(질서 기, 벼리 강) 西紀(서쪽 서, 해 기) 紀行文(기록할 기, 다닐 행, 글월 문) | __綱 : __강 西__ : 서__ __行文 : __행문 |
| 紀 훈·음 | | | |

| 3Ⅱ | 총획 6획 부수 女 | 妃嬪(왕비 비, 궁녀 빈) 妃氏(왕비 비, 사람을 부를 때 붙이는 씨) | __嬪 : __빈 __氏 : __씨 |
| 妃 훈·음 | | | |

| 4Ⅱ | 총획 10획 부수 酉 | 配達(나눌 배, 이를 달) 配列(짝 배, 줄 열) 配置(짝 배, 둘 치) 配匹(짝 배, 짝 필) | __達 : __달 __列 : __열 __置 : __치 __匹 : __필 |
| 配 훈·음 | | | |

5	총획 7획 부수 攵(攴)	改良(고칠 개, 좋을 량) 改善(고칠 개, 좋을 선) 改革(고칠 개, 고칠 혁) 悔改(뉘우칠 회, 고칠 개)	__良 : __량 __善 : __선 __革 : __혁 悔__ : 회__
改 __훈·음__			

3	총획 7획 부수 心	忌克(꺼릴 기, 이길 극) 忌日(꺼릴 기, 날 일) 忌避(꺼릴 기, 피할 피) 禁忌(금할 금, 꺼릴 기)	__克 : __극 __日 : __일 __避 : __피 禁__ : 금__
忌 __훈·음__			

5 148	총획 16획 부수 辵(辶)	選擧(뽑을 선, 들/행할 거) 選拔(뽑을 선, 뽑을 발) 選手(뽑을 선, 재주 있는 사람 수) 精選(정밀할 정, 뽑을 선)	__擧 : __거 __拔 : __발 __手 : __수 精__ : 정__
選 __훈·음__			

3	총획 9획 부수 己	巷間(거리 항, 사이 간) 巷談(거리 항, 말씀 담) 巷說(거리 항, 말씀 설) 巷謠(거리 항, 노래 요)	__間 : __간 __談 : __담 __說 : __설 __謠 : __요
巷 __훈·음__			

4Ⅱ	총획 12획 부수 水(氵)	港口(항구 항, 구멍 구) 港都(항구 항, 도시 도) 歸港(돌아올 귀, 항구 항) 出港(나갈 출, 항구 항)	__口 : __구 __都 : __도 歸__ : 귀__ 出__ : 출__
港 __훈·음__			

1	총획 4획 부수 己	三巴戰(석 삼, 꼬리 파, 싸울 전) 淋巴腺(물 뿌릴 임, 뱀 파, 샘 선) 巴人(땅 이름 파, 사람 인)	三__戰 : 삼__전 淋__腺 : 임__선 __人 : __인
巴 __훈·음__			

3	把 훈·음	총획 7획 부수 手(扌)	把守(잡을 파, 지킬 수) 把守兵(잡을 파, 지킬 수, 군사 병) 把握(잡을 파, 잡을/쥘 악)	___守 : ___수 ___守兵 : ___수병 ___握 : ___악
3Ⅱ	肥 훈·음	총획 8획 부수 肉(月)	肥大(살찔 비, 큰 대) 肥滿(살찔 비, 찰 만) 肥沃(기름질 비, 기름질 옥) 肥料(거름 비, 재료 료)	___大 : ___대 ___滿 : ___만 ___沃 : ___옥 ___料 : ___료
7	邑 훈·음	총획 7획 제부수	邑內(고을 읍, 안 내) 邑面(고을 읍, 행정 구역 면) 邑長(고을 읍, 어른 장) 都邑(도시 도, 고을 읍)	___內 : ___내 ___面 : ___면 ___長 : ___장 都___ : 도___
7	色 훈·음	총획 6획 제부수	色盲(빛 색, 무지할 맹) 染色(물들일 염, 빛 색) 脫色(벗을 탈, 빛 색) 赤色(붉을 적, 빛 색)	___盲 : ___맹 染___ : 염___ 脫___ : 탈___ 赤___ : 적___
4Ⅱ	絶 훈·음	총획 12획 부수 糸	絶交(끊을 절, 사귈 교) 絶命(죽을 절, 목숨 명) 絶頂(가장 절, 꼭대기 정) 絶讚(가장 절, 칭찬할 찬)	___交 : ___교 ___命 : ___명 ___頂 : ___정 ___讚 : ___찬
4	犯 훈·음	총획 5획 부수 犬(犭)	犯人(범할 범, 사람 인) 犯罪(범할 범, 죄지을 죄) 輕犯(가벼울 경, 범할 범) 防犯(막을 방, 범할 범)	___人 : ___인 ___罪 : ___죄 輕___ : 경___ 防___ : 방___

4	총획 15획 부수 竹(⺮)	範圍(법 범, 둘레 위)	___圍 : ___위
範		敎範(가르칠 교, 본보기 범)	敎___ : 교___
		規範(법 규, 법 범)	規___ : 규___
	훈·음	模範(본보기 모, 본보기 범)	模___ : 모___

3Ⅱ	총획 11획 부수 彳	制御(제도 제, 다스릴 어)	制___ : 제___
御		御命(임금 어, 명령할 명)	___命 : ___명
		御使(임금 어, 부릴 사)	___使 : ___사
	훈·음	御用(임금 어, 쓸 용)	___用 : ___용

3	총획 4획 부수 厂	厄運(재앙 액, 운수 운)	___運 : ___운
厄		送厄迎福 (보낼 송, 재앙 액, 맞이할 영, 복 복)	送___迎福 : 송___영복
	훈·음	橫厄(가로 횡, 재앙 액)	橫___ : 횡___

4	총획 6획 부수 卩(㔾)	危險(위험할 위, 험할 험)	___險 : ___험
危		危急(위험할 위, 급할 급)	___急 : ___급
		危機(위험할 위, 기회 기)	___機 : ___기
	훈·음	危殆(위험할 위, 위태할 태)	___殆 : ___태

3Ⅱ	총획 9획 부수 卩(㔾)	卽刻(곧 즉, 시각 각)	___刻 : ___각
卽		卽時(곧 즉, 때 시)	___時 : ___시
		卽效(곧 즉, 효험 효)	___效 : ___효
	훈·음	卽興(곧 즉, 흥할 흥)	___興 : ___흥

5Ⅱ	총획 15획 부수 竹(⺮)	節度(마디 절, 법도 도)	___度 : ___도
節		節制(마디 절, 억제할 제)	___制 : ___제
		節槪(절개 절, 대개 개)	___槪 : ___개
	훈·음	季節(계절 계, 계절 절)	季___ : 계___

4 怨 ___ 훈·음	총획 9획 부수 心	怨聲(원망할 원, 소리 성) 怨讐(원망할 원, 원수 수) **誰怨孰尤** (누구 수, 원망할 원, 누구 숙, 더욱 우)	___聲 : ___성 ___讐 : ___수 誰___孰尤 : 수___숙우
6 服 ___ 훈·음	총획 8획 부수 肉(月)	服裝(옷 복, 꾸밀 장) 洋服(서양 양, 옷 복) 服用(먹을 복, 쓸 용) 感服(느낄 감, 복종할 복)	___裝 : ___장 洋___ : 양___ ___用 : ___용 感___ : 감___
4Ⅱ 報 ___ 훈·음	총획 12획 부수 土	報告(알릴 보, 알릴 고) 速報(빠를 속, 알릴 보) 報答(갚을 보, 갚을 답) 報償(갚을 보, 갚을 상)	___告 : ___고 速___ : 속___ ___答 : ___답 ___償 : ___상
4 卵 ___ 훈·음	총획 7획 부수 卩(⺋)	卵生(알 난, 날 생) 鷄卵(닭 계, 알 란) 排卵(배열할 배, 알 란) 産卵(낳을 산, 알 란)	___生 : ___생 鷄___ : 계___ 排___ : 배___ 産___ : 산___
3 卯 ___ 훈·음	총획 5획 부수 卩(⺋)	卯時(넷째 지지 묘, 때 시) 卯酒(왕성할 묘, 술 주) 卯飮(왕성할 묘, 마실 음)	___時 : ___시 ___酒 : ___주 ___飮 : ___음
3 卿 ___ 훈·음	총획 12획 부수 卩(⺋)	**公卿大夫** (공평할 공, 벼슬 경, 큰 대, 사내 부) 樞機卿(지도리 추, 베틀 기, 벼슬 경)	公___大夫 : 공___대부 樞機___ : 추기___

151

안심Touch

4	총획 9획 부수 木	楊柳(버들 양, 버들 류) 路柳墻花(길 노, 버들 류, 담 장, 꽃 화) 花柳界(꽃 화, 버들 류, 경계 계)	__柳 : __류 路__墻花 : 노__장화 花__界 : 화__계
훈·음			

4Ⅱ	총획 10획 부수 田	留任(머무를 유, 맡을 임) 保留(지킬 보, 머무를 류) 押留(압수할 압, 머무를 류) 滯留(머무를 체, 머무를 류)	__任 : __임 保__ : 보__ 押__ : 압__ 滯__ : 체__
훈·음			

3Ⅱ	총획 12획 부수 貝	密貿易(비밀 밀, 무역할 무, 바꿀 역) 貿穀(무역할 무, 곡식 곡)	密__易 : 밀__역 __穀 : __곡
훈·음			

3Ⅱ	총획 6획 부수 人(亻)	仰天(우러를 앙, 하늘 천) 信仰(믿을 신, 우러를 앙) 推仰(밀 추, 우러를 앙)	__天 : __천 信__ : 신__ 推__ : 추__
훈·음			

3Ⅱ	총획 7획 부수 手(扌)	抑留(누를 억, 머무를 류) 抑壓(누를 억, 누를 압) 抑揚(누를 억, 높일 양) 抑制(누를 억, 억제할 제)	__留 : __류 __壓 : __압 __揚 : __양 __制 : __제
훈·음			

4	총획 8획 부수 辵(辶)	迎賓(맞이할 영, 손님 빈) 迎入(맞이할 영, 들 입) 迎接(맞이할 영, 대접할 접) 歡迎(기뻐할 환, 맞이할 영)	__賓 : __빈 __入 : __입 __接 : __접 歡__ : 환__
훈·음			

4Ⅱ	총획 6획 부수 卩	印刷(찍을 인, 인쇄할 쇄)	__刷 : __쇄
印		刻印(새길 각, 도장 인)	刻__ : 각__
		印章(도장 인, 글 장)	__章 : __장
	훈·음	印朱(찍을/도장 인, 붉을 주)	__朱 : __주

7Ⅱ	총획 5획 제부수	立志(설 입, 뜻 지)	__志 : __지
立		建立(세울 건, 설 립)	建__ : 건__
		獨立(홀로 독, 설 립)	獨__ : 독__
	훈·음	自立(스스로 자, 설 립)	自__ : 자__

3	총획 10획 부수 立	竝列(나란히 설 병, 줄 렬)	__列 : __렬
竝		竝設(나란히 설 병, 세울 설)	__設 : __설
		竝進(나란히 설 병, 나아갈 진)	__進 : __진
	훈·음	竝行(나란히 설 병, 다닐/행할 행)	__行 : __행

5	총획 7획 부수 人(亻)	位格(자리 위, 격식 격)	__格 : __격
位		位階(자리 위, 계급 계)	__階 : __계
		位置(자리 위, 둘 치)	__置 : __치
	훈·음	品位(품위 품, 자리 위)	品__ : 품__

3	총획 8획 부수 水(氵)	泣訴(울 읍, 소송할 소)	__訴 : __소
泣		泣請(울 읍, 청할 청)	__請 : __청
		泣血(울 읍, 피 혈)	__血 : __혈
	훈·음	感泣(감동할 감, 울 읍)	感__ : 감__

4	총획 12획 부수 日	普及(넓을 보, 미칠 급)	__及 : __급
普		普遍(보통 보, 두루 편)	__遍 : __편
		普施(넓을 보, 베풀 시)	__施 : __시
	훈·음		

153

3Ⅱ 譜 훈·음	총획 19획 부수 言	系譜(이을/혈통 계, 족보 보) 年譜(해 연, 족보 보) 樂譜(노래 악, 족보 보)	系__ : 계__ 年__ : 연__ 樂__ : 악__
6Ⅱ 童 훈·음	총획 12획 부수 立	童詩(아이 동, 시 시) 童心(아이 동, 마음 심) 童話(아이 동, 이야기 화) 神童(귀신 신, 아이 동)	__詩 : __시 __心 : __심 __話 : __화 神__ : 신__
특Ⅱ 鐘 훈·음	총획 20획 부수 金	鐘樓(쇠북 종, 누각 루) 警鐘(경계할 경, 종치는 시계 종) 打鐘(칠 타, 종치는 시계 종)	__樓 : __루 警__ : 경__ 打__ : 타__
6 親 훈·음	총획 16획 부수 見	母親(어미/어머니 모, 어버이 친) 兩親(두/짝 양, 어버이 친) 親睦(친할 친, 화목할 목) 親密(친할 친, 빽빽할 밀)	母__ : 모__ 兩__ : 양__ __睦 : __목 __密 : __밀
6Ⅱ 新 훈·음	총획 13획 부수 斤	新規(새로울 신, 법 규) 新銳(새로울 신, 날카로울 예) 新正(새로울 신, 바를 정) 斬新(벨 참, 새로울 신)	__規 : __규 __銳 : __예 __正 : __정 斬__ : 참__
4 龍 훈·음	총획 16획 제부수	龍宮(용 용, 궁궐 궁) 恐龍(두려울 공, 용 룡) 臥龍(누울 와, 용 룡) 潛龍(숨길 잠, 용 룡)	__宮 : __궁 恐__ : 공__ 臥__ : 와__ 潛__ : 잠__

3Ⅱ	총획 22획 부수 衣	襲擊(습격할 습, 칠 격)	＿＿擊 : ＿＿격
襲		襲攻(습격할 습, 칠 공)	＿＿攻 : ＿＿공
		被襲(당할 피, 습격할 습)	被＿＿ : 피＿＿
훈·음		踏襲(밟을 답, 이어받을 습)	踏＿＿ : 답＿＿

6Ⅱ	총획 9획 제부수	音讀(소리 음, 읽을 독)	＿＿讀 : ＿＿독
音		音癡(소리 음, 어리석을 치)	＿＿癡 : ＿＿치
		音響(소리 음, 울릴 향)	＿＿響 : ＿＿향
훈·음		防音(막을 방, 소리 음)	防＿＿ : 방＿＿

4Ⅱ	총획 13획 부수 日	暗黑(어두울 암, 검을 흑)	＿＿黑 : ＿＿흑
暗		明暗(밝을 명, 어두울 암)	明＿＿ : 명＿＿
		暗號(몰래 암, 부를 호)	＿＿號 : ＿＿호
훈·음		暗殺(몰래 암, 죽일 살)	＿＿殺 : ＿＿살

6Ⅱ	총획 13획 부수 心	意見(뜻 의, 볼 견)	＿＿見 : ＿＿견
意		意外(뜻 의, 밖 외)	＿＿外 : ＿＿외
		意志(뜻 의, 뜻 지)	＿＿志 : ＿＿지
훈·음		意向(뜻 의, 향할 향)	＿＿向 : ＿＿향

5	총획 15획 부수 人(亻)	億臺(억 억, 누각/정자 대)	＿＿臺 : ＿＿대
億		億丈(억 억, 길이 장)	＿＿丈 : ＿＿장
		億兆(억 억, 조 조)	＿＿兆 : ＿＿조
훈·음		數億(두어 수, 억 억)	數＿＿ : 수＿＿

3Ⅱ	총획 16획 부수 心(忄)	記憶(기억할 기, 기억할 억)	記＿＿ : 기＿＿
憶		追憶(쫓을/따를 추, 기억할 억)	追＿＿ : 추＿＿
		憶念(기억할 억, 생각 념)	＿＿念 : ＿＿념
훈·음		憶昔(기억할 억, 옛 석)	＿＿昔 : ＿＿석

6 章 훈·음	총획 11획 부수 立	文章(글월 문, 문장/글 장) 圖章(그림 도, 글 장) 印章(도장 인, 글 장) 憲章(법 헌, 글 장)	文＿＿ : 문＿＿ 圖＿＿ : 도＿＿ 印＿＿ : 인＿＿ 憲＿＿ : 헌＿＿
4Ⅱ 障 훈·음	총획 14획 부수 阜(阝)	障壁(막을 장, 벽 벽) 障害(막을 장, 방해할 해) 故障(옛 고, 막을 장) 保障(보호할 보, 막을 장)	＿＿壁 : ＿＿벽 ＿＿害 : ＿＿해 故＿＿ : 고＿＿ 保＿＿ : 보＿＿
3 竟 훈·음	총획 11획 부수 立	畢竟(마칠 필, 마침내 경) 竟夜(마침내/다할 경, 밤 야) 究竟(연구할 구, 마침내/다할 경)	畢＿＿ : 필＿＿ ＿＿夜 : ＿＿야 究＿＿ : 구＿＿
4Ⅱ 境 훈·음	총획 14획 부수 土	國境(나라 국, 경계 경) 地境(땅 지, 경계 경) 境地(경계 경, 땅 지) 逆境(거스를/배반할 역, 형편 경)	國＿＿ : 국＿＿ 地＿＿ : 지＿＿ ＿＿地 : ＿＿지 逆＿＿ : 역＿＿
4 鏡 훈·음	총획 19획 부수 金	鏡臺(거울 경, 누각/정자 대) 銅鏡(구리 동, 거울 경) 眼鏡(눈 안, 거울 경) 破鏡(깨질 파, 거울 경)	＿＿臺 : ＿＿대 銅＿＿ : 동＿＿ 眼＿＿ : 안＿＿ 破＿＿ : 파＿＿
5 倍 훈·음	총획 10획 부수 人(亻)	倍加(곱/갑절 배, 더할 가) 倍數(곱/갑절 배, 셀 수) 倍率(곱/갑절 배, 비율 율) 倍前(곱/갑절 배, 앞 전)	＿＿加 : ＿＿가 ＿＿數 : ＿＿수 ＿＿率 : ＿＿율 ＿＿前 : ＿＿전

3Ⅱ 培 훈·음	총획 11획 부수 土	培植(북돋을 배, 심을 식) 培養(북돋을 배, 기를 양) 肥培(거름 비, 북돋을 배) 栽培(심을/기를 재, 북돋을 배)	__植 : __식 __養 : __양 肥__ : 비__ 栽__ : 재__
6Ⅱ 部 훈·음	총획 11획 부수 邑(阝)	部品(나눌 부, 물건 품) 部落(마을 부, 떨어질 락) 部隊(거느릴 부, 군대 대) 部下(거느릴 부, 아래/내릴 하)	__品 : __품 __落 : __락 __隊 : __대 __下 : __하
3 辛 훈·음	총획 7획 제부수	辛苦(고생할 신, 고생할 고) 辛辣(매울 신, 매울 랄) 香辛料(향기 향, 매울 신, 재료 료)	__苦 : __고 __辣 : __랄 香__料 : 향__료
3 宰 훈·음	총획 10획 부수 宀	主宰(주인 주, 주관할 재) 宰相(재상 재, 재상 상)	主__ : 주__ __相 : __상
4 辯 훈·음	총획 21획 부수 辛	辯論(말 잘할 변, 논의할 론) 辯護(말 잘할 변, 보호할 호) 代辯(대신할 대, 말 잘할 변) 雄辯(클 웅, 말 잘할 변)	__論 : __론 __護 : __호 代__ : 대__ 雄__ : 웅__
3 辨 훈·음	총획 16획 부수 辛	辨明(분별할 변, 밝을 명) 辨別(분별할 변, 나눌 별) 辨償(분별할 변, 갚을 상) 辨濟(분별할 변, 건널/구제할 제)	__明 : __명 __別 : __별 __償 : __상 __濟 : __제

158

辟

총획 13획
부수 辛

辟穀(물리칠 벽, 곡식 곡)

辟邪(물리칠 벽, 간사할 사)

훈·음

__穀 : __곡

__邪 : __사

4Ⅱ

壁

총획 16획
부수 土

壁報(벽 벽, 알릴 보)

壁紙(벽 벽, 종이 지)

壁畫(벽 벽, 그림 화)

絶壁(가장 절, 벽 벽)

훈·음

__報 : __보

__紙 : __지

__畫 : __화

絶__ : 절__

4

避

총획 17획
부수 辶(辶)

避球(피할 피, 공 구)

避難(피할 피, 어려울 난)

避亂(피할 피, 어지러울 란)

避暑(피할 피, 더울 서)

훈·음

__球 : __구

__難 : __난

__亂 : __란

__暑 : __서

6Ⅱ

業

총획 13획
부수 木

業苦(업 업, 괴로울 고)

業報(업 업, 갚을 보)

業績(일 업, 짤 적)

就業(나아갈/이룰 취, 일 업)

훈·음

__苦 : __고

__報 : __보

__績 : __적

就__ : 취__

6Ⅱ

對

총획 14획
부수 寸

對決(상대할 대, 정할 결)

對立(상대할 대, 설 립)

對答(대답할 대, 대답할 답)

對話(대답할 대, 말씀 화)

훈·음

__決 : __결

__立 : __립

__答 : __답

__話 : __화

幸

총획 8획
부수 干

幸福(행복할 행, 복 복)

幸運(바랄 행, 운수 운)

多幸(많을 다, 바랄 행)

萬幸(많을 만, 바랄 행)

훈·음

__福 : __복

__運 : __운

多__ : 다__

萬__ : 만__

---

3 丸 ___(훈·음)	총획 3획 부수 丶	丸石(둥글 환, 돌 석) 丸藥(알 환, 약 약) 彈丸(탄알 탄, 알 환)	___石 : ___석 ___藥 : ___약 彈___ : 탄___
3Ⅱ 執 ___(훈·음)	총획 11획 부수 土	執權(잡을 집, 권세 권) 執念(잡을 집, 생각 념) 固執(굳을 고, 잡을 집) 我執(나 아, 잡을 집)	___權 : ___권 ___念 : ___념 固___ : 고___ 我___ : 아___
3Ⅱ 譯 ___(훈·음)	총획 20획 부수 言	飜譯(번역할 번, 번역할 역) 意譯(뜻 의, 번역할 역) 直譯(곧을 직, 번역할 역) 通譯(통할 통, 번역할 역)	飜___ : 번___ 意___ : 의___ 直___ : 직___ 通___ : 통___
3Ⅱ 驛 ___(훈·음)	총획 23획 부수 馬	驛舍(역 역, 집 사) 驛前(역 역, 앞 전) 簡易驛(간단할 간, 쉬울 이, 역 역)	___舍 : ___사 ___前 : ___전 簡易___ : 간이___
4 擇 ___(훈·음)	총획 16획 부수 手(扌)	擇一(가릴 택, 한 일) 擇日(가릴 택, 날 일) 選擇(뽑을 선, 가릴 택) 採擇(가릴 채, 가릴 택)	___一 : ___일 ___日 : ___일 選___ : 선___ 採___ : 채___
3Ⅱ 澤 ___(훈·음)	총획 16획 부수 水(氵)	沼澤(늪 소, 연못 택) 德澤(덕 덕, 은혜 택) 潤澤(윤택할 윤, 은혜 택) 惠澤(은혜 혜, 은혜 택)	沼___ : 소___ 德___ : 덕___ 潤___ : 윤___ 惠___ : 혜___

161

3Ⅱ 釋 훈·음	총획 20획 부수 釆	釋放(풀 석, 놓을 방) 解釋(풀 해, 풀 석) 稀釋(드물 희, 풀 석) 釋迦(석가모니 석, 부처 이름 가)	__放 : __방 解__ : 해__ 稀__ : 희__ __迦 : __가
1 巾 훈·음	총획 3획 제부수	頭巾(머리 두, 수건 건) 網巾(그물 망, 수건 건) 紅巾(붉을 홍, 수건 건)	頭__ : 두__ 網__ : 망__ 紅__ : 홍__
7Ⅱ 市 훈·음	총획 5획 부수 巾	市場(시장 시, 마당 장) 市內(시내 시, 안 내) 市街(시내 시, 거리 가) 都市(도시 도, 시내 시)	__場 : __장 __內 : __내 __街 : __가 都__ : 도__
4 姉 훈·음	총획 8획 부수 女	姉妹(손위 누이 자, 누이 매) 姉母(손위 누이 자, 어미/어머니 모) 姉兄(손위 누이 자, 어른 형)	__妹 : __매 __母 : __모 __兄 : __형
3Ⅱ 肺 훈·음	총획 8획 부수 肉(月)	肺炎(허파 폐, 염증 렴) 肺病(허파 폐, 병들 병) 肺活量(허파 폐, 살 활, 용량 량)	__炎 : __렴 __病 : __병 __活量 : __활량
4Ⅱ 帶 훈·음	총획 11획 부수 巾	帶同(찰/띠 대, 같을 동) 聲帶(소리 성, 띠 대) 腰帶(허리 요, 찰/띠 대) 寒帶(찰 한, 띠 대)	__同 : __동 聲__ : 성__ 腰__ : 요__ 寒__ : 한__

162

| 3Ⅱ 滯 훈·음 | 총획 14획
부수 水(氵) | 滯症(막힐/머무를 체, 병세 증)
延滯(끌/늘일 연, 막힐/머무를 체)
停滯(머무를 정, 머무를 체)
滯留(머무를 체, 머무를 류) | __症 : __증
延__ : 연__
停__ : 정__
__留 : __류 |

| 1
6
3 4Ⅱ 布 훈·음 | 총획 5획
부수 巾 | 布袋(펼 포, 자루 대)
布石(펼 포, 돌 석)
宣布(펼 선, 펼 포)
布施(보시 보, 베풀 시) | __袋 : __대
__石 : __석
宣__ : 선__
__施 : __시 |

| 4Ⅱ 希 훈·음 | 총획 7획
부수 巾 | 希求(바랄 희, 구할 구)
希念(바랄 희, 생각 념)
希望(바랄 희, 바랄 망)
希願(바랄 희, 원할 원) | __求 : __구
__念 : __념
__望 : __망
__願 : __원 |

| 3Ⅱ 稀 훈·음 | 총획 12획
부수 禾 | 稀貴(드물 희, 귀할 귀)
稀薄(드물 희, 엷을 박)
稀釋(드물 희, 풀 석)
稀少(드물 희, 적을 소) | __貴 : __귀
__薄 : __박
__釋 : __석
__少 : __소 |

| 1
6
4 4 帝 훈·음 | 총획 9획
부수 巾 | 帝國(제왕 제, 나라 국)
日帝(해 일, 제왕 제)
皇帝(황제 황, 제왕 제) | __國 : __국
日__ : 일__
__帝 : 황__ |

| 1Ⅱ 旁 훈·음 | 총획 10획
부수 方 | 旁系(곁 방, 혈통 계)
旁觀(곁 방, 볼 관)
旁求(두루 방, 구할 구)
旁通(두루 방, 통할 통) | __系 : __계
__觀 : __관
__求 : __구
__通 : __통 |

3	傍 훈·음	총획 12획 부수 人(亻)	傍系(곁 방, 혈통 계) 傍觀(곁 방, 볼 관) 傍照(곁 방, 비칠 조) 近傍(가까울 근, 곁 방)	__系 : __계 __觀 : __관 __照 : __조 近__ : 근__
3Ⅱ **165**	師 훈·음	총획 9획 부수 巾	將師(장수 장, 장수 수) 元師(으뜸 원, 장수 수) 總師(거느릴 총, 장수 수)	將__ : 장__ 元__ : 원__ 總__ : 총__
4Ⅱ	師 훈·음	총획 10획 부수 巾	師弟(스승 사, 제자 제) 教師(가르칠 교, 스승 사) 醫師(의원 의, 전문가 사) 師團(군사 사, 모일 단)	__弟 : __제 教__ : 교__ 醫__ : 의__ __團 : __단
3Ⅱ	追 훈·음	총획 10획 부수 辵(辶)	追加(쫓을/따를 추, 더할 가) 追擊(쫓을/따를 추, 칠 격) 追更(쫓을/따를 추, 고칠 경) 追從(쫓을/따를 추, 좇을/따를 종)	__加 : __가 __擊 : __격 __更 : __경 __從 : __종
3	遣 훈·음	총획 14획 부수 辵(辶)	遣歸(보낼 견, 돌아올 귀) 分遣(나눌 분, 보낼 견) 增遣(더할 증, 보낼 견) 派遣(물갈래 파, 보낼 견)	__歸 : __귀 分__ : 분__ 增__ : 증__ 派__ : 파__
4Ⅱ	官 훈·음	총획 8획 부수 宀	官權(관청 관, 권세 권) 官吏(벼슬 관, 관리 리) 貪官汚吏 (탐낼 탐, 벼슬 관, 더러울 오, 관리 리)	__權 : __권 __吏 : __리 貪__汚吏 : 탐__오리

| 3 II | 총획 17획
부수 食(飠) | 館長(집/객사 관, 어른 장)
本館(근본 본, 집/객사 관)
旅館(나그네 여, 집/객사 관)
會館(모일 회, 집/객사 관) | __長 : __장
本__ : 본__
旅__ : 여__
會__ : 회__ |
| 館
훈·음 | | | |

| 4 | 총획 14획
부수 竹(⺮) | 木管(나무 목, 대롱 관)
血管(피 혈, 대롱 관)
管理(권리할 관, 다스릴 리)
管掌(권리할 관, 손바닥 장) | 木__ : 목__
血__ : 혈__
__理 : __리
__掌 : __장 |
| 管
훈·음 | | | |

| 3 II | 총획 14획
부수 手(扌) | 摘果(딸 적, 과실 과)
摘讀(딸 적, 읽을 독)
摘發(딸 적, 일어날 발)
指摘(가리킬 지, 딸 적) | __果 : __과
__讀 : __독
__發 : __발
指__ : 지__ |
| 摘
훈·음 | | | |

| 3 | 총획 14획
부수 水(氵) | 滴露(물방울 적, 길 로)
滴水(물방울 적, 물 수)
硯滴(벼루 연, 물방울 적) | __露 : __로
__水 : __수
硯__ : 연__ |
| 滴
훈·음 | | | |

| 4 II | 총획 15획
부수 攴(攵) | 敵國(원수 적, 나라 국)
敵軍(원수 적, 군사 군)
對敵(상대할 대, 원수 적)
宿敵(오랠 숙, 원수 적) | __國 : __국
__軍 : __군
對__ : 대__
宿__ : 숙__ |
| 敵
훈·음 | | | |

| 4 | 총획 15획
부수 辵(辶) | 適當(알맞을 적, 마땅할 당)
適性(알맞을 적, 바탕 성)
最適(가장 최, 알맞을 적)
自適(스스로/자기 자, 갈 적) | __當 : __당
__性 : __성
最__ : 최__
自__ : 자__ |
| 適
훈·음 | | | |

166

167	4Ⅱ 豆	총획 7획 제부수 훈·음 ____	豆腐(콩 두, 썩을 부) 豆油(콩 두, 기름 유) 大豆(큰 대, 콩 두)	___腐 : ___부 ___油 : ___유 大___ : 대___
	6Ⅱ 短	총획 12획 부수 矢 훈·음 ____	短期(짧을 단, 기간 기) 短縮(짧을 단, 줄어들 축) 長短(길 장, 짧을 단) 短點(모자랄 단, 점 점)	___期 : ___기 ___縮 : ___축 長___ : 장___ ___點 : ___점
	6 頭	총획 16획 부수 頁 훈·음 ____	頭角(머리 두, 뿔 각) 頭痛(머리 두, 아플 통) 頭目(우두머리 두, 항목 목) 頭領(우두머리 두, 우두머리 령)	___角 : ___각 ___痛 : ___통 ___目 : ___목 ___領 : ___령
	3 豈	총획 10획 부수 豆 훈·음 ____	豈敢(어찌 기, 감히 감) 豈敢毀傷 (어찌 기, 감히 감, 헐 훼, 상할 상) 豈不(어찌 기, 아닐 불)	___敢 : ___감 ___敢毀傷 : ___감훼상 ___不 : ___불
	4 鬪	총획 20획 부수 鬥 훈·음 ____	鬪技(싸울 투, 재주 기) 鬪病(싸울 투, 병들 병) 鬪志(싸울 투, 뜻 지) 健鬪(건강할 건, 싸울 투)	___技 : ___기 ___病 : ___병 ___志 : ___지 健___ : 건___
168	3 癸	총획 9획 부수 癶 훈·음 ____	癸丑日記 (열째 천간 계, 둘째 지지 축, 날 일, 기록할 기) 癸期(월경 계, 기간 기) 天癸(하늘 천, 월경 계)	___丑日記 : ___축일기 ___期 : ___기 天___ : 천___

6Ⅱ			
發	총획 12획 부수 癶 훈·음	發射(쏠 발, 쏠 사) 發砲(쏠 발, 대포 포) 發動(일어날 발, 움직일 동) 發效(일어날 발, 효험 효)	__射 : __사 __砲 : __포 __動 : __동 __效 : __효

3Ⅱ			
廢	총획 15획 부수 广 훈·음	廢家(부서질 폐, 집 가) 廢刊(폐할 폐, 책 펴낼 간) 廢業(폐할 폐, 일 업) 廢車(부서질 폐, 수레 차)	__家 : __가 __刊 : __간 __業 : __업 __車 : __차

7			
登	총획 12획 부수 癶 훈·음	登山(오를 등, 산 산) 登壇(오를 등, 단상 단) 登記(기재할 등, 기록할 기) 登錄(기재할 등, 기록할 록)	__山 : __산 __壇 : __단 __記 : __기 __錄 : __록

4Ⅱ			
燈	총획 16획 부수 火 훈·음	燈臺(등불 등, 누각/정자 대) 消燈(끌 소, 등불 등) 點燈(불 켤 점, 등불 등) 電燈(전기 전, 등불 등)	__臺 : __대 消__ : 소__ 點__ : 점__ 電__ : 전__

4			
證	총획 19획 부수 言 훈·음	證明(증명할 증, 밝을 명) 證言(증명할 증, 말씀 언) 認證(인정할 인, 증명할 증) 確證(확실할 확, 증명할 증)	__明 : __명 __言 : __언 認__ : 인__ 確__ : 확__

5			
曲	총획 6획 부수 曰 훈·음	曲線(굽을 곡, 줄 선) 屈曲(굽을 굴, 굽을 곡) 歌曲(노래 가, 노래 곡) 名曲(이름날 명, 노래 곡)	__線 : __선 屈__ : 굴__ 歌__ : 가__ 名__ : 명__

169

5Ⅱ			
典 훈·음	총획 8획 부수 八	典型(법 전, 모형 형) 古典(옛 고, 책 전) 法典(법 법, 책 전) 典當(전당잡힐 전, 당할 당)	__型 : __형 古__ : 고__ 法__ : 법__ __當 : __당

4Ⅱ			
豊 훈·음	총획 13획 부수 豆	豊盛(풍성할 풍, 성할 성) 豊年(풍성할 풍, 해 년) 豊滿(풍성할 풍, 찰 만) 豊富(풍성할 풍, 넉넉할 부)	__盛 : __성 __年 : __년 __滿 : __만 __富 : __부

6			
禮 훈·음	총획 18획 부수 示	禮度(예도 예, 법도 도) 禮物(예도 예, 물건 물) 禮拜(예도 예, 절 배) 禮節(예도 예, 절개 절)	__度 : __도 __物 : __물 __拜 : __배 __節 : __절

4			
骨 훈·음	총획 10획 제부수	骨材(뼈 골, 재료 재) 骨折(뼈 골, 꺾을 절) 露骨(드러날 노, 뼈 골) 遺骨(남길 유, 뼈 골)	__材 : __재 __折 : __절 露__ : 노__ 遺__ : 유__

6Ⅱ			
體 훈·음	총획 23획 부수 骨	體格(몸 체, 격식 격) 體力(몸 체, 힘 력) 體驗(몸 체, 시험할 험) 身體(몸 신, 몸 체)	__格 : __격 __力 : __력 __驗 : __험 身__ : 신__

5Ⅱ			
170 商 훈·음	총획 11획 부수 口	商社(장사할 상, 모일 사) 商店(장사할 상, 가게 점) 商量(헤아릴 상, 헤아릴 량) 協商(도울 협, 헤아릴 상)	__社 : __사 __店 : __점 __量 : __량 協__ : 협__

6II 圖 훈·음	총획 14획 부수 □	圖案(그림 도, 생각 안) 地圖(땅 지, 그림 도) 試圖(시험할 시, 꾀할 도) 意圖(뜻 의, 꾀할 도)	__案 : __안 地__ : 지__ 試__ : 시__ 意__ : 의__
5II 卒 훈·음	총획 8획 부수 十	卒兵(졸병 졸, 군사 병) 卒倒(갑자기 졸, 넘어질 도) 卒逝(죽을 졸, 갈/죽을 서) 卒業(마칠 졸, 일 업)	__兵 : __병 __倒 : __도 __逝 : __서 __業 : __업
3II 醉 훈·음	총획 15획 부수 酉	醉氣(취할 취, 기운 기) 醉興(취할 취, 흥할/흥겨울 흥) 宿醉(오랠 숙, 취할 취) 心醉(마음 심, 취할 취)	__氣 : __기 __興 : __흥 宿__ : 숙__ 心__ : 심__
6 夜 훈·음	총획 8획 부수 夕	夜間(밤 야, 사이 간) 夜景(밤 야, 경치 경) 夜勤(밤 야, 일 근) 徹夜(뚫을 철, 밤 야)	__間 : __간 __景 : __경 __勤 : __근 徹__ : 철__
4II 液 훈·음	총획 11획 부수 水(氵)	液肥(진액/즙 액, 거름 비) 液體(진액/즙 액, 몸 체) 津液(진액 진, 진액/즙 액) 血液(피 혈, 진액/즙 액)	__肥 : __비 __體 : __체 津__ : 진__ 血__ : 혈__
5 亡 훈·음	총획 3획 부수 亠	亡國(망할 망, 나라 국) 亡身(망할 망, 몸 신) 亡命(달아날 망, 목숨 명) 死亡(죽을 사, 죽을 망)	__國 : __국 __身 : __신 __命 : __명 死__ : 사__

3 忙 총획 6획 부수 心(忄) 훈·음	忙中閑(바쁠 망, 가운데 중, 한가할 한) 閑中忙(한가할 한, 가운데 중, 바쁠 망) 奔忙(바쁠 분, 바쁠 망)	__中閑 : __중한 閑中__ : 한중__ 奔__ : 분__

3 茫 총획 10획 부수 草(艹) 훈·음	茫茫(망망할/아득할 망, 망망할/아득할 망) 茫漠(아득할 망, 막막할 막) 茫然(아득할 망, 그러할 연) 滄茫(큰 바다 창, 아득할 망)	__ __ : __ __ __漠 : __막 __然 : __연 滄__ : 창__

5Ⅱ 望 총획 11획 부수 月 훈·음	所望(바 소, 바랄 망) 熱望(더울 열, 바랄 망) 希望(바랄 희, 바랄 망) 望月(보름 망, 달 월)	所__ : 소__ 熱__ : 열__ 希__ : 희__ __月 : __월

3 罔 총획 8획 부수 网(罒) 훈·음	罔極(없을 망, 다할/끝 극) 罔測(없을 망, 헤아릴 측) 罔然(없을 망, 그러할 연)	__極 : __극 __測 : __측 __然 : __연

3 忘 총획 7획 부수 心 훈·음	忘却(잊을 망, 물리칠 각) 健忘症(건강할 건, 잊을 망, 병세 증) 不忘(아닐 불, 잊을 망)	__却 : __각 健__症 : 건__증 不__ : 불__

3Ⅱ 妄 총획 6획 부수 女 훈·음	妄動(망령될 망, 움직일 동) 妄想(망령될 망, 생각할 상) 輕妄(가벼울 경, 망령될 망) 虛妄(헛될 허, 망령될 망)	__動 : __동 __想 : __상 輕__ : 경__ 虛__ : 허__

3Ⅱ 盲 훈·음	총획 8획 부수 目	盲人(장님 맹, 사람 인) 盲動(무지할 맹, 움직일 동) 夜盲(밤 야, 장님 맹) 色盲(빛 색, 무지할 맹)	__人 : __인 __動 : __동 夜__ : 야__ 色__ : 색__

172

6 言 훈·음	총획 7획 제부수	言動(말씀 언, 움직일 동) 言路(말씀 언, 길 로) 言約(말씀 언, 약속할 약) 確言(확실할 확, 말씀 언)	__動 : __동 __路 : __로 __約 : __약 確__ : 확__

6Ⅱ 信 훈·음	총획 9획 부수 人(亻)	信念(믿을 신, 생각 념) 信仰(믿을 신, 우러를 앙) 答信(대답할 답, 소식 신) 書信(글/쓸 서, 소식 신)	__念 : __념 __仰 : __앙 答__ : 답__ 書__ : 서__

7 語 훈·음	총획 14획 부수 言	語感(말씀 어, 느낄 감) 語錄(말씀 어, 기록할 록) 語塞(말씀 어, 막힐 색) 單語(홑 단, 말씀 어)	__感 : __감 __錄 : __록 __塞 : __색 單__ : 단__

173

3 亥 훈·음	총획 6획 부수 亠	亥時(열두째 지지 해, 때 시) 亥月(열두째 지지 해, 달 월)	__時 : __시 __月 : __월

3 該 훈·음	총획 13획 부수 言	該博(넓을 해, 넓을 박) 該當(갖출 해, 당할 당) 該校(그 해, 학교 교)	__博 : __박 __當 : __당 __校 : __교

| 4 核 훈·음 | 총획 10획 부수 木 | 核家族(씨 핵, 집 가, 겨레 족) 核武器(씨 핵, 무기 무, 기구 기) 核心(알맹이 핵, 마음 심) | ___家族 : ___가족 ___武器 : ___무기 ___心 : ___심 |

| 4 刻 훈·음 | 총획 8획 부수 刀(刂) | 刻薄(새길 각, 엷을 박) 木刻(나무 목, 새길 각) 深刻(깊을 심, 새길 각) 遲刻(늦을 지, 시각 각) | ___薄 : ___박 木___ : 목___ 深___ : 심___ 遲___ : 지___ |

| 6II 高 훈·음 | 총획 10획 제부수 | 高價(높을 고, 값 가) 高潔(높을 고, 깨끗할 결) 提高(내놓을 제, 높을 고) 最高(가장 최, 높을 고) | ___價 : ___가 ___潔 : ___결 提___ : 제___ 最___ : 최___ |

| 3II 稿 훈·음 | 총획 15획 부수 禾 | 稿料(원고 고, 값 료) 玉稿(구슬 옥, 원고 고) 遺稿(남길 유, 원고 고) 投稿(던질 투, 원고 고) | ___料 : ___료 玉___ : 옥___ 遺___ : 유___ 投___ : 투___ |

| 3II 豪 훈·음 | 총획 14획 부수 豕 | 豪傑(호걸 호, 뛰어날 걸) 豪氣(굳셀 호, 기운 기) 豪華(굳셀 호, 화려할 화) 強豪(강할 강, 굳셀 호) | ___傑 : ___걸 ___氣 : ___기 ___華 : ___화 強___ : 강___ |

| 3 毫 훈·음 | 총획 11획 부수 毛 | 毫末(가는 털 호, 끝 말) 一毫(한 일, 가는 털 호) 秋毫(가을 추, 가는 털 호) 揮毫(휘두를 휘, 붓 호) | ___末 : ___말 一___ : 일___ 秋___ : 추___ 揮___ : 휘___ |

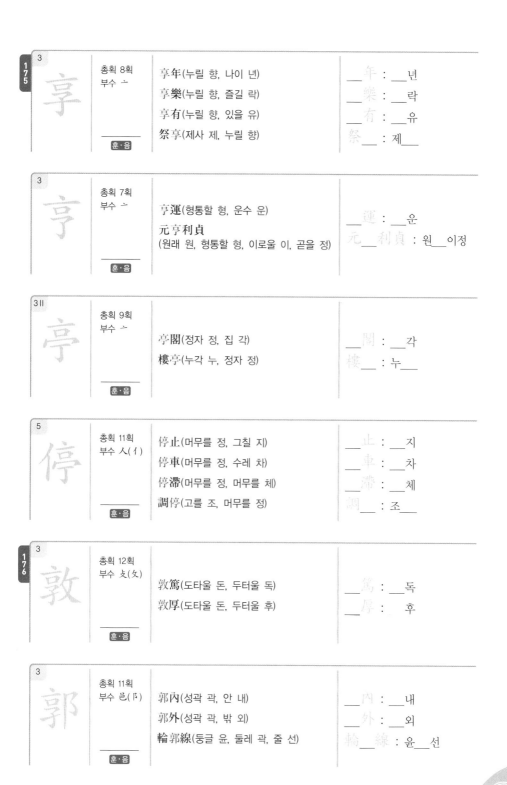

175 3 享 훈·음	총획 8획 부수 ㅗ	享年(누릴 향, 나이 년) 享樂(누릴 향, 즐길 락) 享有(누릴 향, 있을 유) 祭享(제사 제, 누릴 향)	__年 : __년 __樂 : __락 __有 : __유 祭__ : 제__
3 亨 훈·음	총획 7획 부수 ㅗ	亨運(형통할 형, 운수 운) 元亨利貞 (원래 원, 형통할 형, 이로울 이, 곧을 정)	__運 : __운 元__利貞 : 원__이정
3Ⅱ 亭 훈·음	총획 9획 부수 ㅗ	亭閣(정자 정, 집 각) 樓亭(누각 누, 정자 정)	__閣 : __각 樓__ : 누__
5 停 훈·음	총획 11획 부수 人(亻)	停止(머무를 정, 그칠 지) 停車(머무를 정, 수레 차) 停滯(머무를 정, 머무를 체) 調停(고를 조, 머무를 정)	__止 : __지 __車 : __차 __滯 : __체 調__ : 조__
176 3 敦 훈·음	총획 12획 부수 攵(攴)	敦篤(도타울 돈, 두터울 독) 敦厚(도타울 돈, 두터울 후)	__篤 : __독 __厚 : __후
3 郭 훈·음	총획 11획 부수 邑(阝)	郭內(성곽 곽, 안 내) 郭外(성곽 곽, 밖 외) 輪郭線(둥글 윤, 둘레 곽, 줄 선)	__內 : __내 __外 : __외 輪__線 : 윤__선

3	총획 11획 부수 子	孰誰(누구 숙, 누구 수) 孰若(누구 숙, 만약 약) 孰知(누구 숙, 알 지) **훈·음**	__誰 : __수 __若 : __약 __知 : __지
孰			

3Ⅱ	총획 15획 부수 火(灬)	熟考(익을 숙, 생각할 고) 熟成(익을 숙, 이룰 성) 熟達(익숙할 숙, 통달할 달) 親熟(친할 친, 익숙할 숙) **훈·음**	__考 : __고 __成 : __성 __達 : __달 親__ : 친__
熟			

6	총획 8획 부수 亠	京城(서울 경, 성 성) 歸京(돌아갈 귀, 서울 경) 上京(오를 상, 서울 경) 在京(있을 재, 서울 경) **훈·음**	__城 : __성 歸__ : 귀__ 上__ : 상__ 在__ : 재__
京			

3	총획 15획 부수 言	諒知(살필 양, 알 지) 諒察(살필 양, 살필 찰) 諒解(살필 양, 풀 해) 海諒(바다 해, 믿을 량) **훈·음**	__知 : __지 __察 : __찰 __解 : __해 海__ : 해__
諒			

3Ⅱ	총획 11획 부수 水(氵)	納涼(들일 납, 서늘할 량) 炎涼(더울 염, 서늘할 량) 淸涼(맑을 청, 서늘할 량) 荒涼(거칠 황, 서늘할 량) **훈·음**	納__ : 납__ 炎__ : 염__ 淸__ : 청__ 荒__ : 황__
涼			

3	총획 11획 부수 手(扌)	掠奪(노략질할 약, 빼앗을 탈) 攻掠(칠 공, 노략질할 략) 侵掠(침범할 침, 노략질할 략) **훈·음**	__奪 : __탈 攻__ : 공__ 侵__ : 침__
掠			

4			
就	총획 12획 부수 尢 훈·음	就業(나아갈 취, 일 업) 就任(나아갈 취, 맡을 임) 就寢(이룰 취, 잘 침) 成就(이룰 성, 이룰 취)	＿業 : ＿업 ＿任 : ＿임 ＿寢 : ＿침 成＿ : 성＿

5			
景	총획 12획 부수 日 훈·음	景光(볕 경, 빛 광) 景致(경치 경, 이룰/이를 치) 景福宮(클 경, 복 복, 궁궐 궁)	＿光 : ＿광 ＿致 : ＿치 ＿福宮 : ＿복궁

3Ⅱ			
影	총획 15획 부수 彡 훈·음	影寫(그림자 영, 베낄 사) 影響(그림자 영, 울릴 향) 無影(없을 무, 그림자 영) 投影(던질 투, 그림자 영)	＿寫 : ＿사 ＿響 : ＿향 無＿ : 무＿ 投＿ : 투＿

1			
夭	총획 4획 부수 大 훈·음	夭夭(젊을/예쁠 요, 젊을/예쁠 요) 夭桃(젊을/예쁠 요, 복숭아 도) 夭折(일찍 죽을 요, 꺾을 절)	＿＿ : ＿＿ ＿桃 : ＿도 ＿折 : ＿절

4Ⅱ			
笑	총획 10획 부수 竹(⺮) 훈·음	苦笑(쓸 고, 웃을 소) 談笑(말씀 담, 웃을 소) 微笑(작을 미, 웃을 소) 爆笑(폭발할 폭, 웃을 소)	苦＿ : 고＿ 談＿ : 담＿ 微＿ : 미＿ 爆＿ : 폭＿

3			
添	총획 11획 부수 水(氵) 훈·음	添加(더할 첨, 더할 가) 添附(더할 첨, 붙을 부) 添削(더할 첨, 깎을 삭) 別添(다를 별, 더할 첨)	＿加 : ＿가 ＿附 : ＿부 ＿削 : ＿삭 別＿ : 별＿

1	총획 12획 부수 口 ___ 훈·음	喬幹(높을 교, 줄기 간) 喬林(높을 교, 수풀 림) 喬嶽(높을 교, 큰 산 악)	__幹 : __간 __林 : __림 __嶽 : __악
5	총획 16획 부수 木 ___ 훈·음	橋脚(다리 교, 다리 각) 橋梁(다리 교, 들교 량) 架橋(시렁 가, 다리 교) 陸橋(육지 육, 다리 교)	__脚 : __각 __梁 : __량 架__ : 가__ 陸__ : 육__
3	총획 17획 부수 矢 ___ 훈·음	矯角殺牛 (바로잡을 교, 뿔 각, 죽일 살, 소 우) 矯導(바로잡을 교, 인도할 도) 矯正(바로잡을 교, 바를 정)	__角殺牛 : __각살우 __導 : __도 __正 : __정
6	총획 6획 제부수 ___ 훈·음	衣類(옷 의, 무리 류) 衣服(옷 의, 옷 복) 衣裳(옷 의, 치마 상) 脫衣(벗을 탈, 옷 의)	__類 : __류 __服 : __복 __裳 : __상 脫__ : 탈__
4	총획 8획 부수 人(亻) ___ 훈·음	依據(의지할 의, 의지할 거) 依存(의지할 의, 있을 존) 依支(의지할 의, 지탱할 지) 依他(의지할 의, 남 타)	__據 : __거 __存 : __존 __支 : __지 __他 : __타
6Ⅱ	총획 8획 부수 衣 ___ 훈·음	表面(겉 표, 향할 면) 表情(겉 표, 정 정) 表題(겉 표, 제목 제) 公表(대중 공, 겉 표)	__面 : __면 __情 : __정 __題 : __제 公__ : 공__

3Ⅱ 哀 훈·음	총획 9획 부수 口	哀切(슬플 애, 간절할 절) 哀痛(슬플 애, 아플 통) 哀歡(슬플 애, 기뻐할 환) 悲哀(슬플 비, 슬플 애)	__切 : __절 __痛 : __통 __歡 : __환 悲__ : 비__
3Ⅱ 衰 훈·음	총획 10획 부수 衣	衰骨(쇠할 쇠, 뼈 골) 衰弱(쇠할 쇠, 약할 약) 老衰(늙을 노, 쇠할 쇠) 齋衰(상복 재, 상복 최)	__骨 : __골 __弱 : __약 老__ : 노__ 齋__ : 재__
6 遠 훈·음	총획 14획 부수 辶(辶)	遠隔(멀 원, 사이 뜰 격) 遠近(멀 원, 가까울 근) 永遠(길/오랠 영, 멀 원) 不遠(아닐 불, 멀 원)	__隔 : __격 __近 : __근 永__ : 영__ 不__ : 불__
6 園 훈·음	총획 13획 부수 口	園藝(밭 원, 기술 예) 公園(대중 공, 동산 원) 樂園(즐길 낙, 동산 원) 庭園(뜰 정, 밭 원)	__藝 : __예 公__ : 공__ 樂__ : 낙__ 庭__ : 정__
4Ⅱ 制 훈·음	총획 8획 부수 刀(刂)	制約(제도 제, 약속할 약) 制動(억제할 제, 움직일 동) 制壓(억제할 제, 누를 압) 制御(억제할 제, 다스릴 어)	__約 : __약 __動 : __동 __壓 : __압 __御 : __어
4Ⅱ 製 훈·음	총획 14획 부수 衣	製作(지을/만들 제, 지을 작) 製品(만들 제, 물건 품) 手製(손 수, 만들 제) 外製(밖 외, 만들 제)	__作 : __작 __品 : __품 手__ : 수__ 外__ : 외__

舛	총획 6획 제부수	舛逆(어긋날 천, 거스를 역) 舛誤(어긋날 천, 그르칠 오) 舛訛(어긋날 천, 그릇될 와)	__逆 : __역 __誤 : __오 __訛 : __와
훈·음			

1II			
舜	총획 12획 부수 舛	堯舜(요임금 요, 순임금 순)	堯__ : 요__
훈·음			

3II			
瞬	총획 17획 부수 目	瞬間(눈 깜짝할 순, 사이 간) 瞬發力(눈 깜짝할 순, 일어날 발, 힘 력) 瞬息間(눈 깜짝할 순, 숨 쉴 식, 사이 간)	__間 : __간 __發力 : __발력 __息間 : __식간
훈·음			

1II			
桀	총획 10획 부수 木	姦桀(간사할 간, 사나울 걸)	姦__ : 간__
훈·음			

4			
傑	총획 12획 부수 人(亻)	傑作(뛰어날 걸, 지을 작) 傑出(뛰어날 걸, 나올 출) 俊傑(뛰어날 준, 뛰어날 걸) 豪傑(호걸 호, 뛰어날 걸)	__作 : __작 __出 : __출 俊__ : 준__ 豪__ : 호__
훈·음			

隣	총획 15획 부수 阜(阝)	隣近(이웃 인, 가까울 근) 隣接(이웃 인, 이을 접) 近隣(가까울 근, 이웃 린) 善隣(좋을 선, 이웃 린)	__近 : __근 __接 : __접 近__ : 근__ 善__ : 선__
훈·음			

3	총획 15획 부수 心(忄) 훈·음	憐憫(불쌍히 여길 연, 불쌍히 여길 민) 可憐(가히 가, 불쌍히 여길 련) 垂憐(드리울 수, 불쌍히 여길 련) 相憐(서로 상, 불쌍히 여길 련)	__憫 : __민 可__ : 가__ 垂__ : 수__ 相__ : 상__
5	총획 12획 부수 火(灬) 훈·음	無難(없을 무, 어려울 난) 無能(없을 무, 능할 능) 無線(없을 무, 줄 선) 無情(없을 무, 정 정)	__難 : __난 __能 : __능 __線 : __선 __情 : __정
4	총획 14획 부수 舛 훈·음	舞臺(춤출 무, 누각/정자 대) 歌舞(노래 가, 춤출 무) 鼓舞(북 고, 춤출 무) 僧舞(중 승, 춤출 무)	__臺 : __대 歌__ : 가__ 鼓__ : 고__ 僧__ : 승__
4Ⅱ	총획 4획 제부수 훈·음	毛髮(털 모, 머리털 발) 毛皮(털 모, 가죽 피) 脫毛(벗을 탈, 털 모)	__髮 : __발 __皮 : __피 脫__ : 탈__
7Ⅱ	총획 4획 제부수 훈·음	手記(손 수, 기록할 기) 手足(손 수, 발 족) 手法(재주 수, 법 법) 選手(뽑을 신, 새주 있는 사람 수)	__記 : __기 __足 : __족 __法 : __법 選__ : 선__
4Ⅱ	총획 9획 부수 手 훈·음	敬拜(공경할 경, 절 배) 禮拜(예도 예, 절 배) 歲拜(해 세, 절 배) 崇拜(높일/공경할 숭, 절 배)	敬__ : 경__ 禮__ : 예__ 歲__ : 세__ 崇__ : 숭__

3	邦 훈·음	총획 7획 부수 邑(阝)	邦境(나라 방, 경계 경) 聯邦(잇닿을 연, 나라 방) 友邦(벗 우, 나라 방) 合邦(합할 합, 나라 방)	__境 : __경 聯__ : 연__ 友__ : 우__ 合__ : 합__
6II	才 훈·음	총획 3획 제부수	才能(재주 재, 능할 능) 才致(재주 재, 이룰/이를 치) 秀才(빼어날 수, 재주 재) 天才(하늘 천, 재주 재)	__能 : __능 __致 : __치 秀__ : 수__ 天__ : 천__
5II	材 훈·음	총획 7획 부수 木	材木(재목 재, 나무 목) 材料(재료 재, 재료 료) 骨材(뼈 골, 재료 재) 教材(가르칠 교, 재료 재)	__木 : __목 __料 : __료 骨__ : 골__ 教__ : 교__
5II	財 훈·음	총획 10획 부수 貝	財務(재물 재, 일 무) 財産(재물 재, 낳을 산) 財源(재물 재, 근원 원) 蓄財(쌓을 축, 재물 재)	__務 : __무 __産 : __산 __源 : __원 蓄__ : 축__
8	寸 훈·음	총획 3획 제부수	寸刻(마디 촌, 시각 각) 寸劇(마디 촌, 연극 극) 寸數(마디 촌, 셀 수) 寸志(마디 촌, 뜻 지)	__刻 : __각 __劇 : __극 __數 : __수 __志 : __지
7	村 훈·음	총획 7획 부수 木	村家(마을 촌, 집 가) 江村(강 강, 마을 촌) 農村(농사 농, 마을 촌) 富村(부자 부, 마을 촌)	__家 : __가 江__ : 강__ 農__ : 농__ 富__ : 부__

4			
討	총획 10획 부수 言 _____ 훈·음	討伐(칠 토, 칠 벌) 聲討(소리 성, 토론할 토) 討議(토론할 토, 의논할 의) 檢討(검사할 검, 토론할 토)	__伐 : __벌 聲__ : 성__ __議 : __의 檢__ : 검__

4Ⅱ			
守	총획 6획 부수 宀 _____ 훈·음	守舊(지킬 수, 옛 구) 守備(지킬 수, 갖출 비) 守衛(지킬 수, 지킬 위) 守護(지킬 수, 보호할 호)	__舊 : __구 __備 : __비 __衛 : __위 __護 : __호

3Ⅱ			
付	총획 5획 부수 人(亻) _____ 훈·음	交付(오고 갈 교, 줄 부) 發付(일어날 발, 줄 부) 付託(부탁할 부, 부탁할 탁) 結付(맺을 결, 줄 부)	交__ : 교__ 發__ : 발__ __託 : __탁 結__ : 결__

3Ⅱ			
附	총획 8획 부수 阜(阝) _____ 훈·음	附錄(붙을 부, 기록할 록) 附屬(붙을 부, 붙어살 속) 附合(붙을 부, 합할 합) 阿附(아첨할 아, 가까이 할 부)	__錄 : __록 __屬 : __속 __合 : __합 阿__ : 아__

3Ⅱ			
符	총획 11획 부수 竹(⺮) _____ 훈·음	符籍(부절 부, 문서 적) 符合(부절 부, 합할 합) 符號(부호 부, 이름 호)	__籍 : __적 __合 : __합 __號 : __호

4Ⅱ			
府	총획 8획 부수 广 _____ 훈·음	政府(다스릴 정, 관청 부) 漢城府(한나라 한, 성 성, 관청 부) 府庫(창고 부, 창고 고)	政__ : 정__ 漢城__ : 한성__ __庫 : __고

3Ⅱ 腐 훈·음	총획 14획 부수 肉	腐蝕(썩을 부, 좀먹을 식) 腐敗(썩을 부, 패할 패) 豆腐(콩 두, 썩을 부) 陳腐(묵을 진, 썩을 부)	__蝕 : __식 __敗 : __패 豆__ : 두__ 陳__ : 진__

4Ⅱ 寺 훈·음	총획 6획 부수 寸	寺刹(절 사, 절 찰) 山寺(산 산, 절 사) 寺正(관청 시, 바를 정)	__刹 : __찰 山__ : 산__ __正 : __정

4Ⅱ 詩 훈·음	총획 13획 부수 言	詩想(시 시, 생각할 상) 詩心(시 시, 마음 심) 詩人(시 시, 사람 인) 童詩(아이 동, 시 시)	__想 : __상 __心 : __심 __人 : __인 童__ : 동__

7Ⅱ 時 훈·음	총획 10획 부수 日	時計(때 시, 셈할 계) 時差(때 시, 다를 차) 臨時(임할 임, 때 시) 常時(보통 상, 때 시)	__計 : __계 __差 : __차 臨__ : 임__ 常__ : 상__

3Ⅱ 侍 훈·음	총획 8획 부수 人(亻)	侍女(모실 시, 여자 녀) 侍史(모실 시, 역사 사) 內侍(안 내, 모실 시) 侍下(모실 시, 아래 하)	__女 : __녀 __史 : __사 內__ : 내__ __下 : __하

4 持 훈·음	총획 9획 부수 手(扌)	持見(가질 지, 볼 견) 持病(가질 지, 병들 병) 持分(가질 지, 나눌 분) 所持(바/장소 소, 가질 지)	__見 : __견 __病 : __병 __分 : __분 所__ : 소__

6	총획 9획 부수 彳	待接(대접할 대, 대접할 접)	___待 : ___접
		招待(부를 초, 대접할 대)	招___ : 초___
待		待期(기다릴 대, 기약할 기)	___期 : ___기
	훈·음	苦待(쓸 고, 기다릴 대)	苦___ : 고___

6	총획 10획 부수 牛(牛)	特講(특별할 특, 강의할 강)	___講 : ___강
		特技(특별할 특, 재주 기)	___技 : ___기
特		特徵(특별할 특, 부를 징)	___徵 : ___징
	훈·음	特出(특별할 특, 나올 출)	___出 : ___출

6Ⅱ	총획 12획 부수 竹(竹)	等號(같을 등, 이름 호)	___號 : ___호
		平等(평평할 평, 같을 등)	平___ : 평___
等		吾等(나 오, 무리 등)	吾___ : 오___
	훈·음	等級(차례 등, 등급 급)	___級 : ___급

187

6Ⅱ	총획 7획 제부수	身邊(몸 신, 가 변)	___邊 : ___변
		身分(몸 신, 신분 분)	___分 : ___분
身		身體(몸 신, 몸 체)	___體 : ___체
	훈·음	全身(온전할 전, 몸 신)	全___ : 전___

4	총획 15획 부수 穴	窮極(다할 궁, 다할 극)	___極 : ___극
		窮理(다할 궁, 이치 리)	___理 : ___리
窮		無窮花(없을 무, 다할 궁, 꽃 화)	無___花 : 무___화
	훈·음		

4	총획 10획 부수 寸	射擊(쏠 사, 칠 격)	___擊 : ___격
		反射(거꾸로 반, 쏠 사)	反___ : 반___
射		發射(쏠 발, 쏠 사)	發___ : 발___
	훈·음	注射(쏟을 주, 쏠 사)	注___ : 주___

4Ⅱ	총획 17획 부수 言	謝禮(사례할 사, 예도 례)	__禮 : __례
		謝絶(사절할 사, 끊을/죽을 절)	__絶 : __절
謝		謝過(빌 사, 허물 과)	__過 : __과
훈·음		謝罪(빌 사, 죄지을 죄)	__罪 : __죄

188	3Ⅱ	총획 14획 부수 士	壽命(목숨 수, 죽을 명)	__命 : __명
			減壽(줄어들 감, 목숨 수)	減__ : 감__
	壽		夭壽(하늘 천, 목숨/나이 수)	夭__ : 천__
	훈·음		長壽(길 장, 장수할 수)	長__ : 장__

3Ⅱ	총획 22획 부수 金	鑄物(쇠 부어 만들 주, 물건 물)	__物 : __물
		鑄造(쇠 부어 만들 주, 지을 조)	__造 : __조
鑄		鑄鐵(쇠 부어 만들 주, 쇠 철)	__鐵 : __철
훈·음		鑄貨(쇠 부어 만들 주, 재물 화)	__貨 : __화

189	특Ⅱ	총획 10획 부수 山	雪峰(눈 설, 산봉우리 봉)	雪__ : 설__
	峰		雲峰(구름 운, 산봉우리 봉)	雲__ : 운__
	훈·음		最高峰(가장 최, 높을 고, 산봉우리 봉)	最高__ : 최고__

3	총획 13획 부수 虫	蜂起(벌 봉, 일어날 기)	__起 : __기
		分蜂(나눌 분, 벌 봉)	分__ : 분__
蜂		養蜂(기를 양, 벌 봉)	養__ : 양__
훈·음			

3Ⅱ	총획 11획 부수 辵(辶)	逢變(만날 봉, 변할 변)	__變 : __변
		逢別(만날 봉, 나눌 별)	__別 : __별
逢		逢着(만날 봉, 붙을 착)	__着 : __착
훈·음		相逢(서로 상, 만날 봉)	相__ : 상__

3Ⅱ 契 ___ 훈·음	총획 9획 부수 大	契機(맺을 계, 기회 기) 契約(맺을 계, 맺을 약) 契丹(부족 이름 글, 붉을/모란 단)	___機 : ___기 ___約 : ___약 ___丹 : ___단
4Ⅱ 潔 ___ 훈·음	총획 15획 부수 水(氵)	潔白(깨끗할 결, 깨끗할 백) 高潔(높을 고, 깨끗할 결) 純潔(순수할 순, 깨끗할 결) 淸潔(맑을 청, 깨끗할 결)	___白 : ___백 高___ : 고___ 純___ : 순___ 淸___ : 청___
4 憲 ___ 훈·음	총획 16획 부수 心	憲法(법 헌, 법 법) 憲章(법 헌, 글 장) 違憲(어길 위, 법 헌) 合憲(합할 합, 법 헌)	___法 : ___법 ___章 : ___장 違___ : 위___ 合___ : 합___
5Ⅱ 害 ___ 훈·음	총획 10획 부수 宀	害惡(해칠 해, 악할 악) 害蟲(해칠 해, 벌레 충) 公害(대중 공, 해칠 해) 妨害(방해할 방, 방해할 해)	___惡 : ___악 ___蟲 : ___충 公___ : 공___ 妨___ : 방___
3Ⅱ 割 ___ 훈·음	총획 12획 부수 刀(刂)	割當(나눌 할, 마땅할 당) 割引(벨 할, 끌 인) 割增(벨 할, 더할 증) 分割(나눌 분, 나눌 할)	___當 : ___당 ___引 : ___인 ___增 : ___증 分___ : 분___
3 又 ___ 훈·음	총획 2획 제부수	又重之(또 우, 거듭 중, 이 지) 又況(또 우, 하물며 황) 又賴(또 우, 힘입을 뢰)	___重之 : ___중지 ___況 : ___황 ___賴 : ___뢰

5Ⅱ 友 훈·음	총획 4획 부수 又	友愛(벗 우, 사랑 애) 友情(벗 우, 정 정) 戰友(싸울 전, 벗 우) 知友(알 지, 벗 우)	__愛 : __애 __情 : __정 戰__ : 전__ 知__ : 지__
6Ⅱ 反 훈·음	총획 4획 부수 又	反對(거꾸로 반, 상대할 대) 反抗(거꾸로 반, 대항할 항) 違反(어길/잘못 위, 뒤집을 반) 反復(뒤집을 반, 돌아올 복)	__對 : __대 __抗 : __항 違__ : 위__ __復 : __복
3Ⅱ 怪 훈·음	총획 8획 부수 心(忄)	怪物(괴이할 괴, 물건 물) 怪談(괴이할 괴, 말씀 담) 怪疾(괴이할 괴, 병 질) 怪漢(괴이할 괴, 남을 흉하게 부르는 접미사 한)	__物 : __물 __談 : __담 __疾 : __질 __漢 : __한
3Ⅱ 桑 훈·음	총획 10획 부수 木	桑果(뽕나무 상, 과실 과) 桑田碧海 (뽕나무 상, 밭 전, 푸를 벽, 바다 해)	__果 : __과 __田碧海 : __전벽해
5 板 훈·음	총획 8획 부수 木	板書(널조각 판, 쓸 서) 板子(널조각 판, 접미사 자) 看板(볼 간, 널조각 판) 黑板(검을 흑, 널조각 판)	__書 : __서 __子 : __자 看__ : 간__ 黑__ : 흑__
3Ⅱ 版 훈·음	총획 8획 부수 片	版權(인쇄할 판, 권세 권) 版畫(판목 판, 그림 화) 木版(나무 목, 판목 판) 出版(나올 출, 인쇄할 판)	__權 : __권 __畫 : __화 木__ : 목__ 出__ : 출__

3 販 훈·음	총획 11획 부수 貝	販路(팔/장사할 판, 길 로) 販促(팔 판, 재촉할 촉) 共販(함께 공, 팔 판) 總販(모두 총, 팔/장사할 판)	__路 : __로 __促 : __촉 共__ : 공__ 總__ : 총__
3 叛 훈·음	총획 9획 부수 又	叛骨(배반할 반, 뼈 골) 叛起(배반할 반, 일어날 기) 叛逆(배반할 반, 배반할 역) 謀叛(꾀할 모, 배반할 반)	__骨 : __골 __起 : __기 __逆 : __역 謀__ : 모__
3 返 훈·음	총획 8획 부수 辵(辶)	返納(돌이킬 반, 들일/바칠 납) 返送(돌이킬 반, 보낼 송) 返品(돌이킬 반, 물건 품) 返還(돌이킬 반, 돌아올 환)	__納 : __납 __送 : __송 __品 : __품 __還 : __환
4 叔 훈·음	총획 8획 부수 又	叔母(작은아버지 숙, 어미/어머니 모) 叔父(작은아버지 숙, 아비 부) 叔姪(아저씨 숙, 조카 질) 堂叔(집 당, 아저씨 숙)	__母 : __모 __父 : __부 __姪 : __질 堂__ : 당__
3Ⅱ 淑 훈·음	총획 11획 부수 水(氵)	淑女(맑을 숙, 여자 녀) 淑明(맑을 숙, 밝을 명) 貞淑(곧을 정, 맑을 숙)	__女 : __녀 __明 : __명 貞__ : 성__
3Ⅱ 寂 훈·음	총획 11획 부수 宀	寂寞(고요할 적, 고요할 막) 孤寂(외로울 고, 고요할 적) 靜寂(고요할 정, 고요할 적) 閑寂(한가할 한, 고요할 적)	__寞 : __막 孤__ : 고__ 靜__ : 정__ 閑__ : 한__

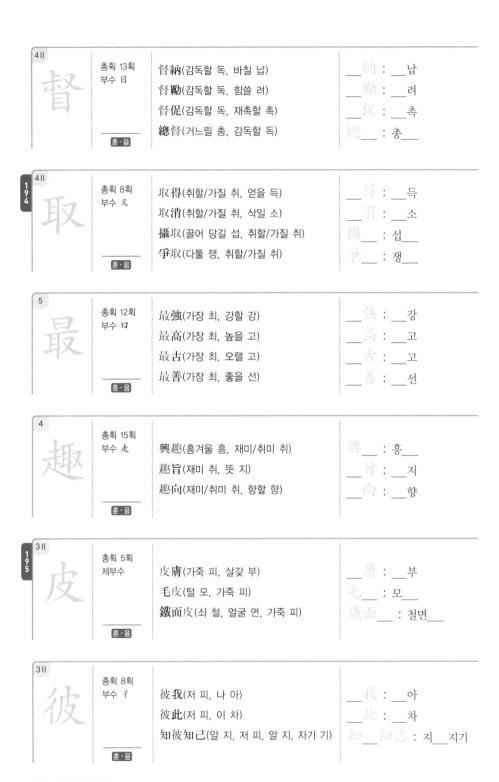

4Ⅱ 督 훈·음	총획 13획 부수 目	督納(감독할 독, 바칠 납) 督勵(감독할 독, 힘쓸 려) 督促(감독할 독, 재촉할 촉) 總督(거느릴 총, 감독할 독)	__納 : __납 __勵 : __려 __促 : __촉 總__ : 총__
194 4Ⅱ 取 훈·음	총획 8획 부수 又	取得(취할/가질 취, 얻을 득) 取消(취할/가질 취, 삭일 소) 攝取(끌어 당길 섭, 취할/가질 취) 爭取(다툴 쟁, 취할/가질 취)	__得 : __득 __消 : __소 攝__ : 섭__ 爭__ : 쟁__
5 最 훈·음	총획 12획 부수 曰	最強(가장 최, 강할 강) 最高(가장 최, 높을 고) 最古(가장 최, 오랠 고) 最善(가장 최, 좋을 선)	__強 : __강 __高 : __고 __古 : __고 __善 : __선
4 趣 훈·음	총획 15획 부수 走	興趣(흥겨울 흥, 재미/취미 취) 趣旨(재미 취, 뜻 지) 趣向(재미/취미 취, 향할 향)	興__ : 흥__ __旨 : __지 __向 : __향
195 3Ⅱ 皮 훈·음	총획 5획 제부수	皮膚(가죽 피, 살갗 부) 毛皮(털 모, 가죽 피) 鐵面皮(쇠 철, 얼굴 면, 가죽 피)	__膚 : __부 毛__ : 모__ 鐵面__ : 철면__
3Ⅱ 彼 훈·음	총획 8획 부수 彳	彼我(저 피, 나 아) 彼此(저 피, 이 차) 知彼知己(알 지, 저 피, 알 지, 자기 기)	__我 : __아 __此 : __차 知__知己 : 지__지기

3Ⅱ	총획 10획 부수 衣(衤) 훈·음	被服(입을 피, 옷 복) 被擊(당할 피, 칠 격) 被告(당할 피, 알릴 고) 被害(당할 피, 해칠 해)	___服 : ___복 ___擊 : ___격 ___告 : ___고 ___害 : ___해
4Ⅱ	총획 8획 부수 水(氵) 훈·음	波及(물결 파, 미칠 급) 波紋(물결 파, 무늬 문) 電波(전기 전, 물결 파) 寒波(찰 한, 물결 파)	___及 : ___급 ___紋 : ___문 電___ : 전___ 寒___ : 한___
4	총획 10획 부수 疒 훈·음	疲困(피곤할 피, 곤란할 곤) 疲勞(피곤할 피, 일할 로) 疲弊(피곤할 피, 폐단 폐)	___困 : ___곤 ___勞 : ___로 ___弊 : ___폐
1Ⅱ	총획 9획 제부수 훈·음	韋編三絶(어길 위, 엮을 편, 석 삼, 끊을 절)	___編三絶 : ___편삼절
5Ⅱ	총획 11획 부수 人(亻) 훈·음	偉功(클/훌륭할 위, 공로 공) 偉大(클/훌륭할 위, 큰 대) 偉力(클 위, 힘 력) 偉人(클/훌륭할 위, 사람 인)	___功 : ___공 ___大 : ___대 ___力 : ___력 ___人 : ___인
3	총획 15획 부수 糸 훈·음	緯度(씨실 위, 정도 도) 緯線(씨실 위, 줄 선) 經緯(날실 경, 씨실 위)	___度 : ___도 ___線 : ___선 經___ : 경___

3	총획 13획 부수 辵(辶_)	違骨(어길 위, 뼈 골) 違反(어길/잘못 위, 뒤집을 반) 違約(어길/잘못 위, 약속할 약) 非違(어긋날 비, 어길 위) **훈·음**	__骨 : __골 __反 : __반 __約 : __약 非__ : 비__

4	총획 12획 부수 囗	周圍(둘레 주, 둘레 위) 範圍(법/본보기 범, 둘레 위) 圍立(둘러쌀 위, 설 립) 包圍(쌀 포, 둘러쌀 위) **훈·음**	周__ : 주__ 範__ : 범__ __立 : __립 包__ : 포__

6	총획 6획 제부수	行人(다닐 행, 사람 인) 行動(행할 행, 움직일 동) 行爲(행할 행, 할 위) 履行(밟을 이, 행할 행) **훈·음**	__人 : __인 __動 : __동 __爲 : __위 履__ : 이__

3Ⅱ	총획 15획 부수 行	衝擊(부딪칠 충, 칠 격) 衝突(부딪칠 충, 부딪칠 돌) 緩衝(느슨할/느릴 완, 부딪칠 충) 衝天(찌를 충, 하늘 천) **훈·음**	__擊 : __격 __突 : __돌 緩__ : 완__ __天 : __천

4Ⅱ	총획 15획 부수 行	衛兵(지킬 위, 군사 병) 衛生(지킬 위, 날 생) 防衛(막을 방, 지킬 위) 守衛(지킬 수, 지킬 위) **훈·음**	__兵 : __병 __生 : __생 防__ : 방__ 守__ : 수__

3Ⅱ	총획 16획 부수 行	衡平(저울대 형, 평평할 평) 均衡(고를 균, 저울대 형) 平衡(평평할 평, 저울대 형) **훈·음**	__平 : __평 均__ : 균__ 平__ : __평

3Ⅱ 乾 훈·음	총획 11획 부수 乙	乾坤(하늘 건, 땅 곤) 乾杯(하늘 건, 잔 배) 乾燥(마를 건, 마를 조) 乾性(마를 건, 바탕 성)	__坤 : __곤 __杯 : __배 __燥 : __조 __性 : __성
3Ⅱ 幹 훈·음	총획 13획 부수 干	幹部(간부 간, 거느릴 부) 幹事(간부 간, 일 사) 幹線(줄기 간, 줄 선) 根幹(뿌리 근, 줄기 간)	__部 : __부 __事 : __사 __線 : __선 根__ : 근__
8 韓 훈·음	총획 17획 부수 韋	韓國(한국 한, 나라 국) 韓方(한국 한, 방법 방) 韓服(한국 한, 옷 복) 韓食(한국 한, 먹을 식)	__國 : __국 __方 : __방 __服 : __복 __食 : __식
6 朝 훈·음	총획 12획 부수 月	朝刊(아침 조, 책 펴낼 간) 朝飯(아침 조, 밥 반) 朝廷(조정 조, 조정 정) 朝會(아침/뵐 조, 모일 회)	__刊 : __간 __飯 : __반 __廷 : __정 __會 : __회
4 潮 훈·음	총획 15획 부수 水(氵)	潮流(조수 조, 흐를 류) 滿潮(찰 만, 조수 조) 干潮(마를 간, 조수 조)	__流 : __류 滿__ : 만__ 干__ : 간__
3 廟 훈·음	총획 15획 부수 广	廟堂(사당 묘, 집 당) 廟社(사당 묘, 모일 사) 宗廟(종가 종, 사당 묘)	__堂 : __당 __社 : __사 宗__ : 종__

7	有 _____ 훈·음	총획 6획 부수 肉(月)	所有(바 소, 가질/있을 유) 有罪(있을 유, 죄지를 죄) 有口無言(있을 유, 입 구, 없을 무, 말씀 언)	所__ : 소__ __罪 : __죄 __口無言 : __구무언
7II	右 _____ 훈·음	총획 5획 부수 口	右側(오른쪽 우, 곁 측) 座右銘(위치 좌, 오른쪽 우, 새길 명)	__側 : __측 座__銘 : 좌__명
7II	左 _____ 훈·음	총획 5획 부수 工	左傾(왼쪽 좌, 기울 경) 左翼(왼쪽 좌, 날개 익) 左遷(낮은 자리 좌, 옮길 천)	__傾 : __경 __翼 : __익 __遷 : __천
3	佐 _____ 훈·음	총획 7획 부수 人(亻)	佐飯[도울 좌(자), 밥 반] 補佐(도울 보, 도울 좌) 輔佐(도울 보, 도울 좌) 上佐(위 상, 도울 좌)	__飯 : __반 補__ : 보__ 輔__ : 보__ 上__ : 상__
4	灰 _____ 훈·음	총획 6획 부수 火	灰色(재 회, 빛 색) 灰心(재 회, 마음 심) 石灰(돌 석, 재 회) 洋灰(서양 양, 재 회)	__色 : __색 __心 : __심 石__ : 석__ 洋__ : 양__
5	炭 _____ 훈·음	총획 9획 부수 火	炭價(숯 탄, 값 가) 炭素(숯/석탄 탄, 요소 소) 炭鑛(석탄 탄, 쇳돌 광) 煉炭(연탄 연, 석탄 탄)	__價 : __가 __素 : __소 __鑛 : __광 煉__ : 연__

6 苦 훈·음	총획 9획 부수 艸(艹)	苦杯(쓸 고, 잔 배) 苦樂(괴로울 고, 즐길 락) 苦痛(괴로울 고, 아플 통)	__杯 : __배 __樂 : __락 __痛 : __통
3Ⅱ 若 훈·음	총획 9획 부수 艸(艹)	萬若(많을 만, 만약 약) 明若觀火(밝을 명, 같을 약, 볼 관, 불 화) 若干(같을 약, 얼마 간)	萬__ : 만__ 明__觀火 : 명__관화 __干 : __간
3Ⅱ 諾 훈·음	총획 16획 부수 言	許諾(허락할 허, 허락할 락) 受諾(받을 수, 허락할 락) 承諾(받들 승, 허락할 낙)	許__ : 허__ 受__ : 수__ 承__ : 승__
1Ⅱ 隋 훈·음	총획 12획 부수 阜(阝)	隋書(수나라 수, 책 서) 隋珠(수나라 수, 구슬 주)	__書 : __서 __珠 : __주
3 墮 훈·음	총획 15획 부수 土	墮落(떨어질 타, 떨어질 락) 墮漏(떨어질 타, 샐 루) 墮罪(빠질 타, 허물 죄)	__落 : __락 __漏 : __루 __罪 : __죄
3Ⅱ 隨 훈·음	총획 16획 부수 阜(阝)	隨伴(따를 수, 따를 반) 隨時(따를 수, 때 시) 隨筆(따를 수, 글씨 필) 隨行(따를 수, 다닐/행할 행)	__伴 : __반 __時 : __시 __筆 : __필 __行 : __행

201	6 石	총획 5획 제부수 훈·음	石器(돌 석, 기구 기) 石造(돌 석, 지을 조) 木石(나무 목, 돌 석) 化石(꽃 화, 돌 석)	__器 : __기 __造 : __조 木__ : 목__ 化__ : 화__
	3Ⅱ 拓	총획 8획 부수 手(扌) 훈·음	拓植(넓힐 척, 심을 식) 干拓(마를 간, 넓힐 척) 開拓(열 개, 넓힐 척) 拓本(박을 탁, 책 본)	__植 : __식 干__ : 간__ 開__ : 개__ __本 : __본
	4Ⅱ 研	총획 11획 부수 石 훈·음	研磨(갈 연, 갈 마) 研鑽(연구할 연, 뚫을 찬) 研究(연구할 연, 연구할 구) 研修(연구할 연, 닦을 수)	__磨 : __마 __鑽 : __찬 __究 : __구 __修 : __수
	4Ⅱ 破	총획 10획 부수 石 훈·음	破壞(깨질 파, 무너질 괴) 破損(깨질 파, 덜/잃을 손) 讀破(읽을 독, 다할 파) 走破(달릴 주, 다할 파)	__壞 : __괴 __損 : __손 讀__ : 독__ 走__ : 주__
	3Ⅱ 碧	총획 14획 부수 石 훈·음	碧溪(푸를 벽, 시내 계) 碧空(푸를 벽, 하늘 공) 碧眼(푸를 벽, 눈 안) 碧海(푸를 벽, 바다 해)	__溪 : __계 __空 : __공 __眼 : __안 __海 : __해
202	4 盡	총획 14획 부수 皿 훈·음	極盡(다할 극, 다할 진) 賣盡(팔 매, 다할 진) 未盡(아직~않을 미, 다할 진) 脫盡(벗을 탈, 다할 진)	極__ : 극__ 賣__ : 매__ 未__ : 미__ 脫__ : 탈__

3			
龜 훈·음	총획 16획 제부수	龜尾(거북 구, 꼬리 미) 龜鑑(거북 귀, 거울 감) 龜甲(거북 귀, 갑옷 갑) 龜裂(터질 균, 터질 열)	__尾 : __미 __鑑 : __감 __甲 : __갑 __裂 : __열

3			
丑 훈·음	총획 4획 부수 一	丑時(둘째 지지 축, 때 시) 己丑年 (여섯째 천간 기, 둘째 지지 축, 해 년)	__時 : __시 己__年 : 기__년

1Ⅱ			
尹 훈·음	총획 4획 부수 尸	府尹(관청 부, 벼슬 윤) 判尹(판단할 판, 벼슬 윤)	府__ : 부__ 判__ : 판__

4			
君 훈·음	총획 7획 부수 口	君臣(임금 군, 신하 신) 檀君(박달나무 단, 임금 군) 郞君(사내 낭, 남편 군) 夫君(남편 부, 남편 군)	__臣 : __신 檀__ : 단__ 郞__ : 낭__ 夫__ : 부__

6			
郡 훈·음	총획 10획 부수 邑(阝)	郡民(고을 군, 백성 민) 郡守(고을 군, 지킬 수) 州郡(고을 주, 고을 군)	__民 : __민 __守 : __수 州__ : 주__

4			
群 훈·음	총획 13획 부수 羊	群島(무리 군, 섬 도) 群衆(무리 군, 무리 중) 群集(무리 군, 모일/모을 집) 學群(배울 학, 무리 군)	__島 : __도 __衆 : __중 __集 : __집 學__ : 학__

律	총획 9획 부수 彳	律法(법률 율, 법 법) 戒律(경계할 계, 법률 율) 音律(소리 음, 음률 률) 律動(음률 율, 움직일 동)	__法 : __법 __ 戒__ : 계__ 音__ : 음__ __動 : __동
훈·음			

筆	총획 12획 부수 竹(⺮)	粉筆(가루 분, 붓/글씨 필) 執筆(잡을 집, 붓/글씨 필) 筆記(글씨 필, 기록할 기) 筆答(글씨 필, 대답할 답)	粉__ : 분__ 執__ : 집__ __記 : __기 __答 : __답
훈·음			

建	총획 9획 부수 廴	建立(세울 건, 설 립) 建物(세울 건, 물건 물) 建設(세울 건, 세울 설) 再建(다시 재, 세울 건)	__立 : __립 __物 : __물 __設 : __설 再__ : 재__
훈·음			

健	총획 11획 부수 人(亻)	健康(건강할 건, 편안할 강) 健勝(건강할 건, 나을 승) 健全(건강할 건, 온전할 전) 強健(강할 강, 건강할 건)	__康 : __강 __勝 : __승 __全 : __전 強__ : 강__
훈·음			

書	총획 10획 부수 曰	書記(쓸 서, 기록할 기) 書簡(글/쓸 서, 편지 간) 書堂(글 서, 집 당) 良書(어질 양, 책 서)	__記 : __기 __簡 : __간 __堂 : __당 良__ : 양__
훈·음			

晝	총획 11획 부수 曰	晝間(낮 주, 사이 간) 晝夜(낮 주, 밤 야) 晝行(낮 주, 다닐 행) 白晝(밝을 백, 낮 주)	__間 : __간 __夜 : __야 __行 : __행 白__ : 백__
훈·음			

6 畫 훈·음	총획 12획 부수 田	畫家(그림 화, 전문가 가) 畫室(그림 화, 집 실) 漫畫(흩어질 만, 그림 화) 畫順(그을 획, 순할 순)	___家 : ___가 ___室 : ___실 漫___ : 만___ ___順 : ___순
3Ⅱ 劃 훈·음	총획 14획 부수 刀(刂)	劃一(그을 획, 한 일) 計劃(꾀할 계, 그을 획) 區劃(구역 구, 그을 획) 企劃(꾀할 기, 그을 획)	___一 : ___일 計___ : 계___ 區___ : 구___ 企___ : 기___
1Ⅱ 秉 훈·음	총획 8획 부수 禾	秉權(잡을 병, 권세 권) 秉彝(잡을 병, 떳떳할 이) 秉燭(잡을 병, 촛불 촉)	___權 : ___권 ___彝 : ___이 ___燭 : ___촉
3Ⅱ 兼 훈·음	총획 10획 부수 八	兼備(겸할 겸, 갖출 비) 兼業(겸할 겸, 일 업) 兼任(겸할 겸, 맡을 임) 兼職(겸할 겸, 맡을 직)	___備 : ___비 ___業 : ___업 ___任 : ___임 ___職 : ___직
3Ⅱ 謙 훈·음	총획 17획 부수 言	謙遜(겸손할 겸, 겸손할 손) 謙恭(겸손할 겸, 공손할 공) 謙讓(겸손할 겸, 겸손할 양) 謙虛(겸손할 겸, 빌 허)	___遜 : ___손 ___恭 : ___공 ___讓 : ___양 ___虛 : ___허
3 嫌 훈·음	총획 13획 부수 女	嫌忌(싫어할 혐, 꺼릴 기) 嫌怒(싫어할 혐, 성낼 노) 嫌惡(싫어할 혐, 미워할 오) 嫌疑(의심할 혐, 의심할 의)	___忌 : ___기 ___怒 : ___노 ___惡 : ___오 ___疑 : ___의

205

3 廉 ___ 훈·음	총획 13획 부수 广	清廉(맑을 청, 청렴할 렴) 廉恥(청렴할 염, 부끄러울 치) 廉價(값쌀 염, 값 가) 低廉(낮을 저, 값쌀 렴)	清___ : 청___ ___恥 : ___치 ___價 : ___가 低___ : 저___
206 4Ⅱ 掃 ___ 훈·음	총획 11획 부수 手(扌)	掃除(쓸 소, 제거할 제) 掃蕩(쓸 소, 쓸어버릴 탕) 一掃(한 일, 쓸 소) 清掃(맑을 청, 쓸 소)	___除 : ___제 ___蕩 : ___탕 一___ : 일___ 清___ : 청___
4Ⅱ 婦 ___ 훈·음	총획 11획 부수 女	夫婦(남편 부, 아내 부) 新婦(새로울 신, 아내 부) 主婦(주인 주, 아내 부) 姑婦(시어미 고, 며느리 부)	夫___ : 부___ 新___ : 신___ 主___ : 주___ 姑___ : 고___
4 歸 ___ 훈·음	총획 18획 부수 止	歸家(돌아올/돌아갈 귀, 집 가) 歸結(돌아올 귀, 맺을 결) 歸路(돌아올/돌아갈 귀, 길 로) 歸鄕(돌아올 귀, 고향 향)	___家 : ___가 ___結 : ___결 ___路 : ___로 ___鄕 : ___향
4Ⅱ 侵 ___ 훈·음	총획 9획 부수 人(亻)	侵犯(침범할 침, 범할 범) 侵攻(침범할 침, 칠 공) 侵略(침범할 침, 빼앗을 략) 侵害(침범할 침, 해칠 해)	___犯 : ___범 ___攻 : ___공 ___略 : ___략 ___害 : ___해
3Ⅱ 浸 ___ 훈·음	총획 10획 부수 水(氵)	浸水(잠길 침, 물 수) 浸蝕(잠길 침, 좀먹을 식) 浸透(적실 침, 통할 투)	___水 : ___수 ___蝕 : ___식 ___透 : ___투

4	총획 14획 부수 宀	寢具(잘 침, 기구 구)	__具 : __구
		寢臺(잘 침, 누각/정자 대)	__臺 : __대
寢		寢食(잘 침, 먹을 식)	__食 : __식
	훈·음	就寢(이룰 취, 잘 침)	就__ : 취__

3Ⅱ	총획 10획 부수 口		
唐		唐突(갑자기 당, 갑자기 돌)	__突 : __돌
	훈·음	唐惶(황당할 당, 두려울 황)	__惶 : __황

3Ⅱ	총획 16획 부수 米	糖度(사탕 당, 정도 도)	__度 : __도
		糖分(사탕 당, 단위 분)	__分 : __분
糖		沙糖(모래 사, 사탕 탕)	沙__ : 사__
	훈·음	雪糖(눈 설, 사탕 탕)	雪__ : 설__

1	총획 11획 부수 ⺕		
彗		彗掃(비 혜, 쓸 소)	__掃 : __소
	훈·음	彗星(혜성 혜, 별 성)	__星 : __성

3Ⅱ	총획 15획 부수 心	慧敎(지혜 혜, 가르칠 교)	__敎 : __교
		慧敏(지혜 혜, 민첩할 민)	__敏 : __민
慧		慧眼(밝을/지혜 혜, 눈 안)	__眼 : __안
	훈·음	智慧(지혜 지, 지혜 혜)	智__ : 지__

4Ⅱ	총획 12획 부수 心	恩惠(은혜 은, 은혜 혜)	恩__ : 은__
		惠澤(은혜 혜, 은혜 택)	__澤 : __택
惠		受惠(받을 수, 은혜 혜)	受__ : 수__
	훈·음	施惠(베풀 시, 은혜 혜)	施__ : 시__

7Ⅱ	총획 8획 부수 亅	事故(일 사, 연고 고) 事理(일 사, 이치 리) 農事(농사 농, 일 사) 事大(섬길 사, 큰 대)	__故 : __고 __理 : __리 農__ : 농__ __大 : __대

事 훈·음

3	총획 8획 부수 广	庚伏(나이 경, 엎드릴 복) 庚炎(나이 경, 더울 염) 庚辰(일곱째 천간 경, 다섯째 지지 진)	__伏 : __복 __炎 : __염 __辰 : __진

庚 훈·음

3	총획 12획 부수 寸	尋訪(찾을 심, 찾을 방) 推尋(밀 추, 찾을 심) 尋常(보통 심, 보통 상)	__訪 : __방 推__ : 추__ __常 : __상

尋 훈·음

4	총획 13획 부수 聿	肅敬(엄숙할 숙, 공경할 경) 肅拜(엄숙할 숙, 절 배) 肅然(엄숙할 숙, 그러할 연) 自肅(스스로 자, 엄숙할 숙)	__敬 : __경 __拜 : __배 __然 : __연 自__ : 자__

肅 훈·음

1	총획 4획 제부수	爪傷(손톱 조, 상할 상) 爪痕(손톱 조, 흉터 흔)	__傷 : __상 __痕 : __흔

爪 훈·음

2	총획 5획 제부수	瓜菜(오이 과, 나물 채) 瓜年(오이 과, 나이 년)	__菜 : __채 __年 : __년

瓜 훈·음

4	총획 8획 부수 子	孤獨(외로울 고, 홀로 독) 孤立(외로울 고, 설 립) 孤兒(부모 없을 고, 아이 아)	__獨 : __독 __立 : __립 __兒 : __아
孤 훈·음			

5	총획 8획 부수 爪(爫)	爭取(다툴 쟁, 가질 취) 競爭(겨룰 경, 다툴 쟁) 論爭(논의할 논, 다툴 쟁) 戰爭(싸울 전, 다툴 쟁)	__取 : __취 競__ : 경__ 論__ : 논__ 戰__ : 전__
爭 훈·음			

3Ⅱ	총획 11획 부수 水(氵)	淨潔(깨끗할 정, 깨끗할 결) 淨水(깨끗할 정, 물 수) 淨化(깨끗할 정, 될 화) 淸淨(맑을 청, 깨끗할 정)	__潔 : __결 __水 : __수 __化 : __화 淸__ : 청__
淨 훈·음			

4	총획 16획 부수 靑	靜寂(고요할 정, 고요할 적) 靜趣(고요할 정, 재미 취) 動靜(움직일 동, 고요할 정) 鎭靜(누를 진, 고요할 정)	__寂 : __적 __趣 : __취 動__ : 동__ 鎭__ : 진__
靜 훈·음			

특Ⅱ	총획 7획 부수 子	孚佑(기를 부, 도울 우) 見孚(볼 견, 기를 부)	__佑 : __우 見__ : 견__
孚 훈·음			

3Ⅱ	총획 10획 부수 水(氵)	浮刻(뜰 부, 새길 각) 浮上(뜰 부, 위 상) 浮沈(뜰 부, 잠길 침) 浮標(뜰 부, 표시할 표)	__刻 : __각 __上 : __상 __沈 : __침 __標 : __표
浮 훈·음			

4	총획 8획 부수 乙(乚)	乳兒(젖 유, 아이 아) 母乳(어미/어머니 모, 젖 유) 粉乳(가루 분, 젖 유) 授乳(줄 수, 젖 유)	__兒 : __아 母__ : 모__ 粉__ : 분__ 授__ : 수__
乳 훈·음			

1Ⅱ 2 1 0	총획 8획 부수 采	采色(고를 채, 빛 색) 喝采(부를 갈, 고를 채) 風采(모습 풍, 모양 채)	__色 : __색 喝__ : 갈__ 風__ : 풍__
采 훈·음			

4	총획 11획 부수 手(扌)	採用(가릴 채, 쓸 용) 採集(캘 채, 모을 집) 採取(캘 채, 취할 취) 採擇(가릴 채, 가릴 택)	__用 : __용 __集 : __집 __取 : __취 __擇 : __택
採 훈·음			

3Ⅱ	총획 11획 부수 彡	彩度(채색 채, 정도 도) 光彩(빛 광, 채색 채) 多彩(많을 다, 채색 채)	__度 : __도 光__ : 광__ 多__ : 다__
彩 훈·음			

3Ⅱ	총획 12획 부수 草(艹)	菜蔬(나물 채, 나물 소) 菜食(나물 채, 먹을 식) 山菜(산 산, 나물 채) 野菜(들 야, 나물 채)	__蔬 : __소 __食 : __식 山__ : 산__ 野__ : 야__
菜 훈·음			

특Ⅱ 2 1 1	총획 9획 부수 爪(爫)	爰書(이에 원, 쓸 서) 爰居爰處(이에 원, 살 거, 이에 원, 살 처)	__書 : __서 __居__處 : __거__처
爰 훈·음			

4	援	총획 12획 부수 手(扌)	援用(도울 원, 쓸 용) 援助(도울 원, 도울 조) 援護(도울 원, 보호할 호) 救援(도울 구, 도울 원) 훈·음	___用 : ___용 ___助 : ___조 ___護 : ___호 救___ : 구___
3Ⅱ	緩	총획 15획 부수 糸	緩急(느슨할 완, 급할 급) 緩慢(느슨할 완, 게으를 만) 緩衝(느슨할 완, 부딪칠 충) 緩行(느릴 완, 다닐 행) 훈·음	___急 : ___급 ___慢 : ___만 ___衝 : ___충 ___行 : ___행
4Ⅱ	暖	총획 13획 부수 日	暖氣(따뜻할 난, 기운 기) 暖帶(따뜻할 난, 띠 대) 暖流(따뜻할 난, 흐를 류) 暖陽(따뜻할 난, 볕 양) 훈·음	___氣 : ___기 ___帶 : ___대 ___流 : ___류 ___陽 : ___양
4Ⅱ 212	受	총획 8획 부수 又	受講(받을 수, 강의할 강) 受容(받을 수, 받아들일 용) 受精(받을 수, 정밀할 정) 授受(줄 수, 받을 수) 훈·음	___講 : ___강 ___容 : ___용 ___精 : ___정 授___ : 수___
4Ⅱ	授	총획 11획 부수 手(扌)	授與(줄 수, 줄 여) 授業(가르칠 수, 일 업) 敎授(가르칠 교, 가르칠 수) 師授(스승 사, 가르칠 수) 훈·음	___與 : ___여 ___業 : ___업 敎___ : 교___ 師___ : 사___
6	愛	총획 13획 부수 心	愛人(사랑 애, 사람 인) 愛情(사랑 애, 정 정) 愛讀(즐길 애, 읽을 독) 愛着(아낄 애, 붙을 착) 훈·음	___人 : ___인 ___情 : ___정 ___讀 : ___독 ___着 : ___착

213	4 辭 훈·음	총획 19획 부수 辛	辭典(말씀 사, 법 전) 祝辭(축하할 축, 말씀/글 사) 辭讓(물러날 사, 사양할 양) 辭意(물러날 사, 뜻 의)	__典 : __전 祝__ : 축__ __讓 : __양 __意 : __의
	4 亂 훈·음	총획 13획 부수 乙(乚)	亂動(어지러울 난, 움직일 동) 避亂(피할 피, 어지러울 란) 昏亂(어두울 혼, 어지러울 란) 混亂(섞을 혼, 어지러울 란)	__動 : __동 避__ : 피__ 昏__ : 혼__ 混__ : 혼__
	4Ⅱ 爲 훈·음	총획 12획 부수 爪(爫)	當爲(마땅할 당, 할 위) 行爲(행할 행, 할 위) 爲民(위할 위, 백성 민) 爲主(위할 위, 주인 주)	當__ : 당__ 行__ : 행__ __民 : __민 __主 : __주
	3Ⅱ 僞 훈·음	총획 14획 부수 人(亻)	僞善(거짓 위, 착할 선) 僞證(거짓 위, 증명할 증) 眞僞(참 진, 거짓 위) 虛僞(헛될 허, 거짓 위)	__善 : __선 __證 : __증 眞__ : 진__ 虛__ : 허__
214	3Ⅱ 淫 훈·음	총획 11획 부수 水(氵)	淫氣(음란할 음, 기운 기) 淫談(음란할 음, 말씀 담) 姦淫(간음할 간, 음란할 음)	__氣 : __기 __談 : __담 姦__ : 간__
	3 爵 훈·음	총획 18획 부수 爪(爫)	爵位(벼슬 작, 자리 위) 交爵(오고 갈 교, 술잔 작) 獻爵(바칠 헌, 술잔 작)	__位 : __위 交__ : 교__ 獻__ : 헌__

4 隱 훈·음	총획 17획 부수 阜(阝)	隱居(숨을 은, 살 거) 隱密(숨을 은, 비밀 밀) 隱退(숨을 은, 물러날 퇴) 隱隱(은은할 은, 은은할 은)	__居 : __거 __密 : __밀 __退 : __퇴 ____ : ____
3 稻 훈·음	총획 15획 부수 禾	稻苗(벼 도, 싹 묘) 稻熱病(벼 도, 더울 열, 병들 병) 稻作(벼 도, 지을 작)	__苗 : __묘 __熱病 : __열병 __作 : __작
4 稱 훈·음	총획 14획 부수 禾	稱頌(일컬을 칭, 칭송할 송) 稱讚(일컬을 칭, 칭찬할 찬) 稱號(일컬을 칭, 이름 호) 尊稱(높일 존, 일컬을 칭)	__頌 : __송 __讚 : __찬 __號 : __호 尊__ : 존__
3Ⅱ 菌 훈·음	총획 12획 부수 草(艹)	滅菌(멸할 멸, 세균 균) 無菌(없을 무, 세균 균) 殺菌(죽일 살, 세균 균) 抗菌(대항할 항, 세균 균)	滅__ : 멸__ 無__ : 무__ 殺__ : 살__ 抗__ : 항__
5Ⅱ 以 훈·음	총획 5획 부수 人	以上(써 이, 위/오를 상) 以往(써 이, 갈 왕) 以前(써 이, 앞 전) 所以(바 소, 까닭 이)	__上 : __상 __往 : __왕 __前 : __전 所__ : 소__
3 似 훈·음	총획 7획 부수 人(亻)	似而非(닮을 사, 말 이을 이, 아닐 비) 近似(비슷할 근, 닮을 사) 類似(닮을 유, 닮을 사)	__而非 : __이비 近__ : 근__ 類__ : 유__

215

2 1 6 6Ⅱ 始 훈·음	총획 8획 부수 女	始球(처음 시, 공 구) 始動(처음 시, 움직일 동) 始作(처음 시, 지을 작) 始初(처음 시, 처음 초)	__球 : __구 __動 : __동 __作 : __작 __初 : __초
4Ⅱ 治 훈·음	총획 8획 부수 水(氵)	治安(다스릴 치, 편안할 안) 治粧(다스릴 치, 단장할 장) 根治(뿌리 근, 다스릴 치) 完治(완전할 완, 다스릴 치)	__安 : __안 __粧 : __장 根__ : 근__ 完__ : 완__
3Ⅱ 殆 훈·음	총획 9획 부수 歹	殆無(거의 태, 없을 무) 殆半(거의 태, 반 반) 危殆(위험할 위, 위태할 태)	__無 : __무 __半 : __반 危__ : 위__
3 怠 훈·음	총획 9획 부수 心	怠慢(게으를 태, 게으를 만) 倦怠(게으를 권, 게으를 태) 懶怠(게으를 나, 게으를 태)	__慢 : __만 倦__ : 권__ 懶__ : 나__
2 1 7 3 只 훈·음	총획 5획 부수 口	只今(다만 지, 이제 금) 但只(다만 단, 다만 지)	__今 : __금 但__ : 단__
6Ⅱ 公 훈·음	총획 4획 부수 八	公開(대중 공, 열 개) 公園(대중 공, 동산 원) 公布(대중 공, 펼 포) 公主(귀공자 공, 주인 주)	__開 : __개 __園 : __원 __布 : __포 __主 : __주

6Ⅱ 分 훈·음	총획 4획 부수 刀	兩分(두 양, 나눌 분) 一分(한 일, 단위 분) 分錢(단위 푼, 돈 전) 分別(분별할 분, 나눌 별) 分數(분수 분, 셀 수) 過分(지나칠 과, 분수 분)	兩__ : 양__ 一__ : 일__ __錢 : __전 __別 : __별 __數 : __수 過__ : 과__
4Ⅱ 送 훈·음	총획 10획 부수 辵(辶)	送金(보낼 송, 돈 금) 送別(보낼 송, 나눌/다를 별) 送致(보낼 송, 이룰/이를 치) 移送(옮길 이, 보낼 송)	__金 : __금 __別 : __별 __致 : __치 移__ : 이__
4 松 훈·음	총획 8획 부수 木	松林(소나무 송, 수풀 림) 松柏(소나무 송, 잣나무 백) 松津(소나무 송, 진액 진) 靑松(푸를 청, 소나무 송)	__林 : __림 __柏 : __백 __津 : __진 靑__ : 청__
3Ⅱ 訟 훈·음	총획 11획 부수 言	訟事(소송할 송, 일 사) 使無訟(하여금 사, 없을 무, 소송할 송) 爭訟(다툴 쟁, 소송할 송)	__事 : __사 使無__ : 사무__ 爭__ : 쟁__
4 頌 훈·음	총획 13획 부수 頁	頌歌(칭송할 송, 노래 가) 頌德(칭송할 송, 덕 덕) 讚頌(기릴 찬, 칭송할 송)	__歌 : __가 __德 : __덕 讚__ : 찬__
3 翁 훈·음	총획 10획 부수 羽	老翁(늙을 노, 늙은이 옹) 翁主(늙은이 옹, 주인 주) 塞翁之馬 (변방 새, 늙은이 옹, ~의 지, 말 마)	老__ : 노__ __主 : __주 塞__之馬 : 새__지마

| 5 | 총획 5획
부수 厶 | 去年(갈 거, 해 년)
去來(갈 거, 올 래)
去就(갈 거, 나아갈 취)
除去(제거할 제, 제거할 거) | __年 : __년
__來 : __래
__就 : __취
除__ : 제__ |
| 去 ___ 훈·음 | | | |

| 5Ⅱ | 총획 8획
부수 水(氵) | 法律(법 법, 법률 률)
法則(법 법, 법칙 칙)
立法(설 입, 법 법)
遵法(따라갈 준, 법 법) | __律 : __률
__則 : __칙
立__ : 입__
遵__ : 준__ |
| 法 ___ 훈·음 | | | |

| 3Ⅱ | 총획 14획
부수 草(艹) | 頭蓋骨(머리 두, 덮을 개, 뼈 골)
覆蓋(뒤집힐 복, 덮을 개)
蓋然性(대개 개, 그러할 연, 바탕 성) | 頭__骨 : 두__골
覆__ : 복__
__然性 : __연성 |
| 蓋 ___ 훈·음 | | | |

| 3 | 총획 7획
부수 卩 | 却說(물리칠 각, 말씀 설)
却下(물리칠 각, 내릴 하)
忘却(잊을 망, 물리칠 각)
燒却(불사를 소, 물리칠 각) | __說 : __설
__下 : __하
忘__ : 망__
燒__ : 소__ |
| 却 ___ 훈·음 | | | |

| 3Ⅱ | 총획 11획
부수 肉(月) | 脚光(다리 각, 빛 광)
脚本(다리 각, 책 본)
橋脚(다리 교, 다리 각)
立脚(설 입, 다리 각) | __光 : __광
__本 : __본
橋__ : 교__
立__ : 입__ |
| 脚 ___ 훈·음 | | | |

| 3Ⅱ | 총획 10획
제부수 | 鬼才(귀신 귀, 재주 재)
魔鬼(마귀 마, 귀신 귀)
惡鬼(악할 악, 귀신 귀)
雜鬼(섞일 잡, 귀신 귀) | __才 : __재
魔__ : 마__
惡__ : 악__
雜__ : 잡__ |
| 鬼 ___ 훈·음 | | | |

3 愧 훈·음	총획 13획 부수 心(忄)	愧心(부끄러울 괴, 마음 심) 自愧(스스로 자, 부끄러울 괴) 慙愧(부끄러울 참, 부끄러울 괴)	___心 : ___심 自___ : 자___ 慙___ : 참___
3 塊 훈·음	총획 13획 부수 土	塊石(덩어리 괴, 돌 석) 金塊(금 금, 덩어리 괴) 銀塊(은 은, 덩어리 괴) 地塊(땅 지, 덩어리 괴)	___石 : ___석 金___ : 금___ 銀___ : 은___ 地___ : 지___
3Ⅱ 魂 훈·음	총획 14획 부수 鬼	魂靈(넋 혼, 신령 령) 魂魄(넋 혼, 넋 백) 招魂(부를 초, 넋 혼) 鬪魂(싸울 투, 마음 혼)	___靈 : ___령 ___魄 : ___백 招___ : 초___ 鬪___ : 투___
4 珍 훈·음	총획 9획 부수 玉(王)	珍貴(보배 진, 귀할 귀) 珍技(보배 진, 재주 기) 珍珠(보배 진, 진주 주) 珍重(보배 진, 귀중할 중)	___貴 : ___귀 ___技 : ___기 ___珠 : ___주 ___重 : ___중
5Ⅱ 參 훈·음	총획 11획 부수 厶	參加(참여할 참, 더할 가) 參觀(참여할 참, 볼 관) 參席(참여할 참, 자리 석) 持參(가질 지, 참여할 참)	___加 : ___가 ___觀 : ___관 ___席 : ___석 持___ : 지___
3 慘 훈·음	총획 14획 부수 心(忄)	慘劇(슬플 참, 심할 극) 慘變(슬플 참, 변할 변) 無慘(없을 무, 슬플 참) 悲慘(슬플 비, 슬플 참)	___劇 : ___극 ___變 : ___변 無___ : 무___ 悲___ : 비___

| 7 | 총획 8획
부수 肉(月)

훈·음 | 育林(기를 육, 수풀 림)
育苗(기를 육, 싹 묘)
育成(기를 육, 이룰 성)
育兒(기를 육, 아이 아) | __林 : __림
__苗 : __묘
__成 : __성
__兒 : __아 |

| 3Ⅱ | 총획 15획
부수 彳

훈·음 | 貫徹(꿸 관, 통할 철)
冷徹(찰 냉, 통할 철)
徹底(뚫을 철, 밑 저)
透徹(통할 투, 통할 철) | 貫__ : 관__
冷__ : 냉__
__底 : __저
透__ : 투__ |

| 4Ⅱ | 총획 6획
제부수

훈·음 | 至極(이를/지극할 지, 끝 극)
至毒(지극할 지, 독할 독)
至誠(지극할 지, 정성 성)
至尊(지극할 지, 높일 존) | __極 : __극
__毒 : __독
__誠 : __성
__尊 : __존 |

| 3 | 총획 9획
부수 女

훈·음 | 姪女(조카 질, 여자 녀)
姪婦(조카 질, 며느리 부)
堂姪(집 당, 조카 질)
叔姪(아저씨 숙, 조카 질) | __女 : __녀
__婦 : __부
堂__ : 당__
叔__ : 숙__ |

| 5 | 총획 10획
부수 至

훈·음 | 致富(이룰/이를 치, 부자 부)
拉致(끌고 갈 납, 이룰/이를 치)
理致(이치 이, 이룰/이를 치)
極致(끝 극, 이룰/이를 치) | __富 : __부
拉__ : 납__
理__ : 이__
極__ : 극__ |

| 8 | 총획 9획
부수 宀

훈·음 | 室內(집/방/아내 실, 안 내)
溫室(따뜻할 온, 방 실)
浴室(목욕할 욕, 방 실)
小室(작을 소, 아내 실) | __內 : __내
溫__ : 온__
浴__ : 욕__
小__ : 소__ |

5	총획 9획 부수 尸 훈·음	屋上(집 옥, 위 상) 舍屋(집 사, 집 옥) 洋屋(서양 양, 집 옥) 韓屋(한국 한, 집 옥)	___上 : ___상 舍___ : 사___ 洋___ : 양___ 韓___ : 한___

3Ⅱ	총획 14획 부수 至 훈·음	舞臺(춤출 무, 누각/정자 대) 築臺(쌓을 축, 누각/정자 대) 寢臺(잘 침, 누각/정자 대) 土臺(흙 토, 누각/정자 대)	舞___ : 무___ 築___ : 축___ 寢___ : 침___ 土___ : 토___

5Ⅱ	총획 8획 부수 刀(刂) 훈·음	到達(이를 도, 이를 달) 到着(이를 도, 붙을 착) 殺到(빠를 쇄, 이를 도) 周到(두루 주, 주도면밀할 도)	___達 : ___달 ___着 : ___착 殺___ : 쇄___ 周___ : 주___

3Ⅱ	총획 10획 부수 人(亻) 훈·음	壓倒(누를 압, 넘어질 도) 卒倒(갑자기 졸, 넘어질 도) 打倒(칠 타, 거꾸로 도) 倒置(거꾸로 도, 둘 치)	壓___ : 압___ 卒___ : 졸___ 打___ : 타___ ___置 : ___치

3Ⅱ	총획 5획 부수 幺 훈·음	幼年(어릴 유, 해/나이 년) 幼兒(어릴 유, 아이 아) 幼蟲(어릴 유, 벌레 충) 幼稚(어릴 유, 어릴 치)	___年 : ___년 ___兒 : ___아 ___蟲 : ___충 ___稚 : ___치

3Ⅱ	총획 9획 부수 幺 훈·음	幽獨(숨을 유, 홀로 독) 幽靈(숨을 유, 신령 령) 幽谷(아득할 유, 골짜기 곡)	___獨 : ___독 ___靈 : ___령 ___谷 : ___곡

7II 後 총획 9획 부수 彳 훈·음	後繼(뒤 후, 이을 계) 後光(뒤 후, 빛 광) 背後(등 배, 뒤 후) 前後(앞 전, 뒤 후)	__繼 : __계 __光 : __광 背__ : 배__ 前__ : 전__

3II 濕 총획 17획 부수 水(氵) 훈·음	濕氣(젖을 습, 기운 기) 濕度(젖을 습, 정도 도) 濕地(젖을 습, 땅 지) 除濕(제거할 제, 젖을 습)	__氣 : __기 __度 : __도 __地 : __지 除__ : 제__

3 幾 총획 12획 부수 幺 훈·음	幾十(몇 기, 많을 십) 幾何級數(몇 기, 어찌 하, 등급 급, 셀 수)	__十 : __십 __何級數 : __하급수

225

4 機 총획 16획 부수 木 훈·음	斷機(끊을 단, 베틀 기) 機械(기계 기, 기계 계) 機會(기회 기, 모일 회) 契機(맺을 계, 기회 기)	斷__ : 단__ __械 : __계 __會 : __회 契__ : 계__

3II 畿 총획 15획 부수 田 훈·음	畿伯(경기 기, 우두머리 백) 畿甸(경기 기, 경기 전) 畿湖(경기 기, 호수 호)	__伯 : __백 __甸 : __전 __湖 : __호

4 繼 총획 20획 부수 糸 훈·음	繼續(이을 계, 이을 속) 繼承(이을 계, 이을 승) 繼走(이을 계, 달릴 주) 後繼(뒤 후, 이을 계)	__續 : __속 __承 : __승 __走 : __주 後__ : 후__

4Ⅱ	총획 18획 부수 斤	斷念(끊을 단, 생각 념)	__念 : __념
斷		斷言(끊을 단, 말씀 언)	__言 : __언
		斷乎(결단할 단, 어조사 호)	__乎 : __호
훈·음		勇斷(날랠 용, 결단할 단)	勇__ : 용__

3 2 2 6	총획 10획 부수 大	奚暇(어찌 해, 겨를 가)	__暇 : __가
奚		奚琴(종 해, 거문고 금)	__琴 : __금
훈·음			

3Ⅱ	총획 13획 부수 水(氵)	溪谷(시내 계, 골짜기 곡)	__谷 : __곡
溪		碧溪水(푸를 벽, 시내 계, 물 수)	碧__水 : 벽__수
		淸溪(맑을 청, 시내 계)	淸__ : 청__
훈·음			

4	총획 21획 부수 鳥	鷄卵(닭 계, 알 란)	__卵 : __란
鷄		鷄林(닭 계, 수풀 림)	__林 : __림
		養鷄(기를 양, 닭 계)	養__ : 양__
훈·음			

4Ⅱ 2 2 7	총획 13획 부수 邑(阝)	京鄕(서울 경, 시골 향)	京__ : 경__
鄕		故鄕(옛 고, 고향 향)	故__ : 고__
		鄕愁(고향 향, 근심 수)	__愁 : __수
		愛鄕(사랑 애, 고향 향)	愛__ : 애__
훈·음			

3Ⅱ	총획 22획 부수 音	反響(거꾸로/뒤집을 반, 울릴 향)	反__ : 반__
響		影響(그림자 영, 울릴 향)	影__ : 영__
		音響(소리 음, 울릴 향)	音__ : 음__
훈·음			

	6Ⅱ		
樂	총획 15획 부수 木 ___ 훈·음	音樂(소리 음, 노래 악) 快樂(상쾌할 쾌, 즐길 락) 樂山樂水 (좋아할 요, 산 산, 좋아할 요, 물 수)	音___ : 음___ 快___ : 쾌___ ___山___水 : ___산___수

藥	총획 19획 부수 草(艹) ___ 훈·음	藥局(약 약, 관청 국) 藥水(약 약, 물 수) 藥草(약 약, 풀 초) 藥效(약 약, 효험 효)	___局 : ___국 ___水 : ___수 ___草 : ___초 ___效 : ___효

率	총획 11획 부수 玄 ___ 훈·음	換率(바꿀 환, 비율 율) 引率(끌 인, 거느릴 솔) 眞率(참 진, 솔직할 솔)	換___ : 환___ 引___ : 인___ 眞___ : 진___

畜	총획 10획 부수 田 ___ 훈·음	畜舍(기를/가축 축, 집 사) 畜産(가축 축, 낳을 산) 畜協(가축 축, 도울 협) 牧畜(기를 목, 기를/가축 축)	___舍 : ___사 ___産 : ___산 ___協 : ___협 牧___ : 목___

蓄	총획 14획 부수 草(艹) ___ 훈·음	蓄財(쌓을 축, 재물 재) 蓄積(쌓을 축, 쌓을 적) 備蓄(갖출 비, 쌓을 축) 含蓄(머금을 함, 쌓을 축)	___財 : ___재 ___積 : ___적 備___ : 비___ 含___ : 함___

玄	총획 5획 제부수 ___ 훈·음	玄米(검을 현, 쌀 미) 玄武巖(검을 현, 군사/무기 무, 바위 암) 玄關(오묘할 현, 빗장 관)	___米 : ___미 ___武巖 : ___무암 ___關 : ___관

3	絃	총획 11획 부수 糸	絃歌(악기 줄 현, 노래 가) 絃樂器(악기 줄 현, 노래 악, 기구 기) 管絃樂(피리 관, 악기 줄 현, 노래 악)	__歌 : __가 __樂器 : __악기 管__樂 : 관__악
	훈·음			

3	牽	총획 11획 부수 牛	牽引(끌 견, 끌 인) 牽制(끌 견, 억제할 제) 牽牛(끌 견, 소 우)	__引 : __인 __制 : __제 __牛 : __우
	훈·음			

3	玆	총획 10획 부수 玄	玆白(검을 자, 흰 백) 今玆(이제 금, 이 자) 念念在玆(생각 념, 생각 념, 있을 재, 이 자)	__白 : __백 今__ : 금__ 念念在__ : 염념재__
	훈·음			

3Ⅱ	慈	총획 13획 부수 心	慈悲(사랑 자, 슬플 비) 仁慈(어질 인, 사랑 자) 慈堂(어머니 자, 집 당) 慈親(어머니 자, 어버이 친)	__悲 : __비 仁__ : 인__ __堂 : __당 __親 : __친
	훈·음			

4	絲	총획 12획 부수 糸	螺絲(소라 나, 실 사) 一絲不亂 (한 일, 실 사, 아닐 불, 어지러울 란) 鐵絲(쇠 철, 실 사)	螺__ : 나__ 一__不亂 : 일__불란 鐵__ : 철__
	훈·음			

3Ⅱ	紛	총획 10획 부수 糸	紛糾(어지러울 분, 얽힐 규) 紛亂(어지러울 분, 어지러울 란) 紛爭(어지러울 분, 다툴 쟁) 內紛(안 내, 어지러울 분)	__糾 : __규 __亂 : __란 __爭 : __쟁 內__ : 내__
	훈·음			

5 終 총획 11획 부수 糸 훈·음	終結(다할/마칠 종, 맺을 결) 終日(다할/마칠 종, 날 일) 終點(다할/마칠 종, 점 점) 臨終(임할 임, 마칠 종)	___結 : ___결 ___日 : ___일 ___點 : ___점 臨___ : 임___
5Ⅱ 結 총획 12획 부수 糸 훈·음	結果(맺을 결, 결과 과) 結論(맺을 결, 논의할 론) 結婚(맺을 결, 결혼할 혼) 凝結(엉길 응, 맺을 결)	___果 : ___과 ___論 : ___론 ___婚 : ___혼 凝___ : 응___
3 絹 총획 13획 부수 糸 훈·음	絹絲(비단 견, 실 사) 絹織物(비단 견, 짤 직, 물건 물) 人造絹(사람 인, 지을 조, 비단 견)	___絲 : ___사 ___織物 : ___직물 人造___ : 인조___
3Ⅱ 索 총획 10획 부수 糸 훈·음	索道(동아줄 삭, 길 도) 索出(찾을 색, 나올 출) 檢索(검사할 검, 찾을 색) 索寞(쓸쓸할 삭, 쓸쓸할 막)	___道 : ___도 ___出 : ___출 檢___ : 검___ ___寞 : ___막
3Ⅱ 戀 총획 23획 부수 心 훈·음	戀慕(사모할 연, 사모할 모) 戀人(사모할 연, 사람 인) 戀情(사모할 연, 정 정) 悲戀(슬플 비, 사모할 련)	___慕 : ___모 ___人 : ___인 ___情 : ___정 悲___ : 비___
5Ⅱ 變 총획 23획 부수 言 훈·음	變更(변할 변, 고칠 경) 變動(변할 변, 움직일 동) 變遷(변할 변, 옮길 천) 變化(변할 변, 변화할 화)	___更 : ___경 ___動 : ___동 ___遷 : ___천 ___化 : ___화

4			
系	총획 7획 부수 糸 훈·음	系列(이을 계, 줄 열) 母系(어미/어머니 모, 혈통 계) 直系(곧을 직, 혈통 계) 體系(몸 체, 이을 계)	__列 : __열 母__ : 모__ 直__ : 직__ 體__ : 체__

4Ⅱ			
係	총획 9획 부수 人(亻) 훈·음	關係(관계 관, 관계될 계) 係員(계 계, 사람 원) 係長(계 계, 어른 장)	關__ : 관__ __員 : __원 __長 : __장

6			
孫	총획 10획 부수 子 훈·음	孫子(손자 손, 아들 자) 世孫(세대 세, 손자 손) 祖孫(할아버지 조, 손자 손)	__子 : __자 世__ : 세__ 祖__ : 조__

3			
縣	총획 16획 부수 糸 훈·음	縣監(고을 현, 볼 감) 縣令(고을 현, 명령할 령) 縣吏(고을 현, 관리 리)	__監 : __감 __令 : __령 __吏 : __리

3Ⅱ			
懸	총획 20획 부수 心 훈·음	懸賞(매달 현, 상줄 상) 懸垂(매달 현, 드리울 수) 懸案(매달 현, 생각 안) 懸隔(멀 현, 사이 뜰 격)	__賞 : __상 __垂 : __수 __案 : __안 __隔 : __격

3			
卜	총획 2획 제부수 훈·음	卜居(점 복, 살 거) 卜吉(점 복, 길할 길) 卜年(점 복, 해 년) 卜債(점 복, 빚 채)	__居 : __거 __吉 : __길 __年 : __년 __債 : __채

8 外	총획 5획 부수 夕 ——— 훈·음	外勤(밖 외, 일 근) 外貌(밖 외, 모양 모) 外遊(밖 외, 여행할 유) 課外(공부할 과, 밖 외)	__勤 : __근 __貌 : __모 __遊 : __유 課__ : 과__
6 朴	총획 6획 부수 木 ——— 훈·음	素朴(소박할 소, 순박할 박) 質朴(바탕 질, 순박할 박)	素__ : 소__ 質__ : 질__
3 赴	총획 9획 부수 走 ——— 훈·음	赴任(다다를 부, 맡을 임) 赴援(다다를 부, 도울 원) 赴告(알릴 부, 알릴 고)	__任 : __임 __援 : __원 __告 : __고
3Ⅱ 貞	총획 9획 부수 貝 ——— 훈·음	貞潔(곧을 정, 깨끗할 결) 貞烈(곧을 정, 매울 렬) 貞淑(곧을 정, 맑을 숙) 貞操(곧을 정, 다룰 조)	__潔 : __결 __烈 : __렬 __淑 : __숙 __操 : __조
4 占	총획 5획 부수 卜 ——— 훈·음	占卦(점칠 점, 점괘 괘) 占術(점칠 점, 기술 술) 占據(점령할 점, 의지할 거) 獨占(홀로 독, 점령할 점)	__卦 : __괘 __術 : __술 __據 : __거 獨__ : 독__
5Ⅱ 店	총획 8획 부수 广 ——— 훈·음	飯店(밥 반, 가게 점) 商店(장사 상, 가게 점) 書店(책 서, 가게 점) 酒店(술 주, 가게 점)	飯__ : 반__ 商__ : 상__ 書__ : 서__ 酒__ : 주__

4 從 총획 11획 부수 彳 훈·음	從屬(따를 종, 붙어살 속) 服從(복종할 복, 좇을 종) 順從(순할 순, 따를 종) 追從(쫓을 추, 좇을 종)	___屬 : ___속 服___ : 복___ 順___ : 순___ 追___ : 추___

3Ⅱ 縱 총획 17획 부수 糸 훈·음	縱斷(세로 종, 끊을 단) 放縱(놓을 방, 놓을 종) 操縱(다룰 조, 놓을 종)	___斷 : ___단 放___ : 방___ 操___ : 조___

5 黑 총획 12획 제부수 훈·음	黑白(검을 흑, 흰 백) 黑字(검을 흑, 글자 자) 黑板(검을 흑, 널조각 판) 暗黑(어두울 암, 검을 흑)	___白 : ___백 ___字 : ___자 ___板 : ___판 暗___ : 암___

4 點 총획 17획 부수 黑 훈·음	點檢(불 켤 점, 검사할 검) 點數(점 점, 두어 수) 得點(얻을 득, 점 점) 點燈(불 켤 점, 등불 등)	___檢 : ___검 ___數 : ___수 得___ : 득___ ___燈 : ___등

3Ⅱ 默 총획 16획 부수 黑 훈·음	默過(말없을 묵, 지나칠 과) 默念(말없을 묵, 생각 념) 默認(말없을 묵, 알 인) 沈默(잠길 침, 고요할 묵)	___過 : ___과 ___念 : ___념 ___認 : ___인 沈___ : 침___

3Ⅱ 墨 총획 15획 부수 土 훈·음	墨畫(먹 묵, 그림 화) 白墨(흰 백, 먹 묵) 水墨畫(물 수, 먹 묵, 그림 화)	___畫 : ___화 白___ : 백___ 水___畫 : 수___화

236

7Ⅱ **237** 上 ___훈·음___	총획 3획 부수 一	上官(위 상, 벼슬 관) 頂上(꼭대기 정, 위 상) 上京(오를 상, 서울 경) 向上(향할 향, 위/오를 상)	__官 : __관 頂__ : 정__ __京 : __경 向__ : 향__

7Ⅱ 下 ___훈·음___	총획 3획 부수 一	下降(아래 하, 내릴 강) 下山(내릴 하, 산 산) 下車(내릴 하, 수레 차) 零下(떨어질 영, 아래 하)	__降 : __강 __山 : __산 __車 : __차 零__ : 영__

5 止 ___훈·음___	총획 4획 제부수	止血(그칠 지, 피 혈) 禁止(금할 금, 그칠 지) 防止(막을 방, 그칠 지) 停止(머무를 정, 그칠 지)	__血 : __혈 禁__ : 금__ 防__ : 방__ 停__ : 정__

3Ⅱ 企 ___훈·음___	총획 6획 부수 人	企待(바랄 기, 기다릴 대) 企圖(꾀할 기, 꾀할 도) 企業(꾀할 기, 일 업) 企劃(꾀할 기, 그을 획)	__待 : __대 __圖 : __도 __業 : __업 __劃 : __획

3 肯 ___훈·음___	총획 8획 부수 肉(月)	肯從(즐길 긍, 따를 종) 肯可(긍정할 긍, 허락할 가) 肯意(긍정할 긍, 뜻 의) 首肯(머리 수, 긍정할 긍)	__從 : __종 __可 : __가 __意 : __의 首__ : 수__

4Ⅱ 齒 ___훈·음___	총획 15획 제부수	齒牙(이 치, 어금니 아) 齒藥(이 치, 약 약) 蟲齒(벌레 충, 이 치) 年齒(나이 연, 나이 치)	__牙 : __아 __藥 : __약 蟲__ : 충__ 年__ : 연__

238 4Ⅱ 武 훈·음	총획 8획 부수 止	武功(군사 무, 공/공로 공) 武力(군사 무, 힘 력) 武裝(무기 무, 꾸밀 장) 文武(글월 문, 군사 무)	__功 : __공 __力 : __력 __裝 : __장 文__ : 문__
3Ⅱ 賦 훈·음	총획 15획 부수 貝	賦課(세금 거둘 부, 부과할 과) 賦與(줄 부, 줄 여) 赤壁賦(붉을 적, 벽 벽, 문체 이름 부)	__課 : __과 __與 : __여 赤壁__ : 적벽__
4Ⅱ 步 훈·음	총획 7획 부수 止	步行(걸음 보, 다닐 행) 速步(빠를 속, 걸음 보) 讓步(사양할 양, 걸음 보) 進步(나아갈 진, 걸음 보)	__行 : __행 速__ : 속__ 讓__ : 양__ 進__ : 진__
3 涉 훈·음	총획 10획 부수 水(氵)	涉歷(건널 섭, 겪을 력) 涉外(건널 섭, 밖 외) 干涉(범할 간, 건널 섭) 交涉(오고 갈 교, 건널 섭)	__歷 : __력 __外 : __외 干__ : 간__ 交__ : 교__
239 4 延 훈·음	총획 7획 부수 廴	延期(끌/늘일 연, 기간 기) 延長(끌/늘일 연, 길 장) 延滯(끌/늘일 연, 막힐/머무를 체) 遲延(늦을 지, 늘일 연)	__期 : __기 __長 : __장 __滯 : __체 遲__ : 지__
3 誕 훈·음	총획 14획 부수 言	誕降(태어날 탄, 내릴 강) 誕生(태어날 탄, 날 생) 聖誕(성인 성, 태어날 탄)	__降 : __강 __生 : __생 聖__ : 성__

| | 총획 7획
부수 廴 | 宮廷(궁궐 궁, 조정 정)
開廷(열 개, 조정/관청 정)
法廷(법 법, 관청 정)
退廷(물러날 퇴, 조정/관청 정) | 宮__ : 궁__
開__ : 개__
法__ : 법__
退__ : 퇴__ |

廷
훈·음

6Ⅱ

| | 총획 10획
부수 广 | 庭園(뜰 정, 밭 원)
家庭(집 가, 뜰 정)
校庭(학교 교, 뜰 정)
親庭(어버이 친, 뜰 정) | __園 : __원
家__ : 가__
校__ : 교__
親__ : 친__ |

庭
훈·음

4Ⅱ

240

| | 총획 7획
제부수 | 走行(달릴 주, 다닐 행)
繼走(이을 계, 달릴 주)
縱走(세로 종, 달릴 주)
逃走(도망갈 도, 도망갈 주) | __行 : __행
繼__ : 계__
縱__ : 종__
逃__ : 도__ |

走
훈·음

4

| | 총획 10획
부수 彳 | 徒食(한갓 도, 먹을 식)
徒步(걸을 도, 걸음 보)
信徒(믿을 신, 무리 도)
生徒(사람을 부를 때 쓰는 접사 생, 무리 도) | __食 : __식
__步 : __보
信__ : 신__
生__ : 생__ |

徒
훈·음

4Ⅱ

| | 총획 10획
부수 走 | 起立(일어날 기, 설 립)
起床(일어날 기, 평상 상)
起工(시작할 기, 만들 공)
發起(일어날 발, 시작할 기) | __立 : __립
__床 : __상
__工 : __공
發__ : 발__ |

起
훈·음

3Ⅱ

| | 총획 12획
부수 走 | 越權(넘을 월, 권세 권)
移越(옮길 이, 넘을 월)
追越(쫓을 추, 넘을 월)
卓越(높을/뛰어날 탁, 넘을 월) | __權 : __권
移__ : 이__
追__ : 추__
卓__ : 탁__ |

越
훈·음

7Ⅱ 正 (훈·음)	총획 5획 부수 止	正義(바를 정, 옳을/의로울 의) 正直(바를 정, 바를 직) 公正(공평할 공, 바를 정) 修正(닦을/다스릴 수, 바를 정)	___義 : ___의 ___直 : ___직 公___ : 공___ 修___ : 수___
3Ⅱ 征 (훈·음)	총획 8획 부수 彳	征伐(칠 정, 칠 벌) 征服(칠 정, 복종할 복) 遠征(멀 원, 칠 정) 出征(나갈 출, 칠 정)	___伐 : ___벌 ___服 : ___복 遠___ : 원___ 出___ : 출___
4Ⅱ 政 (훈·음)	총획 9획 부수 攵(攴)	政府(다스릴 정, 관청 부) 政治(다스릴 정, 다스릴 치) 政派(다스릴 정, 파벌 파) 善政(좋을 선, 다스릴 정)	___府 : ___부 ___治 : ___치 ___派 : ___파 善___ : 선___
6 定 (훈·음)	총획 8획 부수 宀	定價(정할 정, 값 가) 定着(정할 정, 붙을 착) 安定(편안할 안, 정할 정) 限定(한계 한, 정할 정)	___價 : ___가 ___着 : ___착 安___ : 안___ 限___ : 한___
4 整 (훈·음)	총획 16획 부수 攵(攴)	整理(가지런할 정, 다스릴 리) 整頓(가지런할 정, 정돈할 돈) 端整(바를 단, 가지런할 정) 調整(고를 조, 가지런할 정)	___理 : ___리 ___頓 : ___돈 端___ : 단___ 調___ : 조___
3Ⅱ 症 (훈·음)	총획 10획 부수 疒	症狀(병세 증, 모양 상) 渴症(마를 갈, 병세 증) 痛症(아플 통, 증세 증)	___狀 : ___상 渴___ : 갈___ 痛___ : 통___

3	총획 11획 부수 火(灬)	焉敢生心 (어찌 언, 감히 감, 날 생, 마음 심) 於焉間(어조사 어, 어조사 언, 사이 간) 終焉(마칠 종, 어조사 언)	__敢生心 : __감생심 於__間 : 어__간 終__ : 종__
焉 _____ 훈·음			
4Ⅱ 242 是 _____ 훈·음	총획 9획 부수 日	是非(옳을 시, 아닐 비) 是認(옳을 시, 인정할 인) 或是(혹시 혹, 이 시)	__非 : __비 __認 : __인 或__ : 혹__
4Ⅱ 提 _____ 훈·음	총획 12획 부수 手(扌)	提高(끌/내놓을 제, 높을 고) 提供(내놓을 제, 줄 공) 提示(내놓을 제, 보일 시) 提出(내놓을 제, 나올 출)	__高 : __고 __供 : __공 __示 : __시 __出 : __출
3 堤 _____ 훈·음	총획 12획 부수 土	堤堰(제방 제, 둑 언) 防波堤(둑 방, 물결 파, 제방 제)	__堰 : __언 防波__ : 방파__
6Ⅱ 題 _____ 훈·음	총획 18획 부수 頁	題目(제목 제, 항목 목) 主題(주인 주, 제목/문제 제) 問題(물을 문, 문제 제) 宿題(잘 숙, 문제 제)	__目 : __목 主__ : 주__ 問__ : 문__ 宿__ : 숙__
7Ⅱ 243 足 _____ 훈·음	총획 7획 제부수	發足(일어날 발, 발 족) 手足(손 수, 발 족) 滿足(찰 만, 넉넉할 족) 充足(가득 찰/채울 충, 넉넉할 족)	發__ : 발__ 手__ : 수__ 滿__ : 만__ 充__ : 충__

3Ⅱ 促 훈·음	총획 9획 부수 人(亻)	促求(재촉할 촉, 구할 구) 促迫(재촉할 촉, 닥칠 박) 督促(감독할 독, 재촉할 촉)	__求 : __구 __迫 : __박 督__ : 독__
3 捉 훈·음	총획 10획 부수 手(扌)	捉去(잡을 착, 갈 거) 捉來(잡을 착, 올 래) 捉送(잡을 착, 보낼 송) 捕捉(잡을 포, 잡을 착)	__去 : __거 __來 : __래 __送 : __송 捕__ : 포__
1 疋 훈·음	총획 5획 제부수	疋緞(필 필, 비단 단) 疋木(필 필, 나무 목)	__緞 : __단 __木 : __목
1Ⅱ 楚 훈·음	총획 13획 부수 木	淸楚(푸를 청, 고울 초) 撻楚(매질할 달, 회초리 초) 苦楚(괴로울 고, 아플 초)	淸__ : 청__ 撻__ : 달__ 苦__ : 고__
3Ⅱ 礎 훈·음	총획 18획 부수 石	礎石(주춧돌 초, 돌 석) 柱礎(기둥 주, 주춧돌 초) 基礎(기초 기, 기초 초) 礎稿(기초 초, 원고 고)	__石 : __석 柱__ : 주__ 基__ : 기__ __稿 : __고
4Ⅱ 兩 훈·음	총획 8획 부수 入	兩論(두 양, 논의할 론) 兩立(두 양, 설 립) 兩面(두/짝 양, 향할 면) 萬兩(많을 만, 냥 냥)	__論 : __론 __立 : __립 __面 : __면 萬__ : 만__

4Ⅱ 滿 훈·음	총획 14획 부수 水(氵)	滿開(찰 만, 열 개) 滿期(찰 만, 기간 기) 圓滿(둥글 원, 찰 만) 充滿(가득 찰/채울 충, 찰 만)	__開 : __개 __期 : __기 圓__ : 원__ 充__ : 충__
7 同 훈·음	총획 6획 부수 口	同居(같을 동, 살 거) 同期(같을 동, 기간/기약할 기) 同一(같을 동, 한 일) 同胞(같을 동, 세포 포)	__居 : __거 __期 : __기 __一 : __일 __胞 : __포
4Ⅱ 銅 훈·음	총획 14획 부수 金	銅鏡(구리 동, 거울 경) 銅賞(구리 동, 상줄 상) 銅錢(구리 동, 돈 전)	__鏡 : __경 __賞 : __상 __錢 : __전
7 洞 훈·음	총획 9획 부수 水(氵)	洞里(마을 동, 마을 리) 洞長(마을 동, 어른 장) 洞窟(동굴 동, 굴 굴) 洞察(밝을 통, 살필 찰)	__里 : __리 __長 : __장 __窟 : __굴 __察 : __찰
7Ⅱ 內 훈·음	총획 4획 부수 入	內科(안 내, 조목 과) 內容(안 내, 받아들일 용) 內爭(안 내, 다툴 쟁) 案內(책상 안, 안 내)	__科 : __과 __容 : __용 __爭 : __쟁 案__ : 안__
4 納 훈·음	총획 10획 부수 糸	納付(들일/바칠 납, 줄 부) 納稅(들일/바칠 납, 세낼 세) 未納(아직~않을 미, 들일/바칠 납) 返納(돌이킬 반, 들일/바칠 납)	__付 : __부 __稅 : __세 未__ : 미__ 返__ : 반__

245

3Ⅱ 丙 훈·음	총획 5획 부수 一	丙種(셋째 천간 병, 종류 종) 丙子胡亂(셋째 천간 병, 접미사 자, 오랑캐 호, 어지러울 란)	__種 : __종 __子胡亂 : __자호란
4Ⅱ 肉 훈·음	총획 6획 제부수	肉感(고기 육, 느낄 감) 肉薄(고기 육, 엷을 박) 肉體(고기 육, 몸 체) 血肉(피 혈, 고기 육)	__感 : __감 __薄 : __박 __體 : __체 血__ : 혈__
6 向 훈·음	총획 6획 부수 口	向方(향할 향, 방향 방) 向後(나아갈 향, 뒤 후) 外向(밖 외, 향할 향) 趣向(취미 취, 향할 향)	__方 : __방 __後 : __후 外__ : 외__ 趣__ : 취__
3Ⅱ 尙 훈·음	총획 8획 부수 小	時機尙早 (때 시, 기회 기, 오히려 상, 일찍 조) 高尙(높을 고, 높을 상) 崇尙(높일 숭, 숭상할 상)	時機__早 : 시기__조 高__ : 고__ 崇__ : 숭__
5 再 훈·음	총획 6획 부수 冂	再建(다시 재, 세울 건) 再考(다시 재, 생각할 고) 再起(다시 재, 일어날 기) 再會(나시/두 번 재, 모일 회)	__建 : __건 __考 : __고 __起 : __기 __會 : __회
4Ⅱ 常 훈·음	총획 11획 부수 巾	恒常(항상 항, 항상 상) 常識(보통 상, 알 식) 非常(아닐 비, 보통 상) 常理(떳떳할 상, 이치 리)	恒__ : 항__ __識 : __식 非__ : 비__ __理 : __리

3Ⅱ 裳 훈·음	총획 14획 부수 衣	衣裳(옷 의, 치마 상) 紅裳(붉을 홍, 치마 상) 同價紅裳 (같을 동, 값 가, 붉을 홍, 치마 상)	衣__ : 의__ 紅__ : 홍__ 同價紅__ : 동가홍__
3 嘗 훈·음	총획 14획 부수 口	嘗味(맛볼 상, 맛 미) 嘗試(일찍 상, 시험할 시) 未嘗不(아닐 미, 일찍 상, 아닐 불)	__味 : __미 __試 : __시 未__不 : 미__불
5 賞 훈·음	총획 15획 부수 貝	賞金(상줄 상, 돈/금 금) 賞與(상줄 상, 줄 여) 施賞(행할/베풀 시, 상줄 상) 鑑賞(살필 감, 구경할 상)	__金 : __금 __與 : __여 施__ : 시__ 鑑__ : 감__
3Ⅱ 償 훈·음	총획 17획 부수 人(亻)	償債(갚을 상, 빚 채) 償還(갚을 상, 돌아올 환) 辨償(분별할 변, 갚을 상) 補償(기울 보, 갚을 상)	__債 : __채 __還 : __환 辨__ : 변__ 補__ : 보__
6Ⅱ 堂 훈·음	총획 11획 부수 土	講堂(강의할 강, 집 당) 食堂(먹을 식, 집 당) 正正堂堂 (바를 정, 바를 정, 당당할 당, 당당할 당)	講__ : 강__ 食__ : 식__ 正正__ __ : 정정__ __
5Ⅱ 當 훈·음	총획 13획 부수 田	當然(마땅할 당, 그러할 연) 當爲(마땅할 당, 할 위) 當到(당할 당, 이를 도) 當番(당할 당, 차례 번)	__然 : __연 __爲 : __위 __到 : __도 __番 : __번

4Ⅱ 黨 훈·음	총획 20획 부수 黑	黨派(무리 당, 파벌 파) 朋黨(벗 붕, 무리 당) 惡黨(악할 악, 무리 당) 作黨(지을 작, 무리 당)	__派 : __파 朋__ : 붕__ 惡__ : 악__ 作__ : 작__
3Ⅱ 掌 훈·음	총획 12획 부수 手	掌匣(손바닥 장, 갑 갑) 掌握(손바닥 장, 잡을/쥘 악) 合掌(합할 합, 손바닥 장)	__匣 : __갑 __握 : __악 合__ : 합__
3Ⅱ 央 훈·음	총획 5획 부수 大	中央(가운데 중, 가운데 앙) 中央政府 (가운데 중, 가운데 앙, 다스릴 정, 관청 부) 中央廳(가운데 중, 가운데 앙, 관청 청)	中__ : 중__ 中__政府 : 중__정부 中__廳 : 중__청
3 殃 훈·음	총획 9획 부수 歹	災殃(재앙 재, 재앙 앙) 殃禍(재앙 앙, 재앙 화) 百殃(많을 백, 재앙 앙)	災__ : 재__ __禍 : __화 百__ : 백__
4 映 훈·음	총획 9획 부수 日	映像(비칠 영, 모양 상) 映畫(비칠 영, 그림 화) 反映(뒤집을 반, 비칠 영) 放映(놓을 방, 비칠 영)	__像 : __상 __畫 : __화 反__ : 반__ 放__ : 방__
6 英 훈·음	총획 9획 부수 草(艹)	英靈(영웅 영, 신령 령) 英才(영웅 영, 재주 재) 育英(기를 육, 영웅 영) 英特(영웅 영, 특별할 특)	__靈 : __령 __才 : __재 育__ : 육__ __特 : __특

248

| 4Ⅱ 快 | 총획 7획
부수 心(忄)

훈·음 | 快樂(상쾌할 쾌, 즐길 락)
快晴(상쾌할 쾌, 날 갤 청)
明快(밝을 명, 상쾌할 쾌)
愉快(즐거울 유, 상쾌할 쾌) | __樂 : __락
__晴 : __청
明__ : 명__
愉__ : 유__ |

| 5Ⅱ 決 | 총획 7획
부수 水(氵)

훈·음 | 決裂(터질 결, 터질 렬)
決定(정할 결, 정할 정)
票決(표 표, 정할 결)
解決(풀 해, 정할 결) | __裂 : __렬
__定 : __정
票__ : 표__
解__ : 해__ |

| 4Ⅱ 缺 | 총획 10획
부수 缶

훈·음 | 缺如(빠질 결, 같을 여)
缺陷(빠질 결, 빠질 함)
缺席(빠질 결, 자리 석)
補缺(기울 보, 빠질 결) | __如 : __여
__陷 : __함
__席 : __석
補__ : 보__ |

| 3Ⅱ 訣 | 총획 11획
부수 言

훈·음 | 訣別(이별할 결, 나눌 별)
永訣式(길/오랠 영, 이별할 결, 의식 식)
要訣(중요할 요, 비결 결) | __別 : __별
永__式 : 영__식
要__ : 요__ |

| 3 粟 | 총획 12획
부수 米

훈·음 | 粟米(벼/조 속, 쌀 미)
粟田(조 속, 밭 전)
大海一粟(큰 대, 바다 해, 한 일, 조 속) | __米 : __미
__田 : __전
大海一__ : 대해일__ |

| 3Ⅱ 栗 | 총획 10획
부수 木

훈·음 | 栗木(밤 율, 나무 목)
生栗(날 생, 밤 율)
棗栗梨柹(대추 조, 밤 율, 배 이, 감 시) | __木 : __목
生__ : 생__
棗__梨柹 : 조__이시 |

5Ⅱ			
要 ___훈·음___	총획 9획 부수 襾(襾)	重要(중요할 중, 중요할 요) 要人(중요할 요, 사람 인) 要地(중요할 요, 땅 지) 必要(반드시 필, 필요할 요)	重__ : 중__ __人 : __인 __地 : __지 必__ : 필__

3			
腰 ___훈·음___	총획 13획 부수 肉(月)	腰帶(허리 요, 찰/띠 대) 腰痛(허리 요, 아플 통) 腰折腹痛 (허리 요, 꺾을 절, 배 복, 아플 통)	__帶 : __대 __痛 : __통 __折腹痛 : __절복통

251

4Ⅱ			
票 ___훈·음___	총획 11획 부수 示	票決(표 표, 정할 결) 開票(열 개, 표 표) 暗票(어두울 암, 표 표) 投票(던질 투, 표 표)	__決 : __결 開__ : 개__ 暗__ : 암__ 投__ : 투__

4			
標 ___훈·음___	총획 15획 부수 木	標記(표시할 표, 기록할 기) 標本(표시할 표, 근본 본) 標的(표시할 표, 과녁 적) 商標(장사할 상, 표 표)	__記 : __기 __本 : __본 __的 : __적 商__ : 상__

3			
漂 ___훈·음___	총획 14획 부수 水(氵)	漂流(뜰 표, 흐를 류) 漂母(빨래할 표, 어미/어머니 모) 漂白(빨래할 표, 깨끗할 백)	__流 : __류 __母 : __모 __白 : __백

3Ⅱ			
遷 ___훈·음___	총획 15획 부수 辵(辶)	遷都(옮길 천, 도시 도) 變遷(변할 변, 옮길 천) 左遷(낮은 자리 좌, 옮길 천)	__都 : __도 變__ : 변__ 左__ : 좌__

1

几

총획 2획
제부수

훈·음

几席(안석 궤, 자리 석)
几案(책상 궤, 책상 안)
几案眞樂
(책상 궤, 책상 안, 참 진, 즐길 락)

__席 : __석
__案 : __안
__案眞樂 : __안진락

3Ⅱ

微

총획 13획
부수 彳

훈·음

微動(작을 미, 움직일 동)
微微(작을 미, 작을 미)
微笑(작을 미, 웃을 소)
微行(숨을 미, 다닐 행)

__動 : __동
__ __ : __ __
__笑 : __소
__行 : __행

3Ⅱ

徵

총획 15획
부수 彳

훈·음

徵兵(부를 징, 군사 병)
徵收(부를 징, 거둘 수)
徵用(부를 징, 쓸 용)
徵候(부를 징, 염탐할 후)

__兵 : __병
__收 : __수
__用 : __용
__候 : __후

3

懲

총획 19획
부수 心

훈·음

懲勸(징계할 징, 권할 권)
懲罰(징계할 징, 벌줄 벌)
懲役(징계할 징, 부릴 역)

__勸 : __권
__罰 : __벌
__役 : __역

3Ⅱ

凡

총획 3획
부수 几

훈·음

凡例(무릇 범, 보기 례)
凡常(보통 범, 보통 상)
非凡(아닐 비, 보통 범)
平凡(평평할 평, 보통 범)

__例 : __례
__常 : __상
非__ : 비__
平__ : 평__

4Ⅱ

築

총획 16획
부수 竹(⺮)

훈·음

築造(쌓을 축, 지을 조)
改築(고칠 개, 쌓을 축)
建築(세울 건, 지을 축)
構築(얽을 구, 쌓을/지을 축)

__造 : __조
改__ : 개__
建__ : 건__
構__ : 구__

6Ⅱ 風 ___훈·음___	총획 9획 제부수	暴風(사나울 폭, 바람 풍) 風俗(풍속 풍, 풍속 속) 風景(경치 풍, 경치 경) 風貌(모습 풍, 모양 모) 中風(가운데 중, 병 이름 풍) 威風(위엄 위, 기질 풍)	暴__ : 폭__ __俗 : __속 __景 : __경 __貌 : __모 中__ : 중__ 威__ : 위__
3Ⅱ 楓 ___훈·음___	총획 13획 부수 木	楓菊(단풍 풍, 국화 국) 楓林(단풍 풍, 수풀 림) 丹楓(붉을 단, 단풍 풍)	__菊 : __국 __林 : __림 丹__ : 단__
3Ⅱ 沿 ___훈·음___	총획 8획 부수 水(氵)	沿邊(물 따라갈 연, 가 변) 沿岸(물 따라갈 연, 언덕 안) 沿海(물 따라갈 연, 바다 해) 沿道(따를 연, 길 도)	__邊 : __변 __岸 : __안 __海 : __해 __道 : __도
4 鉛 ___훈·음___	총획 13획 부수 金	鉛粉(납 연, 가루 분) 鉛筆(납 연, 붓 필) 無鉛(없을 무, 납 연) 黑鉛(검을 흑, 납 연)	__粉 : __분 __筆 : __필 無__ : 무__ 黑__ : 흑__
5 船 ___훈·음___	총획 11획 부수 舟	船歌(배 선, 노래 가) 船團(배 선, 모일 단) 船上(배 선, 위 상) 乘船(탈 승, 배 선)	__歌 : __가 __團 : __단 __上 : __상 乘__ : 승__
3Ⅱ 禍 ___훈·음___	총획 14획 부수 示	禍根(재앙 화, 뿌리 근) 責禍(꾸짖을 책, 재앙 화) 慘禍(슬픔 참, 재앙 화)	__根 : __근 責__ : 책__ 慘__ : 참__

5Ⅱ 過 총획 13획 부수 辶(辶) 훈·음	過去(지날 과, 갈 거) 過速(지나칠 과, 빠를 속) 過食(지나칠 과, 먹을 식) 功過(공/공로 공, 허물 과)	__去 : __거 __速 : __속 __食 : __식 功__ : 공__

255 設 총획 11획 부수 言 훈·음	設計(세울 설, 꾀할 계) 設立(세울 설, 설 립) 設備(베풀 설, 갖출 비) 私設(사사로울 사, 베풀 설)	__計 : __계 __立 : __립 __備 : __비 私__ : 사__

4 段 총획 9획 부수 殳 훈·음	段階(차례 단, 계급 계) 昇段(오를 승, 차례 단) 初段(처음 초, 차례 단) 階段(계단 계, 계단 단)	__階 : __계 昇__ : 승__ 初__ : 초__ 階__ : 계__

3Ⅱ 役 총획 7획 부수 彳 훈·음	役割(부릴 역, 나눌 할) 苦役(괴로울 고, 부릴 역) 兒役(아이 아, 부릴 역) 用役(쓸 용, 부릴 역)	__割 : __할 苦__ : 고__ 兒__ : 아__ 用__ : 용__

4 投 총획 7획 부수 手(扌) 훈·음	投稿(던질 투, 원고 고) 投寄(던질 투, 부칠 기) 投手(던질 투, 재주 있는 사람 수) 投身(던질 투, 몸 신)	__稿 : __고 __寄 : __기 __手 : __수 __身 : __신

256 殺 총획 11획 부수 殳 훈·음	殺蟲(죽일 살, 벌레 충) 殺到(빠를 쇄, 이를 도) 減殺(줄어들 감, 감할 쇄) 相殺(서로 상, 감할 쇄)	__蟲 : __충 __到 : __도 減__ : 감__ 相__ : 상__

3			
毀	총획 13획 부수 殳 훈·음	毀棄(헐 훼, 버릴 기) 毀謗(헐 훼, 헐뜯을 방) 毀傷(헐 훼, 상할 상) 毀損(헐 훼, 잃을 손)	__棄 : __기 __謗 : __방 __傷 : __상 __損 : __손

3Ⅱ			
般	총획 10획 부수 舟 훈·음	一般(한 일, 일반 반) 萬般(많을 만, 일반 반) 全般(온전할 전, 일반 반) 諸般(모든/여러 제, 일반 반)	一__ : 일__ 萬__ : 만__ 全__ : 전__ 諸__ : 제__

3Ⅱ			
盤	총획 15획 부수 皿 훈·음	盤石(쟁반 반, 돌 석) 盤松(쟁반 반, 소나무 송) 骨盤(뼈 골, 쟁반 반) 基盤(터 기, 쟁반 반)	__石 : __석 __松 : __송 骨__ : 골__ 基__ : 기__

4			
擊	총획 17획 부수 手 훈·음	擊破(칠 격, 깨질 파) 突擊(갑자기 돌, 칠 격) 反擊(뒤집을 반, 칠 격) 打擊(칠 타, 칠 격)	__破 : __파 突__ : 돌__ 反__ : 반__ 打__ : 타__

3			
繫	총획 19획 부수 糸 훈·음	繫留(맬 계, 머무를 류) 繫留場(맬 계, 머무를 류, 마당 장) 連繫(이을 연, 맬 계)	__留 : __류 __留場 : __류장 連__ : 연__

1			
殼	총획 12획 부수 殳 훈·음	殼果(껍질 각, 과실 과) 甲殼類(갑옷 갑, 껍질 각, 무리 류) 地殼(땅 지, 껍질 각)	__果 : __과 甲__類 : 갑__류 地__ : 지__

257

4	총획 15획 부수 禾	穀氣(곡식 곡, 기운 기) 穀物(곡식 곡, 물건 물) 雜穀(섞일 잡, 곡식 곡)	___氣 : ___기 ___物 : ___물 雜___ : 잡___
穀			
	훈·음		

1Ⅱ 258	총획 4획 부수 亠	亢龍(높을 항, 용 룡) 亢鼻(높을 항, 코 비) 亢龍有悔(높을 항, 용 룡, 있을 유, 뉘우칠 회)	___龍 : ___룡 ___鼻 : ___비 ___龍有悔 : ___룡유회
亢			
	훈·음		

4	총획 7획 부수 手(扌)	抗拒(대항할 항, 막을 거) 抗告(대항할 항, 알릴 고) 抗議(대항할 항, 의논할 의) 反抗(거꾸로 반, 대항할 항)	___拒 : ___거 ___告 : ___고 ___議 : ___의 反___ : 반___
抗			
	훈·음		

4Ⅱ	총획 10획 부수 舟	航空(건널 항, 하늘 공) 航路(건널 항, 길 로) 航海(건널 항, 바다 해) 歸航(돌아올 귀, 건널 항)	___空 : ___공 ___路 : ___로 ___海 : ___해 歸___ : 귀___
航			
	훈·음		

3Ⅱ 259	총획 4획 부수 丶	丹心(붉을 단, 마음 심) 丹粧(붉을 단, 단장할 장) 丹田(붉을 단, 밭 전) 牡丹(수컷 모, 모란 란)	___心 : ___심 ___粧 : ___장 ___田 : ___전 牡___ : 모___
丹			
	훈·음		

3	총획 6획 제부수	舟遊(배 주, 놀 유) 舟行(배 주, 다닐 행) 一葉片舟(한 일, 잎 엽, 조각 편, 배 주)	___遊 : ___유 ___行 : ___행 一葉片___ : 일엽편___
舟			
	훈·음		

3Ⅱ 隔 훈·음	총획 13획 부수 阜(阝)	隔年(막을 격, 해 년) 隔離(막을 격, 헤어질 리) 隔差(사이 뜰 격, 다를/어긋날 차) 間隔(사이 간, 사이 뜰 격)	__年 : __년 __離 : __리 __差 : __차 間__ : 간__
3Ⅱ 獻 훈·음	총획 20획 부수 犬	獻金(바칠 헌, 돈 금) 獻身(바칠 헌, 몸 신) 獻血(바칠 헌, 피 혈) 貢獻(바칠 공, 바칠 헌)	__金 : __금 __身 : __신 __血 : __혈 貢__ : 공__
3 屯 훈·음	총획 4획 부수 屮	屯防(진 칠 둔, 막을 방) 屯營(진 칠 둔, 다스릴 영) 駐屯(머무를 주, 진 칠 둔) 退屯(물러날 퇴, 진 칠 둔)	__防 : __방 __營 : __영 駐__ : 주__ 退__ : 퇴__
3 鈍 훈·음	총획 12획 부수 金	鈍感(둔할 둔, 느낄 감) 鈍器(둔할 둔, 기구 기) 鈍濁(둔할 둔, 흐릴 탁) 愚鈍(어리석을 우, 둔할 둔)	__感 : __감 __器 : __기 __濁 : __탁 愚__ : 우__
4Ⅱ 純 훈·음	총획 10획 부수 糸	純減(순수할 순, 줄어들 감) 純潔(순수할 순, 깨끗할 결) 純白(순수할 순, 깨끗할 백) 純眞(순수할 순, 참 진)	__減 : __감 __潔 : __결 __白 : __백 __眞 : __진
8 西 훈·음	총획 6획 부수 襾	西歐(서쪽 서, 구라파 구) 西紀(서쪽 서, 해 기) 東問西答 (동쪽 동, 물을 문, 서쪽 서, 대답할 답)	__歐 : __구 __紀 : __기 東問__答 : 동문__답

260

4Ⅱ 煙	총획 13획	煙氣(연기 연, 기운 기)	___氣 : ___기
	부수 火	煙幕(연기 연, 장막 막)	___幕 : ___막
		禁煙(금할 금, 담배 연)	禁___ : 금___
	훈·음	吸煙(마실 흡, 담배 연)	吸___ : 흡___

| 3 酉 | 총획 7획 제부수 | 酉時(열째 지지 유, 때 시) | ___時 : ___시 |
| | 훈·음 | | |

4 酒	총획 10획	酒量(술 주, 용량 량)	___量 : ___량
	부수 酉	酒店(술 주, 가게 점)	___店 : ___점
		淸酒(맑을 청, 술 주)	淸___ : 청___
	훈·음	濁酒(흐릴 탁, 술 주)	濁___ : 탁___

3 醜	총획 17획	醜聞(추할 추, 들을 문)	___聞 : ___문
	부수 酉	醜惡(추할 추, 악할 악)	___惡 : ___악
		醜雜(추할 추, 섞일 잡)	___雜 : ___잡
	훈·음	陋醜(더러울 누, 추할 추)	陋___ : 누___

6 醫	총획 18획	醫院(의원 의, 관청 원)	___院 : ___원
	부수 酉	醫療(의원 의, 병 고칠 료)	___療 : ___료
		醫師(의원 의, 전문가 사)	___師 : ___사
	훈·음	醫術(의원 의, 기술 술)	___術 : ___술

1 酋	총획 9획 부수 酉	酋長(우두머리 추, 어른 장)	___長 : ___장
		群酋(무리 군, 우리머리 추)	群___ : 군___
	훈·음		

<table>
<tr>
<td>3Ⅱ
猶

훈·음</td>
<td>총획 12획
부수 犬(犭)</td>
<td>過猶不及
(지나칠 과, 같을 유, 아닐 불, 미칠 급)
猶不足(오히려 유, 아닐 부, 넉넉할 족)
猶豫(머뭇거릴 유, 미리 예)</td>
<td>過__不及 : 과__불급
__不足 : __부족
__豫 : __예</td>
</tr>
<tr>
<td>4Ⅱ
尊

훈·음</td>
<td>총획 12획
부수 寸</td>
<td>尊敬(높일 존, 공경할 경)
尊稱(높일 존, 일컬을 칭)
極尊(끝 극, 높일 존)
至尊(이를 지, 높일 존)</td>
<td>__敬 : __경
__稱 : __칭
極__ : 극__
至__ : 지__</td>
</tr>
<tr>
<td>3
遵

훈·음</td>
<td>총획 16획
부수 辵(辶)</td>
<td>遵教(따라갈 준, 가르칠 교)
遵法(따라갈 준, 법 법)
遵奉(따라갈 준, 받들 봉)
遵守(따라갈 준, 지킬 수)</td>
<td>__敎 : __교
__法 : __법
__奉 : __봉
__守 : __수</td>
</tr>
<tr>
<td>8
門

훈·음</td>
<td>총획 8획
제부수</td>
<td>門中(문 문, 가운데 중)
家門(집 가, 문 문)
名門(이름/이름날 명, 문 문)
房門(방 방, 문 문)</td>
<td>__中 : __중
家__ : 가__
名__ : 명__
房__ : 방__</td>
</tr>
<tr>
<td>7
問

훈·음</td>
<td>총획 11획
부수 口</td>
<td>問答(물을 문, 대답할 답)
問安(물을 문, 편안할 안)
問題(물을 문, 문제 제)
問責(물을 문, 꾸짖을 책)</td>
<td>__答 : __답
__安 : __안
__題 : __제
__責 : __책</td>
</tr>
<tr>
<td>6Ⅱ
聞

훈·음</td>
<td>총획 14획
부수 耳</td>
<td>見聞(볼 견, 들을 문)
所聞(바/장소 소, 들을 문)
聽聞(들을 청, 들을 문)
風聞(풍속 풍, 들을 문)</td>
<td>見__ : 견__
所__ : 소__
聽__ : 청__
風__ : 풍__</td>
</tr>
</table>

4	총획 12획 부수 門	閑暇(한가할 한, 겨를 가)	__暇 : __가
		閑良(한가할 한, 좋을 량)	__良 : __량
閑		閑散(한가할 한, 흩어질 산)	__散 : __산
	훈·음	閑寂(한가할 한, 고요할 적)	__寂 : __적

6	총획 12획 부수 門	開發(열 개, 일어날 발)	__發 : __발
		開封(열 개, 봉할 봉)	__封 : __봉
開		開會(열 개, 모일 회)	__會 : __회
	훈·음	公開(대중 공, 열 개)	公__ : 공__

4	총획 11획 부수 門	閉幕(닫을 폐, 장막 막)	__幕 : __막
		閉鎖(닫을 폐, 자물쇠 쇄)	__鎖 : __쇄
閉		閉業(닫을 폐, 업/일 업)	__業 : __업
	훈·음	密閉(빽빽할 밀, 닫을 폐)	密__ : 밀__

5 II	총획 19획 부수 門	關鍵(빗장 관, 자물쇠 건)	__鍵 : __건
		關門(빗장 관, 문 문)	__門 : __문
關		關聯(관계 관, 잇닿을/이을 련)	__聯 : __련
	훈·음	無關(없을 무, 관계 관)	無__ : 무__

3	총획 15획 부수 心(忄)	憫惘(불쌍히 여길 민, 멍할 망)	__惘 : __망
		憫然(불쌍히 여길 민, 그러할 연)	__然 : __연
憫		憫情(불쌍히 여길 민, 정 정)	__情 : __정
	훈·음	憐憫(불쌍히 여길 련, 불쌍히 여길 민)	憐__ : 련__

7 II	총획 12획 부수 門	間隔(사이 간, 사이 뜰 격)	__隔 : __격
		間食(사이 간, 먹을 식)	__食 : __식
間		間接(사이 간, 이을 접)	__接 : __접
	훈·음	間歇(사이 간, 쉴 헐)	__歇 : __헐

4			
簡	총획 18획 부수 竹(⺮)	書簡(글 서, 편지 간) 簡潔(간단할 간, 깨끗할 결) 簡單(간단할 간, 홑 단) 簡易(간단할 간, 쉬울 이)	書＿＿ : 서＿＿ ＿＿潔 : ＿＿결 ＿＿單 : ＿＿단 ＿＿易 : ＿＿이

3			
閏	총획 12획 부수 門	閏年(윤달 윤, 해 년) 閏月(윤달 윤, 달 월) 閏秒(윤달 윤, 초 초)	＿＿年 : ＿＿년 ＿＿月 : ＿＿월 ＿＿秒 : ＿＿초

3Ⅱ			
潤	총획 15획 부수 水(氵)	潤氣(윤택할 윤, 기운 기) 潤文(붙을 윤, 글월 문) 潤濕(붙을 윤, 젖을 습) 利潤(이로울 이, 붙을 윤)	＿＿氣 : ＿＿기 ＿＿文 : ＿＿문 ＿＿濕 : ＿＿습 利＿＿ : 이＿＿

4Ⅱ			
戶	총획 4획 제부수	門戶(문 문, 문 호) 窓戶(창문 창, 문 호) 戶籍(집 호, 문서 적) 戶主(집 호, 주인 주)	門＿＿ : 문＿＿ 窓＿＿ : 창＿＿ ＿＿籍 : ＿＿적 ＿＿主 : ＿＿주

7			
所	총획 8획 부수 戶	住所(사는 곳 주, 장소 소) 所見(바 소, 볼 견) 所得(바 소, 얻을 득) 所望(바 소, 바랄 망)	住＿＿ : 주＿＿ ＿＿見 : ＿＿견 ＿＿得 : ＿＿득 ＿＿望 : ＿＿망

3Ⅱ			
啓	총획 11획 부수 口	啓導(일깨울 계, 인도할 도) 啓蒙(일깨울 계, 어릴 몽) 啓發(열/깨우칠 계, 일어날 발) 啓示(열/깨우칠 계, 보일 시)	＿＿導 : ＿＿도 ＿＿蒙 : ＿＿몽 ＿＿發 : ＿＿발 ＿＿示 : ＿＿시

265

3	총획 8획 부수 肉(月) 肩 ___훈·음___	肩骨(어깨 견, 뼈 골) 肩章(어깨 견, 문장/글 장) 比肩(나란할 비, 어깨 견)	__骨 : __골 __章 : __장 比__ : 비__
3	총획 11획 부수 水(氵) 淚 ___훈·음___	感淚(감동할 감, 눈물 루) 落淚(떨어질 낙, 눈물 루) 催淚彈(재촉할 최, 눈물 루, 탄알 탄) 血淚(피 혈, 눈물 루)	感__ : 감__ 落__ : 낙__ 催__彈 : 최__탄 血__ : 혈__
3Ⅱ	총획 10획 부수 人 倉 ___훈·음___	倉庫(창고 창, 창고 고) 船倉(배 선, 창고 창) 倉卒間(급할 창, 갑자기 졸, 사이 간)	__庫 : __고 船__ : 선__ __卒間 : __졸간
4Ⅱ	총획 12획 부수 刀(刂) 創 ___훈·음___	創刊(시작할 창, 책 펴낼 간) 創作(시작할 창, 지을 작) 創造(시작할 창, 지을 조) 獨創(홀로 독, 시작할 창)	__刊 : __간 __作 : __작 __造 : __조 獨__ : 독__
3Ⅱ	총획 14획 부수 艸(艹) 蒼 ___훈·음___	蒼空(푸를 창, 하늘 공) 蒼白(푸를 창, 흰/깨끗할 백) 蒼然(푸를 창, 그러할 연)	__空 : __공 __白 : __백 __然 : __연
4	총획 5획 부수 冂 冊 ___훈·음___	冊曆(책 책, 책력 력) 冊床(책 책, 책상 상) 別冊(다를 별, 책 책) 冊封(세울 책, 봉할 봉)	__曆 : __력 __床 : __상 別__ : 별__ __封 : __봉

3Ⅱ 倫 훈·음	총획 10획 부수 人(亻)	不倫(아닐 불, 윤리 륜) 人倫(사람 인, 윤리 륜) 天倫(하늘 천, 윤리 륜) 悖倫(거스를 패, 윤리 륜)	不__ : 불__ 人__ : 인__ 天__ : 천__ 悖__ : 패__
4 輪 훈·음	총획 15획 부수 車	車輪(수레 차, 바퀴 륜) 輪廓(둥글 윤, 둘레 곽) 輪番(돌 윤, 차례 번) 輪廻(돌 윤, 돌 회)	車__ : 차__ __廓 : __곽 __番 : __번 __廻 : __회
4Ⅱ 論 훈·음	총획 15획 부수 言	論議(논의할 논, 의논할 의) 論爭(논의할 논, 다툴 쟁) 論題(논의할 논, 문제 제) 推論(밀 추, 논의할 론)	__議 : __의 __爭 : __쟁 __題 : __제 推__ : 추__
1Ⅱ 扁 훈·음	총획 9획 부수 戶	扁桃腺(작을 편, 복숭아 도, 샘 선) 扁柏(작을 편, 측백나무 백) 扁形(넓적할 편, 모양 형)	__桃腺 : __도선 __柏 : __백 __形 : __형
3Ⅱ 偏 훈·음	총획 11획 부수 人(亻)	偏見(치우칠 편, 볼 견) 偏食(치우칠 편, 먹을 식) 偏愛(치우칠 편, 사랑 애) 偏重(치우칠 편, 무거울 중)	__見 : __견 __食 : __식 __愛 : __애 __重 : __중
3Ⅱ 編 훈·음	총획 15획 부수 糸	編曲(엮을 편, 노래 곡) 編成(엮을 편, 이룰 성) 編入(엮을 편, 들 입) 編輯(엮을 편, 편집할 집)	__曲 : __곡 __成 : __성 __入 : __입 __輯 : __집

4 篇	총획 15획 부수 竹(ㅛ) ___ 훈·음	短篇(짧을 단, 책 편) 玉篇(구슬 옥, 책 편) 全篇(온전할 전, 책 편) 篇次(책 편, 차례 차)	短___ : 단___ 玉___ : 옥___ 全___ : 전___ ___次 : ___차
3 遍	총획 13획 부수 辶(辶) ___ 훈·음	遍歷(두루 편, 겪을 력) 遍在(두루 편, 있을 재) 普遍(보통 보, 두루 편)	___歷 : ___력 ___在 : ___재 普___ : 보___
특II 2 6 8 尸	총획 3획 제부수 ___ 훈·음	尸童(주검 시, 아이 동) 尸祿(몸 시, 봉급 록) 尸解(몸 시, 해부할 해)	___童 : ___동 ___祿 : ___록 ___解 : ___해
2 尉	총획 11획 부수 寸 ___ 훈·음	尉官(벼슬 위, 벼슬 관) 尉級(벼슬 위, 등급 급) 大尉(큰 대, 벼슬 위) 中尉(가운데 중, 벼슬 위)	___官 : ___관 ___級 : ___급 大___ : 대___ 中___ : 중___
4 慰	총획 15획 부수 心 ___ 훈·음	慰靈祭(위로할 위, 신령 령, 제사 제) 慰問(위로할 위, 물을 문) 慰安(위로할 위, 편안할 안)	___靈祭 : ___령제 ___問 : ___문 ___安 : ___안
3II 尺	총획 4획 부수 尸 ___ 훈·음	尺度(자 척, 정도 도) 越尺(넘을 월, 자 척) 咫尺(짧은 거리 지, 자 척) 縮尺(줄어들 축, 자 척)	___度 : ___도 越___ : 월___ 咫___ : 지___ 縮___ : 축___

5Ⅱ 局 훈·음	총획 7획 부수 尸	局部(판 국, 거느릴 부) 局限(판 국, 한계 한) 局面(상황 국, 향할 면) 局長(관청 국, 어른 장)	__部 : __부 __限 : __한 __面 : __면 __長 : __장
4 居 훈·음	총획 8획 부수 尸	居間(살 거, 사이 간) 居室(살 거, 집 실) 居住(살 거, 살/사는 곳 주) 同居(같을 동, 살 거)	__間 : __간 __室 : __실 __住 : __주 同__ : 동__
3Ⅱ 尾 훈·음	총획 7획 부수 尸	尾行(꼬리/끝 미, 다닐 행) 交尾(사귈 교, 꼬리 미) 末尾(끝 말, 끝 미) 後尾(뒤 후, 꼬리/끝 미)	__行 : __행 交__ : 교__ 末__ : 말__ 後__ : 후__
3Ⅱ 刷 훈·음	총획 8획 부수 刀(刂)	刷掃(닦을 쇄, 쓸 소) 刷新(닦을 쇄, 새로울 신) 印刷(찍을 인, 인쇄할 쇄) 增刷(더할 증, 인쇄할 쇄)	__掃 : __소 __新 : __신 印__ : 인__ 增__ : 증__
5Ⅱ 展 훈·음	총획 10획 부수 尸	展開(펼/넓을 전, 열 개) 展示(펼/넓을 전, 보일 시) 展望(펼/넓을 전, 바랄 망) 進展(나아길 진, 펼/넓을 전)	__開 : __개 __示 : __시 __望 : __망 進__ : 진__
3Ⅱ 殿 훈·음	총획 13획 부수 殳	宮殿(궁궐 궁, 대궐 전) 內殿(안 내, 대궐 전) 聖殿(성스러울 성, 큰 집 전) 寢殿(잘 침, 큰 집 전)	宮__ : 궁__ 內__ : 내__ 聖__ : 성__ 寢__ : 침__

269

4Ⅱ

假

총획 11획
부수 人(亻)

훈·음

假面(거짓 가, 얼굴 면)
假名(거짓/임시 가, 이름 명)
假飾(거짓/임시 가, 꾸밀 식)
假想(거짓 가, 생각할 상)

__面 : __면
__名 : __명
__飾 : __식
__想 : __상

4

暇

총획 13획
부수 日

훈·음

病暇(병들 병, 겨를/한가할 가)
餘暇(남을 여, 겨를/한가할 가)
年暇(해 연, 겨를/한가할 가)
休暇(쉴 휴, 겨를/한가할 가)

病__ : 병__
餘__ : 여__
年__ : 연__
休__ : 휴__

3Ⅱ

漏

총획 14획
부수 水(氵)

훈·음

漏落(샐 누, 떨어질 락)
漏泄(샐 누, 샐 설)
漏水(샐 누, 물 수)
脫漏(벗을 탈, 샐 루)

__落 : __락
__泄 : __설
__水 : __수
脫__ : 탈__

3

屛

총획 11획
부수 尸

훈·음

屛風(병풍 병, 바람 풍)
屛巖(병풍 병, 바위 암)
繡屛(수놓을 수, 병풍 병)

__風 : __풍
__巖 : __암
繡__ : 수__

4

周

총획 8획
부수 口

훈·음

周旋(두루 주, 돌 선)
周知(두루 주, 알 지)
周邊(둘레 주, 가 변)
周圍(둘레 주, 둘레 위)

__旋 : __선
__知 : __지
__邊 : __변
__圍 : __위

5Ⅱ

調

총획 15획
부수 言

훈·음

調理(고를 조, 다스릴 리)
調和(어울릴 조, 화할 화)
協調(도울 협, 어울릴 조)
曲調(노래 곡, 가락 조)

__理 : __리
__和 : __화
協__ : 협__
曲__ : 곡__

5Ⅱ 週 훈·음	총획 12획 부수 辵(辶)	週刊(주일 주, 책 펴낼 간) 週年(돌 주, 해 년) 週番(주일 주, 차례 번) 一週(한 일, 주일 주)	___刊 : ___간 ___年 : ___년 ___番 : ___번 一___ : 일___
6Ⅱ 用 훈·음	총획 5획 제부수	濫用(넘칠 남, 쓸 용) 善用(좋을 선, 쓸 용) 惡用(악할 악, 쓸 용) 誤用(그르칠 오, 쓸 용)	濫___ : 남___ 善___ : 선___ 惡___ : 악___ 誤___ : 오___
3 庸 훈·음	총획 11획 부수 广	中庸(가운데 중, 떳떳할 용) 庸劣(어리석을 용, 못날 렬) 庸夫(떳떳할 용, 사내 부) 庸弱(어리석을 용, 약할 약)	中___ : 중___ ___劣 : ___렬 ___夫 : ___부 ___弱 : ___약
4Ⅱ 備 훈·음	총획 12획 부수 人(亻)	備蓄(갖출 비, 쌓을 축) 備品(갖출 비, 물건 품) 裝備(꾸밀 장, 갖출 비) 準備(준할 준, 갖출 비)	___蓄 : ___축 ___品 : ___품 裝___ : 장___ 準___ : 준___
1Ⅱ 甫 훈·음	총획 7획 부수 用	甫田(클 보, 밭 전) 酒甫(술 주, 클 보) 拙甫(못날 졸, 클 보)	___田 : ___전 酒___ : 주___ 拙___ : 졸___
3Ⅱ 補 훈·음	총획 12획 부수 衣(衤)	補強(기울 보, 강할 강) 補缺(기울 보, 빠질 결) 補償(기울 보, 상줄 상) 補充(기울 보, 채울 충)	___強 : ___강 ___缺 : ___결 ___償 : ___상 ___充 : ___충

3 II 捕 훈·음	총획 10획 부수 手(扌)	捕手(잡을 포, 재주 있는 사람 수) 捕獲(잡을 포, 얻을 획) 生捕(살 생, 잡을 포) 逮捕(잡을 체, 잡을 포)	__手 : __수 __獲 : __획 生__ : 생__ 逮__ : 체__
3 II 浦 훈·음	총획 10획 부수 水(氵)	浦口(물가 포, 구멍 구) 浦落(물가 포, 떨어질 락) 浦村(물가 포, 마을 촌) 南浦(남쪽 남, 물가 포)	__口 : __구 __落 : __락 __村 : __촌 南__ : 남__
4 II 博 훈·음	총획 12획 부수 十	博士(넓을 박, 칭호나 직업에 붙이는 말 사) 博識(넓을 박, 알 식) 博愛(넓을 박, 사랑 애) 該博(넓을 해, 넓을 박)	__士 : __사 __識 : __식 __愛 : __애 該__ : 해__
3 II 薄 훈·음	총획 17획 부수 草(艹)	薄待(엷을 박, 대접할 대) 薄命(엷을 박, 목숨 명) 薄弱(엷을 박, 약할 약) 淺薄(천할 천, 엷을 박)	__待 : __대 __命 : __명 __弱 : __약 淺__ : 천__
3 II 簿 훈·음	총획 19획 부수 竹(⺮)	簿記(장부 부, 기록할 기) 名簿(이름 명, 장부 부) 學籍簿(배울 학, 문서 적, 장부 부)	__記 : __기 名__ : 명__ 學籍__ : 학적__
3 誦 훈·음	총획 14획 부수 言	誦讀(외울 송, 읽을 독) 誦詩(외울 송, 시 시) 朗誦(외울 낭, 외울 송) 愛誦(즐길 애, 외울 송)	__讀 : __독 __詩 : __시 朗__ : 낭__ 愛__ : 애__

6II	총획 9획 부수 力	勇敢(날랠 용, 용감할 감) 勇斷(날랠 용, 결단할 단) 勇猛(날랠 용, 날랠 맹) 勇退(날랠 용, 물러날 퇴)	__敢 : __감 __斷 : __단 __猛 : __맹 __退 : __퇴
勇 훈·음			

6	총획 11획 부수 辵(辶)	通告(통할 통, 알릴 고) 通關(통할 통, 빗장 관) 通達(통할 통, 통달할 달) 流通(흐를 유, 통할 통)	__告 : __고 __關 : __관 __達 : __달 流__ : 유__
通 훈·음			

275

6II	총획 7획 제부수	頭角(머리/우두머리 두, 뿔 각) 三角(석 삼, 뿔 각) 直角(곧을 직, 뿔 각) 角逐(뿔 각, 쫓을 축)	頭__ : 두__ 三__ : 삼__ 直__ : 직__ __逐 : __축
角 훈·음			

4II	총획 13획 부수 角	解渴(풀 해, 마를 갈) 解決(풀 해, 정할 결) 解答(풀 해, 대답할 답) 解消(풀 해, 끌/물러설 소)	__渴 : __갈 __決 : __결 __答 : __답 __消 : __소
解 훈·음			

3II	총획 20획 부수 角	觸覺(닿을 촉, 깨달을 각) 觸感(닿을 촉, 느낄 감) 觸發(닿을 촉, 일어날 발) 觸診(닿을 촉, 진칠할 진)	__覺 : __각 __感 : __감 __發 : __발 __診 : __진
觸 훈·음			

276

7II	총획 7획 제부수	自轉車(스스로 자, 구를 전, 수레 거) 停車場(머무를 정, 수레 거, 마당 장) 列車(줄 열, 수레 차)	自轉__ : 자전__ 停__場 : 정__장 列__ : 열__
車 훈·음			

안심Touch

4	총획 10획 부수 阜(阝)	陣地(진 칠 진, 땅 지) 敵陣(원수 적, 진 칠 진) 長蛇陣(길 장, 뱀 사, 줄 진)	__地 : __지 敵__ : 적__ 長蛇__ : 장사__
3	총획 9획 부수 車	軌道(길 궤, 길 도) 軌跡(길 궤, 자취 적) 挾軌(낄 협, 길 궤) 軌範(법 궤, 법/본보기 범)	__道 : __도 __跡 : __적 挾__ : 협__ __範 : __범
4	총획 10획 부수 广	金庫(금/돈 금, 창고 고) 寶庫(보배 보, 창고 고) 在庫(있을 재, 창고 고) 車庫(수레 차, 창고 고)	金__ : 금__ 寶__ : 보__ 在__ : 재__ 車__ : 차__
4Ⅱ	총획 11획 부수 辵(辶)	連結(이을 연, 맺을 결) 連絡(이을 연, 이을 락) 連累(이을 연, 폐 끼칠 루) 一連(한 일, 이을 련)	__結 : __결 __絡 : __락 __累 : __루 一__ : 일__
3Ⅱ	총획 15획 부수 艸(艹)	蓮根(연 연, 뿌리 근) 蓮池(연 연, 연못 지) 白蓮(흰 백, 연 련) 紅蓮(붉을 홍, 연 련)	__根 : __근 __池 : __지 白__ : 백__ 紅__ : 홍__
8	총획 9획 부수 車	軍歌(군사 군, 노래 가) 軍紀(군사 군, 질서 기) 軍隊(군사 군, 군대 대) 將軍(장수 장, 군사 군)	__歌 : __가 __紀 : __기 __隊 : __대 將__ : 장__

4	揮 ___(훈·음)___	총획 12획 부수 手(扌)	揮毫(휘두를 휘, 붓 호) 揮發(휘두를 휘, 일어날 발) 發揮(일어날 발, 휘두를 휘) 指揮(손가락 지, 지휘할 휘)	___毫 : ___호 ___發 : ___발 發___ : 발___ 指___ : 지___
3	輝 ___(훈·음)___	총획 15획 부수 車	輝光(빛날 휘, 빛 광) 輝煌(빛날 휘, 빛날 황) 輝煌燦爛 (빛날 휘, 빛날 황, 빛날 찬, 빛날 란)	___光 : ___광 ___煌 : ___황 ___煌燦爛 : ___황찬란
6 II	運 ___(훈·음)___	총획 13획 부수 辵(辶)	運動(옮길 운, 움직일 동) 運轉(운전할 운, 구를 전) 運航(운전할 운, 배 항) 運命(운수 운, 목숨 명)	___動 : ___동 ___轉 : ___전 ___航 : ___항 ___命 : ___명
4	專 ___(훈·음)___	총획 11획 부수 寸	專攻(오로지 전, 공 공) 專念(오로지 전, 생각 념) 專屬(오로지 전, 무리 속) 專權(마음대로 할 전, 권세 권)	___攻 : ___공 ___念 : ___념 ___屬 : ___속 ___權 : ___권
5 II	傳 ___(훈·음)___	총획 13획 부수 人(亻)	傳達(전할 전, 이를 달) 傳承(전할 전, 이을 승) 遺傳(남길 유, 이야기 전) 傳說(이야기 전, 말씀 설)	___達 : ___달 ___承 : ___승 遺___ : 유___ ___說 : ___설
4	轉 ___(훈·음)___	총획 18획 부수 車	轉科(구를 전, 과목 과) 轉勤(구를 전, 일 근) 轉移(구를 전, 옮길 이) 逆轉(거스를 역, 구를 전)	___科 : ___과 ___勤 : ___근 ___移 : ___이 逆___ : 역___

5II 團 훈·음	총획 14획 부수 囗	瓊團(구슬 경, 둥글 단) 團結(모일 단, 맺을 결) 團合(모일 단, 합할 합) 集團(모일/모을 집, 모일 단)	瓊__ : 경__ __結 : __결 __合 : __합 集__ : 집__
7 279 川 훈·음	총획 3획 제부수	川邊(내 천, 가 변) 山川草木(산 산, 내 천, 풀 초, 나무 목) 河川(강 하, 내 천)	__邊 : __변 山__草木 : 산__초목 河__ : 하__
6 訓 훈·음	총획 10획 부수 言	訓戒(가르칠 훈, 경계할 계) 訓練(가르칠 훈, 익힐 련) 訓手(가르칠 훈, 재주 수) 訓話(가르칠 훈, 말씀 화)	__戒 : __계 __練 : __련 __手 : __수 __話 : __화
5II 州 훈·음	총획 6획 부수 川	州郡(고을 주, 고을 군) 州牧(고을 주, 기를 목) 全州(온전할 전, 고을 주)	__郡 : __군 __牧 : __목 全__ : 전__
3II 洲 훈·음	총획 9획 부수 水(氵)	洲島(섬 주, 섬 도) 三角洲(석 삼, 뿔 각, 물가 주) 六大洲(여섯 육, 큰 대, 물가 주)	__島 : __도 三角__ : 삼각__ 六大__ : 육대__
3II 280 荒 훈·음	총획 10획 부수 革(艹)	荒唐(거칠 황, 황당할 당) 荒野(거칠 황, 들 야) 荒廢(거칠 황, 폐할 폐) 虛荒(헛될 허, 거칠 황)	__唐 : __당 __野 : __야 __廢 : __폐 虛__ : 허__

5 II 流 훈·음	총획 10획 부수 水(氵)	流浪(흐를 유, 물결 랑) 流失(흐를 유, 잃을 실) 流言(흐를 유, 말씀 언) 流行(흐를/번져나갈 유, 행할 행)	___浪 : ___랑 ___失 : ___실 ___言 : ___언 ___行 : ___행
3 II 疏 훈·음	총획 12획 부수 疋(𤴔)	疏通(트일 소, 통할 통) 疏外(드물/성길 소, 밖 외) 疎外(드물/성길 소, 밖 외) 親疏(친할 친, 드물/성길 소)	___通 : ___통 ___外 : ___외 ___外 : ___외 親___ : 친___
3 蔬 훈·음	총획 16획 부수 草(艹)	蔬飯(나물/채소 소, 밥 반) 蔬食(나물/채소 소, 밥 식) 蔬店(나물/채소 소, 가게 점)	___飯 : ___반 ___食 : ___식 ___店 : ___점
5 災 훈·음	총획 7획 부수 火	災難(재앙 재, 어려울 난) 災害(재앙 재, 해칠 해) 産災(낳을 산, 재앙 재) 火災(불 화, 재앙 재)	___難 : ___난 ___害 : ___해 産___ : 산___ 火___ : 화___
3 II 巡 훈·음	총획 7획 부수 川(巛)	巡警(살필/돌 순, 경계할 경) 巡訪(돌 순, 방문할 방) 巡視(돌/살필 순, 살필 시) 巡廻(돌 순, 돌 회)	___警 : ___경 ___訪 : ___방 ___視 : ___시 ___廻 : ___회
3 II 腦 훈·음	총획 13획 부수 肉(月)	腦裏(뇌 뇌, 속 리) 頭腦(머리 두, 뇌 뇌) 洗腦(씻을 세, 뇌 뇌) 首腦(우두머리 수, 뇌 뇌)	___裏 : ___리 頭___ : 두___ 洗___ : 세___ 首___ : 수___

3	惱 ___ 훈·음	총획 12획 부수 心(忄)	苦惱(괴로울 고, 괴로워할 뇌) 煩惱(번거로울 번, 괴로워할 뇌) 百八煩惱 (일백 백, 여덟 팔, 번거로울 번, 괴로워할 뇌)	苦__ : 고__ 煩__ : 번__ 百八煩__ : 백팔번__
3	獵 ___ 훈·음	총획 18획 부수 犬(犭)	獵師(사냥할 엽, 전문가 사) 獵銃(사냥할 엽, 총 총) 密獵(비밀 밀, 사냥할 렵) 涉獵(건널 섭, 사냥할 렵)	__師 : __사 __銃 : __총 密__ : 밀__ 涉__ : 섭__
5 282	輕 ___ 훈·음	총획 14획 부수 車	輕減(가벼울 경, 줄어들 감) 輕微(가벼울 경, 작을 미) 輕傷(가벼울 경, 상할 상) 輕率(가벼울 경, 솔직할 솔)	__減 : __감 __微 : __미 __傷 : __상 __率 : __솔
4Ⅱ	經 ___ 훈·음	총획 13획 부수 糸	經歷(지날 경, 겪을 력) 經緯(날실 경, 씨실 위) 經費(지날 경, 쓸/비용 비) 經書(경서 경, 책 서)	__歷 : __력 __緯 : __위 __費 : __비 __書 : __서
3Ⅱ	徑 ___ 훈·음	총획 10획 부수 彳	徑路(지름길 경, 길 로) 半徑(반 반, 지름길 경) 直徑(곧을 직, 지름길 경) 捷徑(빠를 첩, 지름길 경)	__路 : __로 半__ : 반__ 直__ : 직__ 捷__ : 첩__
3Ⅱ 283	輸 ___ 훈·음	총획 16획 부수 車	輸送(보낼 수, 보낼 송) 輸入(보낼 수, 들 입) 輸血(보낼 수, 피 혈) 禁輸(금할 금, 보낼 수)	__送 : __송 __入 : __입 __血 : __혈 禁__ : 금__

3	총획 13획 부수 心	愈甚(더욱 유, 심할 심) 治愈(다스릴 치, 병 나을 유) 愈往愈甚 (더욱 유, 갈 왕, 더욱 유, 심할 심) 훈·음 ___	___甚 : ___심 治___ : 치___ ___往___甚 : ___왕___심
8 **2 8 4**	총획 4획 제부수	火力(불 화, 힘 력) 火傷(불 화, 상할 상) 發火(일어날 발, 불 화) 放火(놓을 방, 불 화) 훈·음 ___	___力 : ___력 ___傷 : ___상 發___ : 발___ 放___ : 방___
3Ⅱ	총획 8획 부수 火	炎涼(더울 염, 서늘할 량) 炎天(더울 염, 하늘 천) 暴炎(사나울 폭, 더울 염) 훈·음 ___	___涼 : ___량 ___天 : ___천 暴___ : 폭___
5	총획 15획 부수 言	談笑(말씀 담, 웃을 소) 談合(말씀 담, 합할 합) 美談(아름다울 미, 말씀 담) 情談(정 정, 말씀 담) 훈·음 ___	___笑 : ___소 ___合 : ___합 美___ : 미___ 情___ : 정___
3Ⅱ	총획 11획 부수 水(氵)	淡水(맑을 담, 물 수) 濃淡(짙을 농, 맑을 담) 冷淡(찰 냉, 맑을 담) 淡白(깨끗할 담, 깨끗할 백) 훈·음 ___	___水 : ___수 濃___ : 농___ 冷___ : 냉___ ___白 : ___백
3 **2 8 5**	총획 16획 부수 虫	螢光(반딧불 형, 빛 광) 螢雪(반딧불 형, 눈 설) 螢學(반딧불 형, 배울 학) 훈·음 ___	___光 : ___광 ___雪 : ___설 ___學 : ___학

4Ⅱ 榮 ___ 훈·음	총획 14획 부수 木	榮光(성할 영, 빛 광) 繁榮(번성할 번, 성할 영) 榮華(영화 영, 빛날 화) 虛榮(헛될 허, 영화 영)	__光 : __광 繁__ : 번__ __華 : __화 虛__ : 허__
5Ⅱ 勞 ___ 훈·음	총획 12획 부수 力	勞苦(수고할 노, 쓸 고) 勞心(힘쓸 노, 마음 심) 過勞(지나칠 과, 일할 로) 勤勞(부지런할 근, 일할 로)	__苦 : __고 __心 : __심 過__ : 과__ 勤__ : 근__
4 營 ___ 훈·음	총획 17획 부수 火	營利(다스릴 영, 이로울 리) 營業(다스릴 영, 업 업) 營爲(다스릴 영, 할 위) 國營(나라 국, 다스릴 영)	__利 : __리 __業 : __업 __爲 : __위 國__ : 국__
5 赤 ___ 훈·음	총획 7획 제부수	赤字(붉을 적, 글자 자) 赤裸裸(발가벗을 적, 벗을 나, 벗을 라)	__字 : __자 __裸裸 : __나라
3Ⅱ 亦 ___ 훈·음	총획 6획 부수 亠	亦是(또 역, 옳을 시) 全亦(온전할 전, 또 역) 此亦(이 차, 또 역)	__是 : __시 全__ : 전__ 此__ : 차__
3Ⅱ 跡 ___ 훈·음	총획 13획 부수 足(𧾷)	足跡(발 족, 발자국/자취 적) 遺跡(남길 유, 자취 적) 追跡(쫓을 추, 발자국 적)	足__ : 족__ 遺__ : 유__ 追__ : 추__

287 **3Ⅱ** 漆 훈·음	총획 14획 부수 水(氵)	漆器(옻 칠, 그릇 기) 漆板(검을 칠, 널조각 판) 漆黑(검을 칠, 검을 흑)	___器 : ___기 ___板 : ___판 ___黑 : ___흑
3 遲 훈·음	총획 16획 부수 辵(辶)	遲刻(늦을 지, 시각 각) 遲延(늦을 지, 끌/늘일 연) 遲滯(늦을 지, 막힐 체)	___刻 : ___각 ___延 : ___연 ___滯 : ___체
4Ⅱ 求 훈·음	총획 7획 부수 水(氺)	求乞(구할 구, 빌 걸) 求道(구할 구, 길/도리 도) 求愛(구할 구, 사랑 애) 求職(구할 구, 맡을/벼슬 직)	___乞 : ___걸 ___道 : ___도 ___愛 : ___애 ___職 : ___직
6Ⅱ 球 훈·음	총획 11획 부수 玉(王)	球根(둥글 구, 뿌리 근) 地球(땅 지, 둥글 구) 球技(공 구, 재주 기) 排球(물리칠 배, 공 구)	___根 : ___근 地___ : 지___ ___技 : ___기 排___ : 배___
5 救 훈·음	총획 11획 부수 攴(攵)	救急(구원할 구, 급할 급) 救命(구원할 구, 목숨 명) 救助(구원할/도울 구, 도울 조) 救護(구원할 구, 보호할 호)	___急 : ___급 ___命 : ___명 ___助 : ___조 ___護 : ___호
288 **3** 隸 훈·음	총획 16획 부수 隶	奴隸(종 노, 종 예) 隸書(붙을 예, 글 서) 隸屬(붙을 예, 붙어살/무리 속)	奴___ : 노___ ___書 : ___서 ___屬 : ___속

한쌤Touch

4Ⅱ 康 훈·음	총획 11획 부수 广	康健(편안할 강, 건강할 건) 健康(건강할 건, 편안할 강) 壽福康寧 (목숨 수, 복 복, 편안할 강, 편안할 녕)	__健 : __건 健__ : 건__ 壽福__寧 : 수복__녕
3 逮 훈·음	총획 12획 부수 辵(辶)	逮問(잡을 체, 물을 문) 逮捕(잡을 체, 잡을 포) 被逮(당할 피, 잡을 체)	__問 : __문 __捕 : __포 被__ : 피__
4 緣 훈·음	총획 15획 부수 糸	緣故(인연 연, 연고 고) 緣分(인연 연, 나눌 분) 緣由(인연 연, 까닭 유) 結緣(맺을 결, 인연 연)	__故 : __고 __分 : __분 __由 : __유 結__ : 결__
4Ⅱ 錄 훈·음	총획 16획 부수 金	錄音(기록할 녹, 소리 음) 錄畫(기록할 녹, 그림 화) 附錄(붙을 부, 기록할 록) 收錄(거둘 수, 기록할 록)	__音 : __음 __畫 : __화 附__ : 부__ 收__ : 수__
3Ⅱ 祿 훈·음	총획 13획 부수 示	祿俸(봉급 녹, 녹 봉) 祿米(봉급 녹, 쌀 미) 福祿(복 복, 봉급 록)	__俸 : __봉 __米 : __미 福__ : 복__
6 綠 훈·음	총획 14획 부수 糸	綠陰(푸를 녹, 그늘 음) 綠茶(푸를 녹, 차 차) 常綠樹(항상 상, 푸를 록, 나무 수)	__陰 : __음 __茶 : __차 常__樹 : 상__수

5Ⅱ 雨 훈·음	총획 8획 제부수	雨備(비 우, 갖출 비) 雨傘(비 우, 우산 산) 暴雨(사나울 폭, 비 우) 豪雨(굳셀 호, 비 우)	__備 : __비 __傘 : __산 暴__ : 폭__ 豪__ : 호__
3Ⅱ 露 훈·음	총획 21획 부수 雨	寒露(찰 한, 이슬 로) 露宿(이슬 노, 잘 숙) 露出(드러날 노, 나올 출) 吐露(토할 토, 드러날 로)	寒__ : 한__ __宿 : __숙 __出 : __출 吐__ : 토__
6Ⅱ 雪 훈·음	총획 11획 부수 雨	雪景(눈 설, 경치 경) 除雪(제거할 제, 눈 설) 雪憤(씻을 설, 분할 분) 雪辱(씻을 설, 욕될 욕)	__景 : __경 除__ : 제__ __憤 : __분 __辱 : __욕
3Ⅱ 霜 훈·음	총획 17획 부수 雨	霜降(서리 상, 내릴 강) 霜雪(서리 상, 눈 설) 秋霜(가을 추, 서리 상) 風霜(바람 풍, 서리 상)	__降 : __강 __雪 : __설 秋__ : 추__ 風__ : 풍__
3Ⅱ 靈 훈·음	총획 24획 부수 雨	靈感(신령스러울 영, 느낄 감) 靈藥(신령스러울 영, 약 약) 靈肉(신령 영, 고기 육) 靈魂(신령 영, 넋/마음 혼)	__感 : __감 __藥 : __약 __肉 : __육 __魂 : __혼
3 零 훈·음	총획 13획 부수 雨	零細(떨어질 영, 가늘 세) 零落(떨어질 영, 떨어질 락) 零點(영 영, 점 점) 零下(영 영, 아래/내릴 하)	__細 : __세 __落 : __락 __點 : __점 __下 : __하

3Ⅱ 雷 총획 13획 부수 雨 훈·음	雷同(천둥 뇌, 같을 동) 雷聲(천둥 뇌, 소리 성) 落雷(떨어질 낙, 우레 뢰) 地雷(땅 지, 우레 뢰)	__同 : __동 __聲 : __성 落__ : 낙__ 地__ : 지__
7Ⅱ 電 총획 13획 부수 雨 훈·음	電擊(번개 전, 칠 격) 電燈(전기 전, 등불 등) 電子(전기 전, 접미사 자) 充電(채울 충, 전기 전)	__擊 : __격 __燈 : __등 __子 : __자 充__ : 충__
3 291 云 총획 4획 부수 二 훈·음	云云(말할 운, 말할 운) 云爲(말할 운, 할 위) 云謂(말할 운, 이를 위)	__ __ : __ __ __爲 : __위 __謂 : __위
5Ⅱ 雲 총획 12획 부수 雨 훈·음	雲霧(구름 운, 안개 무) 雲集(구름 운, 모일 집) 雲海(구름 운, 바다 해) 靑雲(푸를 청, 구름 운)	__霧 : __무 __集 : __집 __海 : __해 靑__ : 청__
4Ⅱ 陰 총획 11획 부수 阜(阝) 훈·음	陰曆(그늘 음, 책력 력) 陰地(그늘 음, 땅 지) 陰凶(그늘 음, 흉할 흉) 光陰(빛 광, 그늘 음)	__曆 : __력 __地 : __지 __凶 : __흉 光__ : 광__
4 292 巨 총획 5획 부수 工 훈·음	巨金(클 거, 돈 금) 巨物(클 거, 물건 물) 巨富(클 거, 부자 부) 巨人(클 거, 사람 인)	__金 : __금 __物 : __물 __富 : __부 __人 : __인

| 5Ⅱ | 총획 6획
제부수 | 臣道(신하 신, 도리 도)
奸臣(간사할 간, 신하 신)
功臣(공로 공, 신하 신)
忠臣(충성 충, 신하 신) | __道 : __도
奸__ : 간__
功__ : 공__
忠__ : 충__ |
| 臣 훈·음 | | | |

| 3 | 총획 4획
부수 二 | 互相(서로 호, 서로 상)
互換(서로 호, 바꿀 환)
相互(서로 상, 서로 호) | __相 : __상
__換 : __환
相__ : 상__ |
| 互 훈·음 | | | |

| 3Ⅱ | 총획 5획
제부수 | 瓦屋(기와 와, 집 옥)
瓦解(기와 와, 풀 해)
靑瓦臺(푸를 청, 기와 와, 누각/정자 대) | __屋 : __옥
__解 : __해
靑__臺 : 청__대 |
| 瓦 훈·음 | | | |

| 4 | 총획 8획
부수 手(扌) | 拒否(막을 거, 아닐 부)
拒逆(막을 거, 거스를 역)
拒絶(막을 거, 끊을 절)
抗拒(대항할 항, 막을 거) | __否 : __부
__逆 : __역
__絶 : __절
抗__ : 항__ |
| 拒 훈·음 | | | |

| 3Ⅱ | 총획 12획
부수 足(𧾷) | 距離(떨어질/거리 거, 헤어질 리)
近距離(가까울 근, 거리 거, 헤어질 리)
長距離(길 장, 거리 거, 헤어질 리) | __離 : __리
近__離 : 근__리
長__離 : 장__리 |
| 距 훈·음 | | | |

| 3 | 총획 8획
부수 臣 | 臥病(누울 와, 병들 병)
臥龍(누울 와, 용 룡)
臥遊(누울 와, 여행할 유) | __病 : __병
__龍 : __룡
__遊 : __유 |
| 臥 훈·음 | | | |

293

3Ⅱ 臨 훈·음	총획 17획 부수 臣	臨迫(임할 임, 닥칠 박) 臨終(임할 임, 마칠 종) 降臨(내릴 강, 임할 림) 君臨(임금 군, 임할 림)	__迫 : __박 __終 : __종 降__ : 강__ 君__ : 군__
4Ⅱ 監 훈·음	총획 14획 부수 皿	監禁(볼 감, 금할 금) 監督(볼 감, 감독할 독) 監視(볼 감, 볼 시) 監獄(볼 감, 감옥 옥)	__禁 : __금 __督 : __독 __視 : __시 __獄 : __옥
3Ⅱ 鑑 훈·음	총획 22획 부수 金	龜鑑(거북 귀, 거울 감) 鑑別(살필 감, 나눌 별) 鑑賞(살필 감, 구경할 상) 鑑定(살필 감, 정할 정)	龜__ : 귀__ __別 : __별 __賞 : __상 __定 : __정
3 濫 훈·음	총획 17획 부수 水(氵)	濫發(넘칠 남, 일어날 발) 濫用(넘칠 남, 쓸 용) 氾濫(넘칠 범, 넘칠 람) 猥濫(분에 넘칠 외, 넘칠 람)	__發 : __발 __用 : __용 氾__ : 범__ 猥__ : 외__
4 覽 훈·음	총획 21획 부수 見	觀覽(볼 관, 볼 람) 博覽(넓을 박, 볼 람) 要覽(중요할 요, 볼 람) 回覽(돌 회, 볼 람)	觀__ : 관__ 博__ : 박__ 要__ : 요__ 回__ : 회__
3Ⅱ 鹽 훈·음	총획 24획 부수 鹵	鹽度(소금 염, 정도 도) 鹽分(소금 염, 단위 분) 鹽藏(소금 염, 감출/곳간 장) 竹鹽(대 죽, 소금 염)	__度 : __도 __分 : __분 __藏 : __장 竹__ : 죽__

특II 臧 훈·음	총획 14획 부수 臣	臧否(착할 장, 아닐 부) 臧獲(숨길/착할 장, 얻을 획)	___否 : ___부 ___獲 : ___획
3II 藏 훈·음	총획 18획 부수 艸(艹)	祕藏(숨길 비, 감출 장) 死藏(죽을 사, 곳간 장) 所藏(장소 소, 감출 장) 貯藏(쌓을 저, 감출 장)	祕___ : 비___ 死___ : 사___ 所___ : 소___ 貯___ : 저___
3II 臟 훈·음	총획 22획 부수 肉(月)	臟器(오장 장, 기구 기) 肝臟(간 간, 오장 장) 內臟(안 내, 오장 장) 膵臟(췌장 췌, 오장 장)	___器 : ___기 肝___ : 간___ 內___ : 내___ 膵___ : 췌___
4 堅 훈·음	총획 11획 부수 土	堅固(굳을 견, 굳을 고) 堅實(굳을 견, 실제 실) 堅持(굳을 견, 가질 지) 堅強(굳을 견, 강할 강)	___固 : ___고 ___實 : ___실 ___持 : ___지 ___強 : ___강
4II 賢 훈·음	총획 15획 부수 貝	賢明(어질 현, 밝을 명) 賢淑(어질 현, 맑을 숙) 賢哲(어질 현, 밝을 철) 聖賢(성인 성, 어질 현)	___明 : ___명 ___淑 : ___숙 ___哲 : ___철 聖___ : 성___
3II 緊 훈·음	총획 14획 부수 糸	緊急(급할 긴, 급할 급) 緊密(긴요할 긴, 빽빽할 밀) 緊迫(긴요할 긴, 닥칠 박) 緊縮(긴요할 긴, 줄어들 축)	___急 : ___급 ___密 : ___밀 ___迫 : ___박 ___縮 : ___축

안심Touch

7Ⅱ **工** 훈·음	총획 3획 제부수	木工(나무 목, 장인 공) 工業(만들 공, 업 업) 工作(만들 공, 지을 작) 工具(연장 공, 기구 구)	木__ : 목__ __業 : __업 __作 : __작 __具 : __구
7Ⅱ **江** 훈·음	총획 6획 부수 水(氵)	江邊(강 강, 가 변) 江山(강 강, 산 산) 江村(강 강, 마을 촌) 漢江(한나라 한, 강 강)	__邊 : __변 __山 : __산 __村 : __촌 漢__ : 한__
4 **紅** 훈·음	총획 9획 부수 糸	紅蔘(붉을 홍, 인삼 삼) 紅顔(붉을 홍, 얼굴 안) 紅一點(붉을 홍, 한 일, 점 점)	__蔘 : __삼 __顔 : __안 __一點 : __일점
6Ⅱ **功** 훈·음	총획 5획 부수 力	功過(공로 공, 허물 과) 功德(공로 공, 덕 덕) 成功(이룰 성, 공 공) 有功(있을 유, 공로 공)	__過 : __과 __德 : __덕 成__ : 성__ 有__ : 유__
3Ⅱ **貢** 훈·음	총획 10획 부수 貝	貢納(바칠 공, 바칠 납) 貢物(바칠 공, 물건 물) 貢獻(바칠 공, 바칠 헌) 朝貢(조정 조, 바칠 공)	__納 : __납 __物 : __물 __獻 : __헌 朝__ : 조__
3Ⅱ **恐** 훈·음	총획 10획 부수 心	恐龍(두려울 공, 용 룡) 恐怖(두려울 공, 두려워할 포) 可恐(가히 가, 두려울 공) 惶恐(두려울 황, 두려울 공)	__龍 : __룡 __怖 : __포 可__ : 가__ 惶__ : 황__

4 297	攻 ___훈·음___	총획 7획 부수 攴(夂)	攻擊(칠 공, 칠 격) 攻略(칠 공, 빼앗을 략) 侵攻(침범할 침, 칠 공) 專攻(오로지 전, 닦을 공)	___擊 : ___격 ___略 : ___략 侵___ : 침___ 專___ : 전___
4	敢 ___훈·음___	총획 12획 부수 攴(夂)	敢行(감히 감, 행할 행) 勇敢(날랠 용, 용감할 감) 果敢(결과 과, 용감할 감)	___行 : ___행 勇___ : 용___ 果___ : 과___
4	嚴 ___훈·음___	총획 20획 부수 口	嚴格(엄할 엄, 격식 격) 嚴選(엄할 엄, 뽑을 선) 嚴守(엄할 엄, 지킬 수) 嚴肅(엄할 엄, 엄숙할 숙)	___格 : ___격 ___選 : ___선 ___守 : ___수 ___肅 : ___숙
3II	巖 ___훈·음___	총획 23획 부수 山	巖壁(바위 암, 벽 벽) 巖盤(바위 암, 쟁반 반) 巖石(바위 암, 돌 석)	___壁 : ___벽 ___盤 : ___반 ___石 : ___석
3II 298	巧 ___훈·음___	총획 5획 부수 工	奸巧(간사할 간, 교묘할 교) 計巧(꾀할 계, 교묘할 교) 技巧(재주 기, 교묘할 교) 精巧(정밀할 정, 교묘할 교)	奸___ : 간___ 計___ : 계___ 技___ : 기___ 精___ : 정___
3	聘 ___훈·음___	총획 13획 부수 耳	招聘(부를 초, 부를 빙) 聘母(장가들 빙, 어미/어머니 모) 聘父(장가들 빙, 아비 부) 聘丈(장가들 빙, 어른 장)	招___ : 초___ ___母 : ___모 ___父 : ___부 ___丈 : ___장

3Ⅱ 誇 훈·음	총획 13획 부수 言	誇大(자랑할 과, 큰 대) 誇負(자랑할 과, 짐질 부) 誇示(자랑할 과, 보일 시) 誇張(자랑할 과, 벌릴 장)	__大 : __대 __負 : __부 __示 : __시 __張 : __장
3 汚 훈·음	총획 6획 부수 水(氵)	汚名(더러울 오, 이름 명) 汚物(더러울 오, 물건 물) 汚水(더러울 오, 물 수) 汚點(더러울 오, 점 점)	__名 : __명 __物 : __물 __水 : __수 __點 : __점
3 斤 훈·음	총획 4획 제부수	斤斧(도끼 근, 도끼 부) 斤量(저울 근, 용량 량) 斤數(저울 근, 셀 수)	__斧 : __부 __量 : __량 __數 : __수
3 析 훈·음	총획 8획 부수 木	析出(쪼갤 석, 나올 출) 分析(나눌 분, 쪼갤 석) 透析(통할 투, 쪼갤 석) 解析(풀 해, 쪼갤 석)	__出 : __출 分__ : 분__ 透__ : 투__ 解__ : 해__
3 斯 훈·음	총획 12획 부수 斤	斯界(이 사, 세계 계) 斯文(이 사, 글월 문) 斯民(이 사, 백성 민)	__界 : __계 __文 : __문 __民 : __민
3Ⅱ 祈 훈·음	총획 9획 부수 示	祈求(빌 기, 구할 구) 祈禱(빌 기, 빌 도) 祈願(빌 기, 원할 원)	__求 : __구 __禱 : __도 __願 : __원

3	斥	총획 5획 부수 斤 훈·음	斥拒(물리칠 척, 물리칠 거) 斥棄(물리칠 척, 버릴 기) 斥邪(물리칠 척, 간사할 사) 排斥(물리칠 배, 물리칠 척)	__拒 : __거 __棄 : __기 __邪 : __사 排__ : 배__

3Ⅱ	訴	총획 12획 부수 言 훈·음	告訴(알릴 고, 소송할 소) 上訴(위 상, 소송할 소) 泣訴(울 읍, 소송할 소) 呼訴(부를 호, 소송할 소)	告__ : 고__ 上__ : 상__ 泣__ : 읍__ 呼__ : 호__

6	近	총획 8획 부수 辵(辶) 훈·음	附近(가까이 할 부, 가까울 근) 遠近(멀 원, 가까울 근) 親近(친할 친, 가까울 근) 近似(비슷할 근, 같을 사)	附__ : 부__ 遠__ : 원__ 親__ : 친__ __似 : __사

5Ⅱ	質	총획 15획 부수 貝 훈·음	質量(바탕 질, 용량 량) 質問(바탕 질, 물을 문) 質責(바탕 질, 꾸짖을 책) 性質(바탕 성, 바탕 질)	__量 : __량 __問 : __문 __責 : __책 性__ : 성__

3Ⅱ	丘	총획 5획 부수 一 훈·음	丘陵(언덕 구, 무덤 릉) 沙丘(모래 사, 언덕 구) 波丘(물결 파, 언덕 구)	__陵 : __릉 沙__ : 사__ 波__ : 파__

3	岳	총획 8획 부수 山 훈·음	岳頭(큰 산 악, 우두머리 두) 山岳(산 산, 큰 산 악) 楓岳山(단풍 풍, 큰 산 악, 산 산)	__頭 : __두 山__ : 산__ 楓__山 : 풍__산

5Ⅱ 兵 총획 7획 부수 八 훈·음	兵役(군사 병, 부릴 역) 兵士(군사 병, 군사 사) 義兵(의로울 의, 군사 병) 將兵(장수 장, 군사 병)	__役 : __역 __士 : __사 義__ : 의__ 將__ : 장__
2 301 斬 총획 11획 부수 斤 훈·음	斬首(벨/죽일 참, 머리 수) 斬新(벨 참, 새로울 신) 斬刑(벨/죽일 참, 모양 형)	__首 : __수 __新 : __신 __刑 : __형
3Ⅱ 漸 총획 14획 부수 水(氵) 훈·음	漸減(점점 점, 줄어들 감) 漸增(점점 점, 더할 증) 漸進(점점 점, 나아갈 진) 漸次(점점 점, 차례 차)	__減 : __감 __增 : __증 __進 : __진 __次 : __차
3 慙 총획 15획 부수 心 훈·음	慙愧(부끄러울 참, 부끄러워할 괴) 慙色(부끄러울 참, 빛 색) 慙悔(부끄러울 참, 뉘우칠 회)	__愧 : __괴 __色 : __색 __悔 : __회
3Ⅱ 暫 총획 15획 부수 日 훈·음	暫間(잠깐 잠, 사이 간) 暫見(잠깐 잠, 볼 견) 暫時(잠깐 잠, 때 시) 暫定(잠깐 잠, 정할 정)	__間 : __간 __見 : __견 __時 : __시 __定 : __정
4 302 折 총획 7획 부수 手(扌) 훈·음	折半(꺾을 절, 반 반) 曲折(굽을 곡, 꺾을 절) 九折(아홉 구, 꺾을 절) 屈折(굽을/굽힐 굴, 꺾을 절)	__半 : __반 曲__ : 곡__ 九__ : 구__ 屈__ : 굴__

3Ⅱ 哲 ___ 훈·음	총획 10획 부수 口	哲學(밝을 철, 배울 학) 明哲(밝을 명, 밝을 철) 明哲保身 (밝을 명, 밝을 철, 지킬/보호할 보, 몸 신)	___學 : ___학 明___ : 명___ 明___保身 : 명___보신
3 逝 ___ 훈·음	총획 11획 부수 辵(辶)	逝去(죽을 서, 갈 거) 逝者(죽을 서, 놈 자) 急逝(급할 급, 죽을 서) 卒逝(죽을 졸, 갈/죽을 서)	___去 : ___거 ___者 : ___자 急___ : 급___ 卒___ : 졸___
3 誓 ___ 훈·음	총획 14획 부수 言	誓文(맹세할 서, 글월 문) 誓盟(맹세할 서, 맹세할 맹) 誓詞(맹세할 서, 말 사) 誓約(맹세할 서, 약속할 약)	___文 : ___문 ___盟 : ___맹 ___詞 : ___사 ___約 : ___약
3Ⅱ 潛 ___ 훈·음	총획 15획 부수 水(氵)	潛伏(잠길 잠, 엎드릴 복) 潛水(잠길 잠, 물 수) 潛跡(감출 잠, 자취 적) 潛在(숨길 잠, 있을 재)	___伏 : ___복 ___水 : ___수 ___跡 : ___적 ___在 : ___재
3 旣 ___ 훈·음	총획 11획 부수 无	旣決(이미 기, 정할 결) 旣往(이미 기, 갈 왕) 旣存(이미 기, 있을 존) 旣婚(이미 기, 결혼할 혼)	___決 : ___결 ___往 : ___왕 ___存 : ___존 ___婚 : ___혼
3 慨 ___ 훈·음	총획 14획 부수 心(忄)	慨嘆(슬퍼할 개, 탄식할 탄) 感慨(느낄 감, 슬퍼할 개) 憤慨(분할 분, 슬퍼할 개)	___嘆 : ___탄 感___ : 감___ 憤___ : 분___

303

3Ⅱ	총획 15획 부수 木	槪觀(대강 개, 볼 관) 槪括(대강 개, 묶을 괄) 槪論(대개 개, 논의할 론) 槪要(대개 개, 중요할 요)	__觀 : __관 __括 : __괄 __論 : __론 __要 : __요
槪 ——— 훈·음			

특 304	총획 3획 제부수	弋獵(주살 익, 사냥할 렵) 弋射(주살 익, 쏠 사)	__獵 : __렵 __射 : __사
弋 ——— 훈·음			

6Ⅱ	총획 5획 부수 人(亻)	代價(대신할 대, 값 가) 代辯(대신할 대, 말 잘할 변) 代表(세대 대, 겉 표) 代金(대금 대, 돈 금)	__價 : __가 __辯 : __변 __表 : __표 __金 : __금
代 ——— 훈·음			

2	총획 4획 제부수	戈甲(창 과, 갑옷 갑) 戈劍(창 과, 칼 검) 干戈(방패 간, 창 과)	__甲 : __갑 __劍 : __검 干__ : 간__
戈 ——— 훈·음			

4Ⅱ	총획 6획 부수 人(亻)	伐木(칠 벌, 나무 목) 伐草(칠 벌, 풀 초) 征伐(칠 정, 칠 벌) 討伐(칠 토, 칠 벌)	__木 : __목 __草 : __초 征__ : 정__ 討__ : 토__
伐 ——— 훈·음			

6	총획 6획 부수 弋	格式(격식 격, 법 식) 公式(공평할 공, 법 식) 正式(바를 정, 의식 식) 定式(정할 정, 의식 식)	格__ : 격__ 公__ : 공__ 正__ : 정__ 定__ : 정__
式 ——— 훈·음			

試	총획 13획 부수 言	試驗(시험할 시, 시험할 험) 試鍊(시험할 시, 단련할 련) 試案(시험할 시, 생각 안) 試合(시험할 시, 합할 합)	__驗 : __험 __鍊 : __련 __案 : __안 __合 : __합
훈·음			

錢	총획 16획 부수 金	錢穀(돈 전, 곡식 곡) 銅錢(구리 동, 돈 전) 本錢(근본 본, 돈 전) 紙錢(종이 지, 돈 전)	__穀 : __곡 銅__ : 동__ 本__ : 본__ 紙__ : 지__
훈·음			

殘	총획 12획 부수 歹	殘忍(잔인할 잔, 잔인할 인) 殘業(나머지 잔, 일 업) 殘金(나머지 잔, 돈 금)	__忍 : __인 __業 : __업 __金 : __금
훈·음			

踐	총획 15획 부수 足(⻊)	踐踏(밟을 천, 밟을 답) 踐歷(밟을 천, 겪을 력) 實踐(실제 실, 밟을 천)	__踏 : __답 __歷 : __력 實__ : 실__
훈·음			

賤	총획 15획 부수 貝	賤民(천할 천, 백성 민) 貴賤(귀할 귀, 천할 천) 賤待(업신여길 천, 대접할 대) 賤視(천할/업신여길 천, 볼 시)	__民 : __민 貴__ : 귀__ __待 : __대 __視 : __시
훈·음			

淺	총획 11획 부수 水(氵)	淺薄(얕을 천, 엷을 박) 鄙淺(더러울 비, 얕을 천) 深淺(깊을 심, 얕을 천)	__薄 : __박 鄙__ : 비__ 深__ : 심__
훈·음			

| 4 或 | 총획 8획
부수 戈
___
훈·음 | 或時(혹시 혹, 때 시)
或間(혹시 혹, 사이 간)
或如(혹시 혹, 같을 여)
或者(혹시 혹, 놈 자) | __時 : __시
__間 : __간
__如 : __여
__者 : __자 |

| 4 域 | 총획 11획
부수 土
___
훈·음 | 區域(구역 구, 구역 역)
域內(구역 역, 안 내)
領域(거느릴 영, 구역 역)
異域(다를 이, 구역 역) | 區__ : 구__
__內 : __내
領__ : 영__
異__ : 이__ |

| 3Ⅱ 惑 | 총획 12획
부수 心
___
훈·음 | 困惑(곤란할 곤, 어지러울 혹)
當惑(당할 당, 어지러울 혹)
迷惑(헷갈릴 미, 유혹할 혹)
疑惑(의심할 의, 어지러울 혹) | 困__ : 곤__
當__ : 당__
迷__ : 미__
疑__ : 의__ |

| 8 國 | 총획 11획
부수 囗
___
훈·음 | 國歌(나라 국, 노래 가)
國境(나라 국, 경계 경)
建國(세울 건, 나라 국)
母國(어미/어머니 모, 나라 국) | __歌 : __가
__境 : __경
建__ : 건__
母__ : 모__ |

| 3Ⅱ 栽 | 총획 10획
부수 木
___
훈·음 | 植栽(심을 식, 심을 재)
栽培(기를 재, 북돋을 배)
盆栽(동이 분, 심을/기를 재) | 植__ : 식__
__培 : __배
盆__ : 분__ |

| 3Ⅱ 裁 | 총획 12획
부수 衣
___
훈·음 | 裁量(결단할 재, 헤아릴 량)
裁判(결단할 재, 판단할 판)
決裁(정할 결, 결단할 재)
獨裁(홀로 독, 결단할 재) | __量 : __량
__判 : __판
決__ : 결__
獨__ : 독__ |

3Ⅱ			
載	총획 13획 부수 車	連載(이을 연, 실을 재) 積載(쌓을 적, 실을 재) 千載一遇(일천 천, 해 재, 한 일, 만날 우)	連__ : 연__ 積__ : 적__ 千__一遇 : 천__일우
__훈·음__			

3			
哉	총획 9획 부수 口	善哉(좋을 선, 어조사 재) 哀哉(슬플 애, 어조사 재) 痛哉(아플 통, 어조사 재) 快哉(상쾌할 쾌, 어조사 재)	善__ : 선__ 哀__ : 애__ 痛__ : 통__ 快__ : 쾌__
__훈·음__			

5			
鐵	총획 21획 부수 金	鐵鋼(쇠 철, 강철 강) 鐵骨(쇠 철, 뼈 골) 鐵道(쇠 철, 길 도) 鐵則(쇠 철, 법칙 칙)	__鋼 : __강 __骨 : __골 __道 : __도 __則 : __칙
__훈·음__			

5			
耳	총획 6획 제부수	耳目(귀 이, 눈 목) 耳鳴(귀 이, 울 명) 耳順(귀 이, 순할 순) 牛耳(소 우, 귀 이)	__目 : __목 __鳴 : __명 __順 : __순 牛__ : 우__
__훈·음__			

3Ⅱ			
恥	총획 10획 부수 心	恥部(부끄러울 치, 거느릴 부) 恥辱(부끄러울 치, 욕될 욕) 廉恥(청렴할 염, 부끄러울 치)	__部 : __부 __辱 : __욕 廉__ : 염__
__훈·음__			

3			
耶	총획 9획 부수 耳	有耶無耶(있을 유, 어조사 야, 없을 무, 어조사 야) 耶蘇(어조사 야, 소생할 소) 耶蘇敎(어조사 야, 소생할 소, 가르칠 교)	有__無__ : 유__무__ __蘇 : __소 __蘇敎 : __소교
__훈·음__			

3Ⅱ 聯 훈·음	총획 17획 부수 耳	聯立(잇닿을 연, 설 립) 聯想(이을 연, 생각할 상) 聯合(이을 연, 합할 합) 關聯(관계 관, 이을 련)	__立 : __립 __想 : __상 __合 : __합 關__ : 관__
4Ⅱ 聲 훈·음	총획 17획 부수 耳	聲明(소리 성, 이름 명) 聲樂(소리 성, 노래 악) 同聲(같을 동, 소리 성) 發聲(일어날 발, 소리 성)	__明 : __명 __樂 : __악 同__ : 동__ 發__ : 발__
3 攝 훈·음	총획 21획 부수 手(扌)	攝取(끌어 당길 섭, 가질 취) 包攝(쌀 포, 끌어 당길 섭) 攝理(알맞게 할 섭, 이치 리) 攝生(알맞게 할 섭, 살 생)	__取 : __취 包__ : 포__ __理 : __리 __生 : __생
4Ⅱ 職 훈·음	총획 18획 부수 耳	職位(맡을 직, 자리 위) 求職(구할 구, 맡을 직) 補職(기울 보, 벼슬 직) 遷職(옮길 천, 벼슬 직)	__位 : __위 求__ : 구__ 補__ : 보__ 遷__ : 천__
4 織 훈·음	총획 18획 부수 糸	織工(짤 직, 만들 공) 織物(짤 직, 물건 물) 紡織(실 뽑을 방, 짤 직) 組織(짤 조, 짤 직)	__工 : __공 __物 : __물 紡__ : 방__ 組__ : 조__
5Ⅱ 識 훈·음	총획 19획 부수 言	識見(알 식, 볼 견) 認識(알 인, 알 식) 知識(알 지, 알 식) 標識(표시할 표, 기록할 지)	__見 : __견 認__ : 인__ 知__ : 지__ 標__ : 표__

310 4	丁 훈·음	총획 2획 부수 一	丁男(장정 정, 사내 남) 丁女(장정 정, 여자 녀) 兵丁(군사 병, 장정 정)	__男 : __남 __女 : __녀 兵__ : 병__

3	訂 훈·음	총획 9획 부수 言	訂訛(바로잡을 정, 그릇될 와) 訂正(바로잡을 정, 바를 정) 改訂(고칠 개, 바로잡을 정) 修訂(닦을 수, 바로잡을 정)	__訛 : __와 __正 : __정 改__ : 개__ 修__ : 수__

5	打 훈·음	총획 5획 부수 手(扌)	打開(칠 타, 열 개) 打擊(칠 타, 칠 격) 打令(칠 타, 하여금 령) 打破(칠 타, 깨질 파)	__開 : __개 __擊 : __격 __令 : __령 __破 : __파

3II	寧 훈·음	총획 14획 부수 宀	寧日(편안할 영, 날 일) 寧息(편안할 영, 쉴 식) 康寧(편안할 강, 편안할 녕) 安寧(편안할 안, 편안할 녕)	__日 : __일 __息 : __식 康__ : 강__ 安__ : 안__

311 5	可 훈·음	총획 5획 부수 口	可否(옳을 가, 아닐 부) 可觀(가히 가, 볼 관) 可望(가히 가, 바랄 망) 許可(허락할 허, 허락할 가)	__否 : __부 __觀 : __관 __望 : __망 許__ : __허

7	歌 훈·음	총획 14획 부수 欠	歌曲(노래 가, 노래 곡) 歌手(노래 가, 재주 있는 사람 수) 歌謠(노래 가, 노래 요) 戀歌(사모할 연, 노래 가)	__曲 : __곡 __手 : __수 __謠 : __요 戀__ : 연__

3Ⅱ 阿 훈·음	총획 8획 부수 阜(阝)	阿附(아첨할 아, 붙을 부) 阿世(아첨할 아, 세상 세) 阿片(아첨할 아, 조각 편) 阿丘(언덕 아, 언덕 구)	__附 : __부 __世 : __세 __片 : __편 __丘 : __구
5 河 훈·음	총획 8획 부수 水(氵)	河川(강 하, 내 천) 渡河(건널 도, 강 하) 氷河(얼음 빙, 강 하) 運河(운전할 운, 강 하)	__川 : __천 渡__ : 도__ 氷__ : 빙__ 運__ : 운__
3Ⅱ 何 훈·음	총획 7획 부수 人(亻)	何等(어찌/무엇 하, 같을 등) 何時(어찌/무엇 하, 때 시) 何處(어찌/무엇 하, 곳 처) 何必(어찌/무엇 하, 반드시 필)	__等 : __등 __時 : __시 __處 : __처 __必 : __필
3Ⅱ 荷 훈·음	총획 11획 부수 草(艹)	荷香(연 하, 향기 향) 負荷(짐질 부, 짐 하) 荷重(짐 하, 무거울 중) 荷役(짐 하, 부릴 역)	__香 : __향 負__ : 부__ __重 : __중 __役 : __역
4 奇 훈·음	총획 8획 부수 大	奇異(기이할 기, 다를 이) 奇特(기이할 기, 특별할 특) 奇襲(기이할 기, 습격할 습) 奇數(홀수 기, 셀 수)	__異 : __이 __特 : __특 __襲 : __습 __數 : __수
3Ⅱ 騎 훈·음	총획 18획 부수 馬	騎馬(말 탈 기, 말 마) 騎士(말 탈 기, 군사 사) 騎手(말 탈 기, 재주 있는 사람 수)	__馬 : __마 __士 : __사 __手 : __수

| 4 | 총획 11획
부수 宀 | 寄居(붙어살 기, 살 거)
寄生(붙어살 기, 살 생)
寄稿(부칠 기, 원고 고)
寄附(부칠 기, 붙을 부) | __居 : __거
__生 : __생
__稿 : __고
__附 : __부 |
| 寄
훈·음 | | | |

| 3Ⅱ | 총획 5획
부수 口 | 司牧(맡을 사, 기를 목)
司正(벼슬 사, 바를 정)
司會(맡을 사, 모일 회)
上司(위 상, 벼슬 사) | __牧 : __목
__正 : __정
__會 : __회
上__ : 상__ |
| 司
훈·음 | | | |

| 3Ⅱ | 총획 12획
부수 言 | 歌詞(노래 가, 글 사)
品詞(등급 품, 말 사)
臺詞(누각/정자 대, 말 사)
作詞(지을 작, 글 사) | 歌__ : 가__
品__ : 품__
臺__ : 대__
作__ : 작__ |
| 詞
훈·음 | | | |

| 3 | 총획 5획
부수 戊 | 戊夜(무성할 무, 밤 야)
戊午士禍(다섯째 천간 무, 일곱째 지지 오,
벼슬 사, 재앙 화) | __夜 : __야
__午士禍 : __오사화 |
| 戊
훈·음 | | | |

| 3Ⅱ | 총획 9획
부수 艸(艹) | 茂林(무성할 무, 수풀 림)
茂盛(무성할 무, 성할 성)
松茂栢悅
(소나무 송, 무성할 무, 잣나무 백, 기쁠 열) | __林 : __림
__盛 : __성
松__栢悅 : 송__백열 |
| 茂
훈·음 | | | |

| 3 | 총획 6획
부수 戊 | 戌方(구월 술, 방향 방)
戌時(열한 번째 지지 술, 때 시)
戌日(열한 번째 지지 술, 날 일) | __方 : __방
__時 : __시
__日 : __일 |
| 戌
훈·음 | | | |

3Ⅱ 戚	총획 11획 부수 戈 훈·음	親戚(어버이 친, 친척 척) 外戚(밖 외, 친척 척) 姻戚(시집갈 인, 친척 척)	親__ : 친__ 外__ : 외__ 姻__ : 인__
6Ⅱ 成	총획 7획 부수 戈 훈·음	成熟(이룰 성, 익을 숙) 成長(이룰 성, 길 장) 結成(맺을 결, 이룰 성) 合成(합할 합, 이룰 성)	__熟 : __숙 __長 : __장 結__ : 결__ 合__ : 합__
4Ⅱ 城	총획 10획 부수 土 훈·음	城郭(성 성, 성곽 곽) 城壁(성 성, 벽 벽) 山城(산 산, 성 성) 入城(들 입, 성 성)	__郭 : __곽 __壁 : __벽 山__ : 산__ 入__ : 입__
4Ⅱ 誠	총획 14획 부수 言 훈·음	誠金(정성 성, 돈 금) 誠實(정성 성, 실제 실) 忠誠(충성 충, 정성 성) 孝誠(효도 효, 정성 성)	__金 : __금 __實 : __실 忠__ : 충__ 孝__ : 효__
4Ⅱ 盛	총획 12획 부수 皿 훈·음	盛大(성할 성, 큰 대) 盛衰(성할 성, 쇠할 쇠) 盛業(성할 성, 업 업) 盛況(성할 성, 상황 황)	__大 : __대 __衰 : __쇠 __業 : __업 __況 : __황
4 威	총획 9획 부수 女 훈·음	威勢(위엄 위, 기세 세) 威脅(위엄 위, 으를/협박할 협) 權威(권세 권, 위엄 위) 示威(보일 시, 위엄 위)	__勢 : __세 __脅 : __협 權__ : 권__ 示__ : 시__

歲	총획 13획 부수 止 훈·음	歲暮(해 세, 저물 모) 歲拜(해 세, 절 배) 歲寒(해 세, 찰 한) 萬歲(많을 만, 해 세)	___暮 : ___모 ___拜 : ___배 ___寒 : ___한 萬___ : 만___

滅	총획 13획 부수 水(氵) 훈·음	滅菌(멸할 멸, 세균 균) 滅亡(멸할 멸, 망할 망) 消滅(끌 소, 꺼질 멸) 破滅(깨질 파, 멸할 멸)	___菌 : ___균 ___亡 : ___망 消___ : 소___ 破___ : 파___

咸	총획 9획 부수 口 훈·음	咸告(다 함, 알릴 고) 咸悅(다 함, 기쁠 열) 咸平(다 함, 평평할 평)	___告 : ___고 ___悅 : ___열 ___平 : ___평

減	총획 12획 부수 水(氵) 훈·음	減免(줄어들 감, 면할 면) 減速(줄어들 감, 빠를 속) 節減(마디 절, 줄어들 감) 差減(다를 차, 줄어들 감)	___免 : ___면 ___速 : ___속 節___ : 절___ 差___ : 차___

感	총획 13획 부수 心 훈·음	豫感(미리 예, 느낄 감) 感激(감동할 감, 격할 격) 感謝(감동할 감, 사례할 사) 感情(느낄 감, 정 정)	豫___ : 예___ ___激 : ___격 ___謝 : ___사 ___情 : ___정

弓	총획 3획 제부수 훈·음	弓道(활 궁, 도리 도) 弓矢(활 궁, 화살 시) 國弓(나라 국, 활 궁) 洋弓(서양 양, 활 궁)	___道 : ___도 ___矢 : ___시 國___ : 국___ 洋___ : 양___

| | 4ⅡⅡ 引

훈·음 | 총획 4획
부수 弓 | 引導(끌 인, 인도할 도)
引上(끌 인, 오를 상)
引用(끌 인, 쓸 용)
索引(찾을 색, 끌 인) | __導 : __도
__上 : __상
__用 : __용
索__ : 색__ |

| 3 弔

훈·음 | 총획 4획
부수 弓 | 弔問(조문할 조, 물을 문)
弔意(조문할 조, 뜻 의)
謹弔(삼갈 근, 조문할 조) | __問 : __문
__意 : __의
謹__ : 근__ |

| 8 弟

훈·음 | 총획 7획
부수 弓 | 弟婦(아우 제, 아내 부)
子弟(아들 자, 아우 제)
妻弟(아내 처, 아우 제)
弟子(제자 제, 접미사 자) | __婦 : __부
子__ : 자__
妻__ : 처__
__子 : __자 |

| 6Ⅱ 第

훈·음 | 총획 11획
부수 竹(⺮) | 第三者(차례 제, 석 삼, 놈 자)
及第(이를/미칠 급, 차례 제)
落第(떨어질 낙, 차례 제) | __三者 : __삼자
及__ : 급__
落__ : 낙__ |

| 6Ⅱ 弱

훈·음 | 총획 10획
부수 弓 | 弱者(약할 약, 놈 자)
弱點(약할 약, 점 점)
微弱(작을 미, 약할 약)
虛弱(헛될 허, 약할 약) | __者 : __자
__點 : __점
微__ : 미__
虛__ : 허__ |

| 3 夷

훈·음 | 총획 6획
부수 大 | 東夷(동쪽 동, 동쪽 민족 이)
以夷制夷
(써 이, 오랑캐 이, 억제할 제, 오랑캐 이)
征夷(칠 정, 오랑캐 이) | __夷 : __이
以__制__ : 이__제__
征__ : 정__ |

318

3	弘 _____ 훈·음	총획 5획 부수 弓	弘教(넓을 홍, 가르칠 교) 弘報(넓을 홍, 알릴 보) 弘益人間 (넓을 홍, 유익할 익, 사람 인, 사이 간)	__教 : __교 __報 : __보 __益人間 : __익인간
6	強 _____ 훈·음	총획 11획 부수 弓	強弱(강할 강, 약할 약) 強調(강할 강, 고를 조) 強賣(억지 강, 팔 매) 強要(억지 강, 필요할 요)	__弱 : __약 __調 : __조 __賣 : __매 __要 : __요
2	弗 _____ 훈·음	총획 5획 부수 弓	弗素(아닐 불, 요소 소) 弗貨(달러 불, 재물 화) 歐洲弗(구라파 구, 물가 주, 달러 불)	__素 : __소 __貨 : __화 歐洲__ : 구주__
4Ⅱ	佛 _____ 훈·음	총획 7획 부수 人(亻)	佛教(부처 불, 가르칠 교) 佛經(부처 불, 경서 경) 念佛(생각 염, 부처 불) 佛語(프랑스 불, 말씀 어)	__教 : __교 __經 : __경 念__ : 염__ __語 : __어
3Ⅱ	拂 _____ 훈·음	총획 8획 부수 手(扌)	先拂(먼저 선, 떨칠 불) 完拂(완전할 완, 떨칠 불) 支拂(지출할 지, 떨칠 불) 滯拂(머무를 체, 떨칠 불)	__ : 선__ __ : 완__ __ : 지__ __ : 체__
5	費 _____ 훈·음	총획 12획 부수 貝	浪費(함부로 낭, 쓸 비) 消費(끌 소, 쓸 비) 費用(쓸/비용 비, 쓸 용) 旅費(나그네 여, 비용 비)	__ : 낭__ __ : 소__ __ : __용 __ : 여__

矢 훈·음	총획 5획 제부수	弓矢(활 궁, 화살 시) 已發之矢 (이미 이, 쏠 발, ~의 지, 화살 시) 嚆矢(울 효, 화살 시)	弓__ : 궁__ 已發之__ : 이발지__ 嚆__ : 효__

6

失 훈·음	총획 5획 부수 大	失格(잃을 실, 격식 격) 失望(잃을 실, 바랄 망) 失業(잃을 실, 일 업) 喪失(잃을 상, 잃을 실)	__格 : __격 __望 : __망 __業 : __업 喪__ : 상__

3

矣 훈·음	총획 7획 부수 矢	汝矣島(너 여, 어조사 의, 섬 도) 足且足矣 (넉넉할 족, 또 차, 넉넉할 족, 어조사 의)	汝__島 : 여__도 足且足__ : 족차족__

5II

知 훈·음	총획 8획 부수 矢	知覺(알 지, 깨달을 각) 知能(알 지, 능할 능) 知性(알 지, 성품 성) 親知(친할 친, 알 지)	__覺 : __각 __能 : __능 __性 : __성 親__ : 친__

4

智 훈·음	총획 12획 부수 日	智略(지혜 지, 빼앗을 략) 奇智(기이할 기, 지혜 지) 銳智(날카로울 예, 지혜 지) 衆智(무리 중, 지혜 지)	__略 : __략 奇__ : 기__ 銳__ : 예__ 衆__ : 중__

3

侯 훈·음	총획 9획 부수 人(亻)	侯鵠(과녁 후, 과녁 곡) 侯爵(제후 후, 벼슬 작) 王侯(임금 왕, 제후 후)	__鵠 : __곡 __爵 : __작 王__ : 왕__

4 候 훈·음	총획 10획 부수 人(亻)	氣候(대기 기, 기후 후) 候鳥(기후 후, 새 조) 候補(기후 후, 기울 보) 徵候(부를 징, 염탐할 후)	氣__ : 기__ __鳥 : __조 __補 : __보 徵__ : 징__
321 3Ⅱ 片 훈·음	총획 4획 제부수	片道(조각 편, 길 도) 片肉(조각 편, 고기 육) 破片(깨질 파, 조각 편)	__道 : __도 __肉 : __육 破__ : 파__
4Ⅱ 將 훈·음	총획 11획 부수 寸	將兵(장수 장, 군사 병) 主將(주인 주, 장수 장) 將次(장차 장, 다음 차) 將來(나아갈 장, 올 래)	__兵 : __병 主__ : 주__ __次 : __차 __來 : __래
4 獎 훈·음	총획 14획 부수 大	獎勵(장려할 장, 힘쓸 려) 獎學金(장려할 장, 배울 학, 돈 금) 勸獎(권할 권, 장려할 장)	__勵 : __려 __學金 : __학금 勸__ : 권__
322 4Ⅱ 狀 훈·음	총획 8획 부수 犬	狀況(모양 상, 상황 황) 形狀(모양 형, 모양 상) 答狀(대답할 답, 문서 장) 賞狀(상줄 상, 문서 장)	__況 : __황 形__ : 형__ 答__ : 답__ 賞__ : 상__
4 壯 훈·음	총획 7획 부수 土	壯士 (굳셀 장, 칭호나 직업 이름에 붙이는 말 사) 壯年(굳셀 장, 해/나이 년) 壯烈(장할 장, 사나울/매울 렬) 健壯(건강할 건, 굳셀/장할 장)	__士 : __사 __年 : __년 __烈 : __렬 健__ : 건__

3Ⅱ			
莊 훈·음	총획 11획 부수 草(艹)	莊園(장엄할 장, 밭 원) 莊重(장엄할 장, 무거울 중) 山莊(산 산, 별장 장)	___園 : ___원 ___重 : ___중 山___ : 산___

4			
裝 훈·음	총획 13획 부수 衣	裝飾(꾸밀 장, 꾸밀 식) 裝置(꾸밀 장, 둘 치) 僞裝(거짓 위, 꾸밀 장) 正裝(바를 정, 꾸밀 장)	___飾 : ___식 ___置 : ___치 僞___ : 위___ 正___ : 정___

3Ⅱ			
疫 훈·음	총획 9획 부수 疒	檢疫(검사할 검, 전염병 역) 免疫(면할 면, 전염병 역) 防疫(막을 방, 전염병 역) 紅疫(붉을 홍, 전염병 역)	檢___ : 검___ 免___ : 면___ 防___ : 방___ 紅___ : 홍___

6			
病 훈·음	총획 10획 부수 疒	病苦(병들 병, 괴로울 고) 病菌(병들 병, 세균 균) 病歷(병들 병, 겪을 력) 發病(일어날 발, 병들 병)	___苦 : ___고 ___菌 : ___균 ___歷 : ___력 發___ : 발___

3Ⅱ			
疾 훈·음	총획 10획 부수 疒	疾病(병 질, 병들 병) 疾患(병 질, 근심 환) 怪疾(괴이할 괴, 병 질) 疾走(빠를 질, 달릴 주)	___病 : ___병 ___患 : ___환 怪___ : 괴___ ___走 : ___주

4			
痛 훈·음	총획 12획 부수 疒	痛感(아플 통, 느낄 감) 痛快(아플 통, 상쾌할 쾌) 陣痛(진 칠 진, 아플 통) 齒痛(이 치, 아플 통)	___感 : ___감 ___快 : ___쾌 陣___ : 진___ 齒___ : 치___

陶 3Ⅱ

총획 11획
부수 阜(阝)

___훈·음___

陶工(질그릇 도, 장인 공)
陶器(질그릇 도, 그릇 기)
陶藝(질그릇 도, 기술 예)
陶醉(즐길 도, 취할 취)

___工 : ___공
___器 : ___기
___藝 : ___예
___醉 : ___취

搖 3

총획 13획
부수 手(扌)

___훈·음___

搖動(흔들 요, 움직일 동)
搖亂(흔들 요, 어지러울 란)
搖之不動
(흔들 요, ~의 지, 아닐 부, 움직일 동)

___動 : ___동
___亂 : ___란
___之不動 : ___지부동

謠 4Ⅱ

총획 17획
부수 言

___훈·음___

童謠(아이 동, 노래 요)
民謠(백성 민, 노래 요)
俗謠(풍속 속, 노래 요)
鄕謠(시골 향, 노래 요)

童___ : 동___
民___ : 민___
俗___ : 속___
鄕___ : 향___

遙 3

총획 14획
부수 辵(辶)

___훈·음___

遙拜(멀 요, 절 배)
遙昔(멀 요, 옛 석)
遙遠(멀 요, 멀 원)
逍遙(거닐 소, 멀 요)

___拜 : ___배
___昔 : ___석
___遠 : ___원
逍___ : 소___

刀 3Ⅱ

총획 2획
제부수

___훈·음___

亂刀(어지러울 난, 칼 도)
短刀(짧을 단, 칼 도)
面刀(얼굴 면, 칼 도)
粧刀(단장할 장, 칼 도)

亂___ : 난___
短___ : 단___
面___ : 면___
粧___ : 장___

刃 2

총획 3획
부수 刀

___훈·음___

刃器(칼날 인, 기구 기)
刃傷(칼날 인, 상할 상)

___器 : ___기
___傷 : ___상

3Ⅱ 忍 총획 7획 부수 心 훈·음	忍耐(참을 인, 참을/견딜 내) 忍苦(참을 인, 괴로울 고) 忍之爲德(참을 인, ~의 지, 할 위, 덕 덕)	__耐 : __내 __苦 : __고 __之爲德 : __지위덕

4Ⅱ 認 총획 14획 부수 言 훈·음	認可(인정할 인, 허락할 가) 認定(인정할 인, 정할 정) 認知(알/인정할 인, 알 지) 法認(법 법, 인정할 인)	__可 : __가 __定 : __정 __知 : __지 法__ : 법__

3 那 총획 7획 부수 邑(阝) 훈·음	那邊(어찌 나, 가 변) 那落(어찌 나, 떨어질 락) 刹那(짧은 시간 찰, 짧은 시간 나)	__邊 : __변 __落 : __락 刹__ : 찰__

5 初 총획 7획 부수 刀 훈·음	初期(처음 초, 기간 기) 初面(처음 초, 볼 면) 當初(당할 당, 처음 초) 始初(처음 시, 처음 초)	__期 : __기 __面 : __면 當__ : 당__ 始__ : 시__

5Ⅱ 切 총획 4획 부수 刀 훈·음	一切(한 일, 모두 체) 切斷(끊을 절, 끊을 단) 懇切(간절할 간, 간절할 절) 親切(친할 친, 간절할 절)	__ : 일__ __斷 : __단 懇__ : 간__ 親__ : 친__

6 別 총획 7획 부수 刀(刂) 훈·음	別居(나눌 별, 살 거) 選別(뽑을 선, 나눌 별) 別途(다를 별, 길 도) 差別(다를 차, 다를 별)	__居 : __거 選__ : 선__ __途 : __도 差__ : 차__

6II 班 훈·음	총획 10획 부수 玉(王)	班長(나눌/반 반, 어른 장) 越班(넘을 월, 나눌/반 반) 兩班(두 양, 양반 반) 班常(양반 반, 보통 상)	___長 : ___장 越___ : 월___ 兩___ : 양___ ___常 : ___상
3 召 훈·음	총획 5획 부수 口	召集(부를 소, 모을 집) 召還(부를 소, 돌아올 환) 遠禍召福(멀 원, 재앙 화, 부를 소, 복 복)	___集 : ___집 ___還 : ___환 遠禍___福 : 원화___복
4 招 훈·음	총획 8획 부수 手(扌)	招來(부를 초, 올 래) 招人鐘(부를 초, 사람 인, 쇠북 종) 問招(물을 문, 부를 초)	___來 : ___래 ___人鐘 : ___인종 問___ : 문___
3II 超 훈·음	총획 12획 부수 走	超過(뛰어넘을 초, 지나칠 과) 超然(뛰어넘을 초, 그러할 연) 超越(뛰어넘을 초, 넘을 월) 超人(뛰어넘을 초, 사람 인)	___過 : ___과 ___然 : ___연 ___越 : ___월 ___人 : ___인
3 昭 훈·음	총획 9획 부수 日	昭光(밝을 소, 빛 광) 昭明(밝을 소, 밝을 명) 昭詳(밝을 소, 자세힐 상)	___光 : ___광 ___明 : ___명 ___詳 : ___상
3II 照 훈·음	총획 13획 부수 火(灬)	照度(비출 조, 정도 도) 照明(비출 조, 밝을 명) 照準(비출 조, 준할 준) 觀照(볼 관, 비출 조)	___度 : ___도 ___明 : ___명 ___準 : ___준 觀___ : 관___

力

총획 2획
제부수

훈·음

力說(힘 역, 말씀 설)
勞力(힘쓸 노, 힘 력)
重力(무거울 중, 힘 력)
風力(바람 풍, 힘 력)

__說 : __설
勞__ : 노__
重__ : 중__
風__ : 풍__

4Ⅱ

助

총획 7획
부수 力

훈·음

助敎(도울 조, 가르칠 교)
助手(도울 조, 재주 있는 사람 수)
助言(도울 조, 말씀 언)
內助(안 내, 도울 조)

__敎 : __교
__手 : __수
__言 : __언
內__ : 내__

3

劣

총획 6획
부수 力

훈·음

劣等(못날 열, 차례 등)
劣勢(못날 열, 기세 세)
劣惡(못날 열, 악할 악)
優劣(우수할 우, 못날 열)

__等 : __등
__勢 : __세
__惡 : __악
優__ : 우__

4Ⅱ

努

총획 7획
부수 力

훈·음

勞力(힘쓸 노, 힘 력)
勞力家(힘쓸 노, 힘 력, 전문가 가)

__力 : __력
__力家 : __력가

4Ⅱ

竹

총획 6획
제부수

훈·음

竹刀(대 죽, 칼 도)
竹筍(대 죽, 죽순 순)
爆竹(폭발할 폭, 대 죽)

__刀 : __도
__筍 : __순
爆__ : 폭__

4

筋

총획 12획
부수 竹(⺮)

훈·음

筋力(힘줄 근, 힘 력)
筋肉(힘줄 근, 고기 육)
心筋(마음 심, 힘줄 근)
鐵筋(쇠 철, 힘줄 근)

__力 : __력
__肉 : __육
心__ : 심__
鐵__ : 철__

5

加

훈·음

총획 5획
부수 力

加減(더할 가, 줄어들 감)
加重(더할 가, 무거울 중)
加熱(더할 가, 더울 열)
加害(더할 가, 해칠 해)

__減 : __감
__重 : __중
__熱 : __열
__害 : __해

3Ⅱ

架

훈·음

총획 9획
부수 木

架空(시렁/꾸밀 가, 빌 공)
架設(시렁 가, 세울 설)
高架(높을 고, 시렁 가)
書架(책 서, 시렁 가)

__空 : __공
__設 : __설
高__ : 고__
書__ : 서__

3Ⅱ

賀

훈·음

총획 12획
부수 貝

賀客(축하할 하, 손님 객)
賀禮(축하할 하, 예도 례)
賀詞(축하할 하, 말 사)
宴賀(잔치 연, 축하할 하)

__客 : __객
__禮 : __례
__詞 : __사
宴__ : 연__

4Ⅱ

協

훈·음

총획 8획
부수 十

協同(도울 협, 같을 동)
協力(도울 협, 힘 력)
協助(도울 협, 도울 조)
農協(농사 농, 도울 협)

__同 : __동
__力 : __력
__助 : __조
農__ : 농__

3Ⅱ

脅

훈·음

총획 10획
부수 肉(月)

脅迫(으를/협박할 협, 닥칠 박)
脅約(으를/협박할 협, 약속할 약)
威脅(위엄 위, 으를/협박할 협)

__迫 : __박
__約 : __약
威__ : 위__

7Ⅱ

方

훈·음

총획 4획
제부수

方圓(모 방, 둥글 원)
雙方(둘 쌍, 방향 방)
方法(방법 방, 법 법)
處方(처리할 처, 방법 방)

__圓 : __원
雙__ : 쌍__
__法 : __법
處__ : 처__

4Ⅱ 訪 총획 11획 부수 言 훈·음	來訪(올 내, 방문할 방) 尋訪(찾을 심, 찾을 방) 探訪(찾을 탐, 찾을 방) 訪問(방문할 방, 물을 문)	來__ : 내__ 尋__ : 심__ 探__ : 탐__ __問 : __문

4Ⅱ 防 총획 7획 부수 阜(阝) 훈·음	堤防(둑 제, 둑 방) 防犯(막을 방, 범할 범) 防備(막을 방, 갖출 비) 豫防(미리 예, 막을 방)	堤__ : 제__ __犯 : __범 __備 : __비 豫__ : 예__

4 妨 총획 7획 부수 女 훈·음	妨害(방해할 방, 방해할 해) 無妨(없을 무, 방해할 방) 妨電(방해할 방, 전기 전)	__害 : __해 無__ : 무__ __電 : __전

3Ⅱ 芳 총획 8획 부수 草(艹) 훈·음	芳甘(꽃다울 방, 달 감) 芳年(꽃다울 방, 나이 년) 芳香(꽃다울 방, 향기 향)	__甘 : __감 __年 : __년 __香 : __향

4Ⅱ 房 총획 8획 부수 戶 훈·음	各房(각각 각, 방 방) 暖房(따뜻할 난, 방 방) 獨房(홀로 독, 방 방) 新房(새로울 신, 방 방)	各__ : 각__ 暖__ : 난__ 獨__ : 독__ 新__ : 신__

3 於 총획 8획 부수 方 훈·음	於音(어조사 어, 소리 음) 於此彼(어조사 어, 이 차, 저 피) 於乎(탄식할 오, 어조사 호)	__音 : __음 __此彼 : __차피 __乎 : __호

4			
遊	총획 13획 부수 辵(辶)	優遊(머뭇거릴 우, 놀 유) 遊覽(여행할 유, 볼 람) 遊學(여행할 유, 배울 학) 經遊(지날 경, 여행할 유)	優__ : 우__ __覽 : __람 __學 : __학 經__ : 경__
	훈·음		

5Ⅱ 3 3 1			
旅	총획 10획 부수 方	旅團(군사 여, 모일 단) 旅客(나그네 여, 손님 객) 旅程(나그네 여, 정도 정) 旅行(나그네 여, 다닐 행)	__團 : __단 __客 : __객 __程 : __정 __行 : __행
	훈·음		

6			
族	총획 11획 부수 方	族譜(겨레 족, 족보 보) 家族(집 가, 겨레 족) 貴族(귀할 귀, 겨레 족) 遺族(남길 유, 겨레 족)	__譜 : __보 家__ : 가__ 貴__ : 귀__ 遺__ : 유__
	훈·음		

4Ⅱ			
施	총획 9획 부수 方	施賞(행할 시, 상줄 상) 施政(행할 시, 다스릴 정) 實施(실제 실, 행할 시) 施設(베풀 시, 베풀 설)	__賞 : __상 __政 : __정 實__ : 실__ __設 : __설
	훈·음		

3Ⅱ			
旋	총획 11획 부수 方	旋風(돌 선, 바람 풍) 旋律(돌 선, 음률 율) 旋回(돌 선, 돌/돌아올 회) 周旋(두루 주, 돌 선)	__風 : __풍 __律 : __율 __回 : __회 周__ : 주__
	훈·음		

7			
旗	총획 14획 부수 方	旗手(기 기, 재주 있는 사람 수) 國旗(나라 국, 기 기) 太極旗(클 태, 끝 극, 기 기)	__手 : __수 國__ : 국__ 太極__ : 태극__
	훈·음		

6II

총획 8획
부수 攵(攵)

放

훈·음

放牧(놓을 방, 기를 목)
放送(놓을 방, 보낼 송)
放出(놓을 방, 나갈 출)
追放(쫓을 추, 놓을 방)

__牧 : __목
__送 : __송
__出 : __출
追__ : 추__

3

총획 10획
부수 人(亻)

倣

훈·음

倣古(모방할 방, 옛 고)
倣似(모방할 방, 같을/닮을 사)

__古 : __고
__似 : __사

3

총획 13획
부수 人(亻)

傲

훈·음

傲氣(거만할 오, 기운 기)
傲慢(거만할 오, 오만할 만)
傲霜孤節(거만할 오, 서리 상, 외로울 고, 절개 절)

__氣 : __기
__慢 : __만
__霜孤節 : __상고절

4

총획 16획
부수 水(氵)

激

훈·음

激烈(격할 격, 사나울 렬)
過激(지나칠 과, 격할 격)
急激(급할 급, 격할 격)
激突(부딪칠 격, 부딪칠 돌)

__烈 : __렬
過__ : 과__
急__ : 급__
__突 : __돌

1

총획 2획
제부수

匕

훈·음

匕箸(숟가락 비, 젓가락 저)

__箸 : __저

2

총획 6획
부수 日

旨

훈·음

甘旨(달 감, 맛 지)
論旨(논의할 논, 뜻 지)
要旨(중요할 요, 뜻 지)

甘__ : 감__
論__ : 논__
要__ : 요__

4Ⅱ 指 훈·음	총획 9획 부수 手(扌)	指章(손가락 지, 글 장) 指南(가리킬 지, 남쪽 남) 指示(가리킬 지, 보일 시) 指稱(가리킬 지, 일컬을 칭)	__章 : __장 __南 : __남 __示 : __시 __稱 : __칭
4 疑 훈·음	총획 14획 부수 疋	疑問(의심할 의, 물을 문) 疑心(의심할 의, 마음 심) 疑惑(의심할 의, 어지러울 혹) 質疑(바탕 질, 의심할 의)	__問 : __문 __心 : __심 __惑 : __혹 質__ : 질__
3 凝 훈·음	총획 16획 부수 水(氵)	凝固(엉길 응, 굳을 고) 凝視(엉길 응, 보일 시) 凝集(엉길 응, 모일 집) 凝縮(엉길 응, 줄어들 축)	__固 : __고 __視 : __시 __集 : __집 __縮 : __축
4Ⅱ 眞 훈·음	총획 10획 부수 目	眞價(침 진, 값 가) 眞理(침 진, 이치 리) 眞心(침 진, 마음 심) 寫眞(그릴 사, 참 진)	__價 : __가 __理 : __리 __心 : __심 寫__ : 사__
3Ⅱ 鎭 훈·음	총획 18획 부수 金	鎭痛(누를 진, 아플 통) 鎭魂(누를 진, 넋 혼) 鎭火(진압할 진, 불 화) 鎭壓(누를/진압할 진, 누를 압)	__痛 : __통 __魂 : __혼 __火 : __화 __壓 : __압
3Ⅱ 愼 훈·음	총획 13획 부수 心(忄)	愼獨(삼갈 신, 홀로 독) 愼慮(삼갈 신, 생각할 려) 愼守(삼갈 신, 지킬 수) 愼重(삼갈 신, 무거울 중)	__獨 : __독 __慮 : __려 __守 : __수 __重 : __중

334

化
총획 4획
부수 匕

___
훈·음

開化(열 개, 될 화)
文化(글월 문, 될 화)
歸化(돌아올 귀, 변화할 화)
敎化(가르칠 교, 가르칠 화)

開__ : 개__
文__ : 문__
歸__ : 귀__
敎__ : 교__

7

花
총획 8획
부수 草(艹)

___
훈·음

花壇(꽃 화, 제단/단상 단)
花盆(꽃 화, 동이 분)
開花(열 개, 꽃 화)
生花(살 생, 꽃 화)

__壇 : __단
__盆 : __분
開__ : 개__
生__ : 생__

4Ⅱ

貨
총획 11획
부수 貝

___
훈·음

貨物(물품 화, 물건 물)
外貨(밖 외, 재물/물품 화)
雜貨(섞일 잡, 물품 화)
財貨(재물 재, 재물 화)

__物 : __물
外__ : 외__
雜__ : 잡__
財__ : 재__

4

環
총획 17획
부수 玉(王)

___
훈·음

環境(두를 환, 형편 경)
一環(한 일, 고리 환)
花環(꽃 화, 고리 환)

__境 : __경
一__ : 일__
花__ : 화__

3Ⅱ

還
총획 17획
부수 辵(辶)

___
훈·음

還甲(돌아올 환, 첫째 천간 갑)
還給(돌아올 환, 줄 급)
還生(돌아올 환, 날/살 생)
還元(돌아올 환, 원래 원)

__甲 : __갑
__給 : __급
__生 : __생
__元 : __원

3Ⅱ

喪
총획 12획
부수 口

___
훈·음

喪家(초상날 상, 집 가)
喪服(초상날 상, 옷 복)
問喪(물을 문, 초상날 상)
喪失(잃을 상, 잃을 실)

__家 : __가
__服 : __복
問__ : 문__
__失 : __실

| 5Ⅱ 能 훈·음 | 총획 10획
부수 肉(月) | 能動(능할 능, 움직일 동)
能力(능할 능, 힘 력)
可能(가히 가, 능할 능)
有能(있을 유, 능할 능) | __動 : __동
__力 : __력
可__ : 가__
有__ : 유__ |

| 3 罷 훈·음 | 총획 15획
부수 网(罒) | 罷免(파할/마칠 파, 면할 면)
罷養(파할 파, 기를 양)
罷業(파할/마칠 파, 일 업)
罷場(파할 파, 상황 장) | __免 : __면
__養 : __양
__業 : __업
__場 : __장 |

| 4Ⅱ 態 훈·음 | 총획 14획
부수 心 | 貴態(귀할 귀, 모양 태)
動態(움직일 동, 모양 태)
事態(일 사, 모양 태)
狀態(모양 상, 모양 태) | 貴__ : 귀__
動__ : 동__
事__ : 사__
狀__ : 상__ |

| 4Ⅱ 蟲 훈·음 | 총획 18획
부수 虫 | 病蟲(병들 병, 벌레 충)
害蟲(해칠 해, 벌레 충)
益蟲(유익할 익, 벌레 충) | 病__ : 병__
害__ : 해__
益__ : 익__ |

| 3 騷 훈·음 | 총획 20획
부수 馬 | 騷動(시끄러울 소, 움직일 동)
騷亂(시끄러울 소, 어지러울 란)
騷音(시끄러울 소, 소리 음)
騷人(글 지을 소, 사람 인) | __動 : __동
__亂 : __란
__音 : __음
__人 : __인 |

| 3Ⅱ 蛇 훈·음 | 총획 11획
부수 虫 | 蛇足(뱀 사, 발 족)
毒蛇(독 독, 뱀 사)
蛇行(뱀 사, 행할 행)
蛇心(뱀 사, 마음 심) | __足 : __족
毒__ : __독
__行 : __행
__心 : __심 |

泥	총획 8획 부수 水(氵) 훈·음	泥工(진흙 이, 장인 공) 泥路(진흙 이, 길 로) 泥田鬪狗(진흙 이, 밭 전, 싸울 투, 개 구)	__工 : __공 __路 : __로 __田鬪狗 : __전투구

338

艮	총획 6획 제부수 훈·음	艮卦(멈출 간, 점괘 괘) 艮方(멈출 간, 방향 방) 艮時(멈출 간, 때 시)	__卦 : __괘 __方 : __방 __時 : __시

恨	총획 9획 부수 心(忄) 훈·음	恨歎(한할 한, 탄식할 탄) 餘恨(남을 여, 한할 한) 怨恨(원망할 원, 한할 한) 宿恨(오랠 숙, 한할 한)	__歎 : __탄 餘__ : 여__ 怨__ : 원__ 宿__ : 숙__

限	총획 9획 부수 阜(阝) 훈·음	限度(한계 한, 정도 도) 期限(기간 기, 한계 한) 時限(때 시, 한계 한) 制限(억제할 제, 한계 한)	__度 : __도 期__ : 기__ 時__ : 시__ 制__ : 제__

根	총획 10획 부수 木 훈·음	根幹(뿌리 근, 줄기 간) 根據(뿌리 근, 의지할 거) 根本(뿌리 근, 뿌리 본) 根性(뿌리 근, 바탕 성)	__幹 : __간 __據 : __거 __本 : __본 __性 : __성

退	총획 10획 부수 辵(辶) 훈·음	退治(물러날 퇴, 다스릴 치) 退場(물러날 퇴, 마당 장) 辭退(물러날 사, 물러날 퇴) 後退(뒤 후, 물러날 퇴)	__治 : __치 __場 : __장 辭__ : 사__ 後__ : 후__

8 金 훈·음	총획 8획 제부수	金銀(금 금, 은 은) 基金(기초 기, 돈 금) 料金(값 요, 돈 금) 現金(이제 현, 돈 금)	___銀 : ___은 基___ : 기___ 料___ : 요___ 現___ : 현___
6 銀 훈·음	총획 14획 부수 金	銀賞(은 은, 상줄 상) 銀河水(은 은, 강 하, 물 수) 水銀(물 수, 은 은)	___賞 : ___상 ___河水 : ___하수 水___ : 수___
5Ⅱ 良 훈·음	총획 7획 부수 艮	良質(좋을 양, 바탕 질) 改良(고칠 개, 좋을 량) 良識(어질/좋을 양, 알 식) 不良(아닐 불, 좋을 량)	___質 : ___질 改___ : 개___ ___識 : ___식 不___ : 불___
3Ⅱ 娘 훈·음	총획 10획 부수 女	娘子(아가씨 낭, 접미사 자) 娘子軍(아가씨 낭, 접미사 자, 군사 군)	___子 : ___자 ___子軍 : ___자군
3Ⅱ 浪 훈·음	총획 10획 부수 水(氵)	風浪(바람 풍, 물결 랑) 放浪(놓을 방, 함부로 랑) 浪漫(물결 낭, 흩어질/부질없을 만) 浪說(함부로 낭, 말씀 설)	風___ : 풍___ 放___ : 방___ ___漫 : ___만 ___說 : ___설
5Ⅱ 朗 훈·음	총획 11획 부수 月	朗讀(밝을 낭, 읽을 독) 朗報(밝을 낭, 알릴 보) 淸朗(맑을 청, 밝을 랑)	___讀 : ___독 ___報 : ___보 淸___ : 청___

3Ⅱ 郎 총획 10획 부수 邑(阝) 훈·음	郎君(사내 낭, 남편 군) 郎子(사내 낭, 아들 자) 新郎(새로울 신, 사내 랑) 花郎(꽃 화, 사내 랑)	__君 : __군 __子 : __자 新__ : 신__ 花__ : 화__

3Ⅱ 廊 총획 13획 부수 广 훈·음	舍廊房(집 사, 행랑 랑, 방 방) 畫廊(그림 화, 행랑 랑) 回廊(돌 회, 행랑 랑)	舍__房 : 사__방 畫__ : 화__ 回__ : 회__

7Ⅱ 食 총획 9획 제부수 훈·음	食事(밥/먹을 식, 일 사) 食口(밥/먹을 식, 입 구) 食糧(밥/먹을 식, 용량 량) 簞食(밥그릇 단, 먹이 사)	__事 : __사 __口 : __구 __糧 : __량 簞__ : 단__

3 飢 총획 11획 부수 食(飠) 훈·음	飢渴(굶주릴 기, 마를 갈) 飢餓(굶주릴 기, 굶주릴 아) 療飢(병 고칠 요, 굶주릴 기) 虛飢(빌 허, 굶주릴 기)	__渴 : __갈 __餓 : __아 療__ : 요__ 虛__ : 허__

6Ⅱ 飮 총획 13획 부수 食(飠) 훈·음	飮食(마실 음, 먹을 식) 飮酒(마실 음, 술 주) 過飮(지나칠 과, 마실 음) 試飮(시험할 시, 마실 음)	__食 : __식 __酒 : __주 過__ : 과__ 試__ : 시__

3Ⅱ 飯 총획 13획 부수 食(飠) 훈·음	飯店(밥 반, 가게 점) 飯酒(밥 반, 술 주) 飯饌(밥 반, 반찬 찬) 白飯(흰 백, 밥 반)	__店 : __점 __酒 : __주 __饌 : __찬 白__ : 백__

| 3Ⅱ | 총획 14획
부수 食(飠) | 假飾(거짓 가, 꾸밀 식)
美飾(아름다울 미, 꾸밀 식)
修飾(닦을/다스릴 수, 꾸밀 식)
虛飾(헛될 허, 꾸밀 식) | 假__ : 가__
美__ : 미__
修__ : 수__
虛__ : 허__ |
| 飾
훈·음 | | | |

| 8 | 총획 8획
제부수 | 長短(길 장, 짧을 단)
長壽(길 장, 장수할 수)
成長(이룰 성, 길 장)
校長(학교 교, 어른 장) | __短 : __단
__壽 : __수
成__ : 성__
校__ : 교__ |
| 長
훈·음 | | | |

| 4 | 총획 11획
부수 弓 | 張力(벌릴 장, 힘 력)
誇張(자랑할 과, 벌릴 장)
主張(주인 주, 벌릴 장)
擴張(넓힐 확, 벌릴 장) | __力 : __력
誇__ : 과__
主__ : 주__
擴__ : 확__ |
| 張
훈·음 | | | |

| 4 | 총획 11획
부수 巾 | 帳幕(장막 장, 장막 막)
漁帳(고기 잡을 어, 장막 장)
元帳(으뜸 원, 장부 장)
通帳(통할 통, 장부 장) | __幕 : __막
漁__ : 어__
元__ : 원__
通__ : 통__ |
| 帳
훈·음 | | | |

| 3Ⅱ | 총획 8획
부수 手(扌) | 拔取(뽑을 발, 가질 취)
拔齒(뽑을 발, 이 치)
選拔(뽑을 선, 뽑을 발)
海拔(바다 해, 뽑을 발) | __取 : __취
__齒 : __치
選__ : 선__
海__ : 해__ |
| 拔
훈·음 | | | |

| 4 | 총획 15획
부수 髟 | 短髮(짧을 단, 머리털 발)
白髮(흰 백, 머리털 발)
理髮(다스릴 이, 머리털 발)
長髮(길 장, 머리털 발) | 短__ : 단__
白__ : 백__
理__ : 이__
長__ : 장__ |
| 髮
훈·음 | | | |

3 而	총획 6획 제부수 ___ 훈·음	似而非(닮을 사, 말 이을 이, 아닐 비) 而立(어조사 이, 설 립)	似__非 : 사__비 __立 : __립
3Ⅱ 耐	총획 9획 부수 而 ___ 훈·음	耐性(견딜 내, 바탕 성) 耐久性(견딜 내, 오랠 구, 바탕 성) 耐震(견딜 내, 진동할 진)	__性 : __성 __久性 : __구성 __震 : __진
4Ⅱ 端	총획 14획 부수 立 ___ 훈·음	末端(끝 말, 끝 단) 尖端(뾰족할 첨, 끝 단) 端整(바를 단, 가지런할 정) 端緖(실마리 단, 실마리 서)	末__ : 말__ 尖__ : 첨__ __整 : __정 __緖 : __서
3Ⅱ 需	총획 14획 부수 雨 ___ 훈·음	需給(구할 수, 줄 급) 需要(구할 수, 필요할 요) 需用(구할/쓸 수, 쓸 용) 婚需(결혼할 혼, 쓸 수)	__給 : __급 __要 : __요 __用 : __용 婚__ : 혼__
4 儒	총획 16획 부수 人(亻) ___ 훈·음	儒生(선비 유, 사람을 부를 때 쓰는 접사 생) 儒家(선비 유, 전문가 가) 儒教(유교 유, 가르칠 교)	__生 : __생 __家 : __가 __教 : __교
4Ⅱ 列	총획 6획 부수 刀(刂) ___ 훈·음	列擧(벌일 열, 들 거) 列車(줄 열, 수레 차) 系列(이을 계, 줄 열) 整列(가지런할 정, 줄 렬)	__擧 : __거 __車 : __차 系__ : 계__ 整__ : 정__

6	총획 8획 부수 人(亻)	例規(법식 예, 법 규) 條例(조목 조, 법식 례) 例示(보기 예, 보일 시) 例外(보기 예, 밖 외) 훈·음	__規 : __규 條__ : 조__ __示 : __시 __外 : __외
4	총획 10획 부수 火(灬)	強烈(강할 강, 사나울 렬) 先烈(먼저 선, 사나울/매울 열) 烈女(사나울/매울 열, 여자 녀) 痛烈(아플 통, 사나울/매울 렬) 훈·음	強__ : 강__ 先__ : 선__ __女 : __녀 痛__ : 통__
3Ⅱ	총획 12획 부수 衣	決裂(터질 결, 찢어질/터질 렬) 龜裂(터질 균, 터질 열) 分裂(나눌 분, 찢어질 열) 훈·음	決__ : 결__ 龜__ : 균__ 分__ : 분__
6	총획 6획 부수 歹	死境(죽을 사, 경계 경) 死活(죽을 사, 살 활) 決死(정할 결, 죽을 사) 生死(살 생, 죽을 사) 훈·음	__境 : __경 __活 : __활 決__ : 결__ 生__ : 생__
3Ⅱ	총획 13획 부수 革(艹)	葬禮(장사 지낼 장, 예도 례) 葬地(장사 지낼 장, 땅 지) 安葬(편안힐 안, 장사 지낼 장) 火葬(불 화, 장사 지낼 장) 훈·음	__禮 : __례 __地 : __지 安__ : 안__ 火__ : 화__
3Ⅱ	총획 7획 제부수	辰宿(별 진, 별자리 수) 生辰(날 생, 날 신) 日辰(날 일, 다섯째 지지 진) 훈·음	__宿 : __수 生__ : 생__ 日__ : 일__

3Ⅱ 振 훈·음	총획 10획 부수 手(扌)	振作(떨칠 진, 지을 작) 不振(아닐 부, 떨칠 진) 振動(흔들 진, 움직일 동)	__作 : __작 不__ : 부__ __動 : __동
3 晨 훈·음	총획 11획 부수 日	晨明(새벽 신, 밝을 명) 晨夕(새벽 신, 저녁 석) 晨夜(새벽 신, 밤 야) 曉晨(새벽 효, 새벽 신)	__明 : __명 __夕 : __석 __夜 : __야 曉__ : 효__
3Ⅱ 震 훈·음	총획 15획 부수 雨	震怒(벼락 진, 성낼 노) 耐震(견딜 내, 진동할 진) 地震(땅 지, 진동할 진) 餘震(남을 여, 진동할 진)	__怒 : __노 耐__ : 내__ 地__ : 지__ 餘__ : 여__
7Ⅱ 農 훈·음	총획 13획 부수 辰	農耕(농사 농, 밭 갈 경) 農樂(농사 농, 노래 악) 農業(농사 농, 업 업) 歸農(돌아갈 귀, 농사 농)	__耕 : __경 __樂 : __악 __業 : __업 歸__ : 귀__
3Ⅱ 辱 훈·음	총획 10획 부수 辰	辱說(욕 욕, 말씀 설) 困辱(곤란할 곤, 욕 욕) 屈辱(굽을/굽힐 굴, 욕될 욕) 榮辱(영화 영, 욕될 욕)	__說 : __설 困__ : 곤__ 屈__ : 굴__ 榮__ : 영__
3 脣 훈·음	총획 11획 부수 肉(月)	脣音(입술 순, 소리 음) 脣齒(입술 순, 이 치) 口脣(입 구, 입술 순)	__音 : __음 __齒 : __치 口__ : 구__

5 比 훈·음	총획 4획 제부수	櫛比(빗 즐, 나란할 비) 比較(견줄 비, 비교할 교) 比喩(비교할 비, 비유할 유) 比率(비교할 비, 비율 율)	櫛__ : 즐__ __較 : __교 __喩 : __유 __率 : __율
4 批 훈·음	총획 7획 부수 手(扌)	批正(비평할 비, 바를 정) 批准(비평할 비, 비준할 준) 批評(비평할 비, 평할 평)	__正 : __정 __准 : __준 __評 : __평
4 混 훈·음	총획 11획 부수 水(氵)	混同(섞을 혼, 같을 동) 混線(섞을 혼, 줄 선) 混食(섞을 혼, 밥/먹을 식) 混用(섞을 혼, 쓸 용)	__同 : __동 __線 : __선 __食 : __식 __用 : __용
3 皆 훈·음	총획 9획 부수 白	皆勤(다 개, 일 근) 皆兵(다 개, 군사 병) 擧皆(행할 거, 다 개)	__勤 : __근 __兵 : __병 擧__ : 거__
4 階 훈·음	총획 12획 부수 阜(阝)	階段(계단 계, 계단 단) 階層(계급 계, 층 층) 段階(차례 단, 계급 계) 階級(계급 계, 등급 급)	__段 : __단 __層 : __층 段__ : 단__ __級 : __급
3 鹿 훈·음	총획 11획 제부수	鹿角(사슴 녹, 뿔 각) 鹿茸(사슴 녹, 녹용 용)	__角 : __각 __茸 : __용

4Ⅱ 麗 훈·음	총획 19획 부수 鹿	秀麗(빼어날 수, 고울 려) 流麗(흐를 유, 고울 려) 華麗(빛날 화, 빛날 려)	秀__ : 수__ 流__ : 유__ 華__ : 화__
4Ⅱ 慶 훈·음	총획 15획 부수 心	慶弔(경사 경, 조문할 조) 慶祝(경사 경, 축하할 축) 慶賀(경사 경, 축하할 하)	__弔 : __조 __祝 : __축 __賀 : __하
3 薦 훈·음	총획 17획 부수 草(艹)	薦擧(추천할 천, 들 거) 薦新(드릴 천, 새로울 신) 公薦(공평할/대중 공, 추천할 천)	__擧 : __거 __新 : __신 公__ : 공__
3Ⅱ 此 훈·음	총획 6획 부수 止	此日(이 차, 날 일) 此際(이 차, 즈음 제) 此後(이 차, 뒤 후) 彼此(저 피, 이 차)	__日 : __일 __際 : __제 __後 : __후 彼__ : 피__
3Ⅱ 紫 훈·음	총획 12획 부수 糸	紫外線(자줏빛 자, 밖 외, 줄 선) 紫色(자줏빛 자, 빛 색) 紫朱(자줏빛 자, 붉을 주)	__外線 : __외선 __色 : __색 __朱 : __주
8 北 훈·음	총획 5획 부수 匕	敗北(패할 패, 등질 배) 北極(북쪽 북, 끝 극) 北進(북쪽 북, 나아갈 진) 北韓(북쪽 북, 한국 한)	敗__ : 패__ __極 : __극 __進 : __진 __韓 : __한

| 4II
背 ____
훈·음 | 총획 9획
부수 肉(月) | 背景(등질 배, 경치 경)
背叛(등질 배, 배반할 반)
背信(등질 배, 믿을 신)
違背(어길 위, 등질 배) | __景 : __경
__叛 : __반
__信 : __신
違__ : 위__ |

| 1
乖 ____
훈·음 | 총획 8획
부수 丿 | 乖離(어긋날 괴, 헤어질 리)
乖僻(어긋날 괴, 치우칠 벽)
乖愎(어긋날 괴, 괴팍할 팍) | __離 : __리
__僻 : __벽
__愎 : __팍 |

| 3II
乘 ____
훈·음 | 총획 10획
부수 丿 | 乘車(탈 승, 수레 차)
二乘(둘 이, 대 승)
加減乘除
(더할 가, 줄어들 감, 곱할 승, 나눌 제) | __車 : __차
二__ : 이__
加減__除 : 가감__제 |

| 3II
兆 ____
훈·음 | 총획 6획
부수 儿 | 亡兆(잊을 망, 조짐 조)
前兆(앞 전, 조짐 조)
徵兆(부를 징, 조짐 조)
凶兆(흉할 흉, 조짐 조) | 亡__ : 망__
前__ : 전__
徵__ : 징__
凶__ : 흉__ |

| 3
挑 ____
훈·음 | 총획 9획
부수 手(扌) | 挑發(돋을 도, 일어날 발)
挑戰(돋을/끌어낼 도, 싸울 전)
挑出(돋을/끌어낼 도, 나올 출) | __發 : __발
__戰 : __전
__出 : __출 |

| 3II
桃 ____
훈·음 | 총획 10획
부수 木 | 桃花(복숭아 도, 꽃 화)
黃桃(누를 황, 복숭아 도)
武陵桃源
(군사 무, 큰 언덕 릉, 복숭아 도, 근원 원) | __花 : __화
黃__ : 황__
武陵__源 : 무릉__원 |

3 跳 훈·음	총획 13획 부수 足(𧾷)	跳舞(뛸 도, 춤출 무) 跳躍(뛸 도, 뛸 약) 棒高跳(몽둥이 봉, 높을 고, 뛸 도)	__舞 : __무 __躍 : __약 棒高__ : 봉고__
4 逃 훈·음	총획 10획 부수 辵(辶)	逃亡(달아날 도, 달아날 망) 逃走(달아날 도, 도망갈 주) 逃避(달아날 도, 피할 피)	__亡 : __망 __走 : __주 __避 : __피
4Ⅱ 非 훈·음	총획 8획 제부수	非理(어긋날 비, 이치 리) 是非(옳을 시, 아닐 비) 非行(나무랄 비, 행할 행) 非難(나무랄 비, 어려울 난)	__理 : __리 是__ : 시__ __行 : __행 __難 : __난
3Ⅱ 排 훈·음	총획 11획 부수 手(扌)	排水(물리칠 배, 물 수) 排他(물리칠 배, 남 타) 排列(배열할 배, 줄 열) 排置(배열할 배, 둘 치)	__水 : __수 __他 : __타 __列 : __열 __置 : __치
5 罪 훈·음	총획 13획 부수 网(罒)	罪人(죄지을 죄, 사람 인) 犯罪(범할 범, 죄지을 죄) 謝罪(빌 사, 죄지을 죄) 重罪(무거울 중, 허물 죄)	__人 : __인 犯__ : 범__ 謝__ : 사__ 重__ : 중__
4Ⅱ 悲 훈·음	총획 12획 부수 心	悲歌(슬플 비, 노래 가) 悲觀(슬플 비, 볼 관) 悲報(슬플 비, 알릴 보) 悲痛(슬플 비, 아플 통)	__歌 : __가 __觀 : __관 __報 : __보 __痛 : __통

349

3Ⅱ 輩 훈·음	총획 15획 부수 車	輩出(무리 배, 나올 출) 先輩(먼저 선, 무리 배) 後輩(뒤 후, 무리 배)	___出 : ___출 先___ : 선___ 後___ : 후___

350

4Ⅱ 罰 훈·음	총획 14획 부수 网(罒)	罰金(벌줄 벌, 돈 금) 罰則(벌줄 벌, 법칙 칙) 處罰(처리할 처, 벌줄 벌) 體罰(몸 체, 벌줄 벌)	___金 : ___금 ___則 : ___칙 處___ : 처___ 體___ : 체___

3Ⅱ 署 훈·음	총획 14획 부수 网(罒)	署長(관청 서, 어른 장) 官署(관청 관, 관청 서) 署名(서명할 서, 이름 명) 連署(이을 연, 서명할 서)	___長 : ___장 官___ : 관___ ___名 : ___명 連___ : 연___

4Ⅱ 置 훈·음	총획 13획 부수 网(罒)	置換(둘 치, 바꿀 환) 放置(놓을 방, 둘 치) 備置(갖출 비, 둘 치) 留置(머무를 유, 둘 치)	___換 : ___환 放___ : 방___ 備___ : 비___ 留___ : 유___

4Ⅱ 羅 훈·음	총획 19획 부수 网(罒)	羅列(벌일 나, 벌일 열) 網羅(그물 망, 벌일 라) 森羅(빽빽할 삼, 벌일 라) 新羅(새로울 신, 비단 라)	___列 : ___열 網___ : 망___ 森___ : 삼___ 新___ : 신___

351

5 買 훈·음	총획 12획 부수 貝	買入(살 매, 들 입) 買占(살 매, 점령할 점) 都買(모두 도, 살 매) 豫買(미리 예, 살 매)	___入 : ___입 ___占 : ___점 都___ : 도___ 豫___ : 예___

5	총획 15획 부수 貝	賣却(팔 매, 물리칠 각)	__却 : __각
		賣買(팔 매, 매 매)	__買 : __매
賣		賣物(팔 매, 물건 물)	__物 : __물
	훈·음	賣出(팔 매, 나올 출)	__出 : __출

6Ⅱ	총획 22획 부수 言	讀解(읽을 독, 풀 해)	__解 : __해
		必讀(반드시 필, 읽을 독)	必__ : 필__
讀		速讀(빠를 속, 읽을 독)	速__ : 속__
	훈·음	句讀(글귀 구, 구절 두)	句__ : 구__

4Ⅱ	총획 21획 부수 糸	續開(이을 속, 열 개)	__開 : __개
		續出(이을 속, 나올 출)	__出 : __출
續		接續(이을 접, 이을 속)	接__ : 접__
	훈·음	持續(가질 지, 이을 속)	持__ : 지__

3	총획 17획 부수 火	燭光(촛불 촉, 빛 광)	__光 : __광
352		燭膿(촛불 촉, 고름 농)	__膿 : __농
燭		燭臺(촛불 촉, 누각/정자 대)	__臺 : __대
	훈·음	洞燭(밝을 통, 촛불 촉)	洞__ : 통__

5Ⅱ	총획 16획 부수 犬(犭)	獨立(홀로 독, 설 립)	__立 : __립
		獨白(홀로 독, 아뢸 백)	__白 : __백
獨		獨特(홀로 독, 특별할 특)	獨__ : 독__
	훈·음	孤獨(외로울/부모 없을 고, 홀로/자식 없을 독)	孤__ : 고__

3	총획 16획 부수 水(氵)	濁水(흐릴 탁, 물 수)	__水 : __수
		濁酒(흐릴 탁, 술 주)	__酒 : __주
濁		淸濁(맑을 청, 흐릴 탁)	淸__ : 청__
	훈·음	混濁(섞을 혼, 흐릴 탁)	混__ : 혼__

4 屬 훈·음	총획 21획 부수 尸	所屬(장소 소, 무리 속) 直屬(곧을 직, 무리 속) 屬性(무리 속, 바탕 성) 等屬(같을 등, 무리 속)	所__ : 소__ 直__ : 직__ __性 : __성 等__ : 등__
특Ⅱ 柬 훈·음	총획 9획 부수 木	柬理(가릴 간, 이치 리) 發柬(쏠 발, 편지 간) 書柬(글 서, 편지 간)	__理 : __리 發__ : 발__ 書__ : 서__
5Ⅱ 練 훈·음	총획 15획 부수 糸	練修(익힐 연, 닦을/다스릴 수) 練習(익힐 연, 익힐 습) 達練(통달할 달, 익힐 련) 未練(아직~않을 미, 익힐 련)	__修 : __수 __習 : __습 達__ : 달__ 未__ : 미__
3Ⅱ 鍊 훈·음	총획 17획 부수 金	鍛鍊(단련할 단, 단련할 련) 敎鍊(가르칠 교, 단련할 련) 老鍊(늙을 노, 단련할 련) 對鍊(상대할 대, 단련할 련)	鍛__ : 단__ 敎__ : 교__ 老__ : 노__ 對__ : 대__
특 闌 훈·음	총획 17획 부수 門	闌入(막을 난, 들 입) 興闌(흥할/흥겨울 흥, 막을 란)	__入 : __입 興__ : 흥__
3Ⅱ 欄 훈·음	총획 21획 부수 木	欄干(난간 난, 범할 간) 空欄(빌 공, 난간 란) 餘滴欄(남을 여, 물방울 적, 난간 란)	__干 : __간 空__ : 공__ 餘滴__ : 여적__

3II	총획 21획 부수 草(艹)	蘭草(난초 난, 풀 초) **梅蘭菊竹** (매화나무 매, 난초 란, 국화 국, 대 죽) 木蘭(나무 목, 난초 란) [훈·음]	___草 : ___초 梅___菊竹 : 매___국죽 木___ : 목___

蘭

354

3II	총획 19획 부수 心(忄)	懷柔(품을 회, 부드러울 유) 懷疑(품을 회, 의심할 의) 懷古(생각할 회, 옛 고) 感懷(느낄 감, 생각할 회) [훈·음]	___柔 : ___유 ___疑 : ___의 ___古 : ___고 感___ : 감___

懷

3II	총획 19획 부수 土	壞滅(무너질 괴, 멸할 멸) 壞變(무너질 괴, 변할 변) 壞死(무너질 괴, 죽을 사) [훈·음]	___滅 : ___멸 ___變 : ___변 ___死 : ___사

壞

특II	총획 11획 부수 日	曼壽(길 만, 장수할 수) 曼麗(길 만, 고울/빛날 려) [훈·음]	___壽 : ___수 ___麗 : ___려

曼

3	총획 14획 부수 心(忄)	慢性(게으를 만, 바탕 성) 倨慢(거만할 거, 오만할 만) 驕慢(교만할 교, 오만할 만) 自慢(스스로 자, 오만할 만) [훈·음]	___性 : ___성 倨___ : 거___ 驕___ : 교___ 自___ : 자___

慢

3	총획 14 부수 水(氵)	散漫(흩어질 산, 흩어질 만) 漫談(흩어질/부질없을 만, 말씀 담) 漫然(흩어질/부질없을 만, 그러할 연) 漫評(흩어질/부질없을 만, 평할 평) [훈·음]	散___ : 산___ ___談 : ___담 ___然 : ___연 ___評 : ___평

漫

x

6Ⅱ 會 훈·음	총획 13획 부수 日	會見(모일 회, 볼 견) 會計(모일 회, 셈할 계) 會談(모일 회, 말씀 담) 會食(모일 회, 먹을 식)	__見 : __견 __計 : __계 __談 : __담 __食 : __식

3Ⅱ 曾 훈·음	총획 12획 부수 日	曾孫(일찍 증, 손자 손) 曾祖(일찍 증, 할아버지 조) 曾思(거듭 증, 생각할 사)	__孫 : __손 __祖 : __조 __思 : __사

4Ⅱ 增 훈·음	총획 15획 부수 土	增資(더할 증, 재물 자) 增築(더할 증, 쌓을/지을 축) 急增(급할 급, 더할 증)	__資 : __자 __築 : __축 急__ : 급__

3 贈 훈·음	총획 19획 부수 貝	贈與(줄 증, 줄 여) 贈呈(줄 증, 드릴 정) 寄贈(부칠 기, 줄 증)	__與 : __여 __呈 : __정 寄__ : 기__

3Ⅱ 憎 훈·음	총획 15획 부수 心(忄)	憎惡(미워할 증, 미워할 오) 可憎(가히 가, 미워할 증) 愛憎(사랑 애, 미워할 증)	__惡 : __오 可__ : 가__ 愛__ : 애__

3Ⅱ 僧 훈·음	총획 14획 부수 人(亻)	僧侶(중 승, 짝 려) 僧舞(중 승, 춤출 무) 帶妻僧(띠/찰 대, 아내 처, 중 승)	__侶 : __려 __舞 : __무 帶妻__ : 대처__

| 4 | 層 훈·음 | 총획 15획 부수 尸 | 層階(층 층, 계단 계)
階層(단계 계, 층 층)
深層(깊을 심, 층 층)
地層(땅 지, 층 층) | ___階 : ___계
階___ : 계___
深___ : 심___
地___ : 지___ |

| 356 4 | 岡 훈·음 | 총획 8획 부수 山 | 岡陵(산등성이 강, 큰 언덕 릉)
岡阜(산등성이 강, 언덕 부) | ___陵 : ___릉
___阜 : ___부 |

| 3Ⅱ | 鋼 훈·음 | 총획 16획 부수 金 | 鋼管(강철 강, 대롱 관)
鋼鐵(강철 강, 쇠 철)
鋼板(강철 강, 널조각 판)
粗鋼(거칠 조, 강철 강) | ___管 : ___관
___鐵 : ___철
___板 : ___판
粗___ : 조___ |

| 3Ⅱ | 綱 훈·음 | 총획 14획 부수 糸 | 綱領(벼리 강, 우리머리 령)
三綱(석 삼, 벼리 강)
要綱(중요할 요, 벼리 강)
大綱(큰 대, 대강 강) | ___領 : ___령
三___ : 삼___
要___ : 요___
大___ : 대___ |

| 3Ⅱ | 剛 훈·음 | 총획 10획 부수 刀(刂) | 剛健(굳셀 강, 건강할 건)
剛度(단단할 강, 정도 도)
剛斷(단단할 강, 결단할 단)
剛直(굳셀 강, 곧을 직) | ___健 : ___건
___度 : ___도
___斷 : ___단
___直 : ___직 |

| 357 1 | 皿 훈·음 | 총획 5획 제부수 | 器皿(그릇 기, 그릇 명)
器皿圖(그릇 기, 그릇 명, 그림 도) | 器___ : 기___
器___圖 : 기___도 |

4Ⅱ 益 ___ 훈·음	총획 10획 부수 皿	公益(대중 공, 유익할 익) 私益(사사로울 사, 유익할 익) 有益(있을 유, 유익할 익) 利益(이로울 이, 더할 익)	公__ : 공__ 私__ : 사__ 有__ : 유__ 利__ : 이__
4 盜 ___ 훈·음	총획 12획 부수 皿	盜用(훔칠 도, 쓸 용) 盜聽(훔칠 도, 들을 청) 盜賊(훔칠 도, 도둑 적) 強盜(강할 강, 도둑 도)	__用 : __용 __聽 : __청 __賊 : __적 強__ : 강__
4Ⅱ 血 ___ 훈·음	총획 6획 제부수	血氣(피 혈, 기운 기) 血管(피 혈, 대롱 관) 血緣(피 혈, 인연 연) 血統(피 혈, 묶을 통)	__氣 : __기 __管 : __관 __緣 : __연 __統 : __통
4Ⅱ 衆 ___ 훈·음	총획 12획 부수 血	衆生(무리 중, 사람을 부를 때 쓰는 접사 생) 觀衆(볼 관, 무리 중) 群衆(무리 군, 무리 중) 大衆(큰 대, 무리 중)	__生 : __생 觀__ : 관__ 群__ : 군__ 大__ : 대__
3 貝 ___ 훈·음	총획 7획 제부수	貝殼(조개 패, 껍질 각) 貝類(조개 패, 무리 류) 貝物(재물 패, 물건 물) 貝塚(조개 패, 무덤 총)	__殼 : __각 __類 : __류 __物 : __물 __塚 : __총
5Ⅱ 具 ___ 훈·음	총획 8획 부수 八	具備(갖출 구, 갖출 비) 家具(집 가, 기구 구) 道具(도리 도, 기구 구) 玩具(옥 이름 완, 기구 구)	__備 : __비 家__ : 가__ 道__ : 도__ 玩__ : 완__

358

3 俱 훈·음	총획 10획 부수 人(亻)	俱樂部(함께 구, 즐길 락, 거느릴 부) 俱存(함께 구, 있을 존) 俱現(함께 구, 나타날 현)	__樂部 : __락부 __存 : __존 __現 : __현
5 則 훈·음	총획 9획 부수 刀(刂)	然則(그러할 연, 곧 즉) 反則(뒤집을 반, 법칙 칙) 守則(지킬 수, 법칙 칙) 原則(근원 원, 법칙 칙)	然__ : 연__ 反__ : 반__ 守__ : 수__ 原__ : 원__
3Ⅱ 側 훈·음	총획 11획 부수 人(亻)	側近(곁 측, 가까울 근) 側面(곁 측, 향할 면) 兩側(두 양, 곁 측)	__近 : __근 __面 : __면 兩__ : 양__
4Ⅱ 測 훈·음	총획 12획 부수 水(氵)	測量(헤아릴 측, 헤아릴 량) 測定(헤아릴 측, 정할 정) 計測(셈할 계, 헤아릴 측) 觀測(볼 관, 헤아릴 측)	__量 : __량 __定 : __정 計__ : 계__ 觀__ : 관__
4Ⅱ 員 훈·음	총획 10획 부수 口	減員(줄어들 감, 사람 원) 增員(더할 증, 사람 원) 動員(움직일 동, 사람 원) 滿員(찰 만, 사람 원)	減__ : 감__ 增__ : 증__ 動__ : 동__ 滿__ : 만__
4 損 훈·음	총획 13획 부수 手(扌)	損傷(덜 손, 다칠 상) 損失(잃을 손, 잃을 실) 損益(덜 손, 더할 익) 缺損(빠질 결, 덜 손)	__傷 : __상 __失 : __실 __益 : __익 缺__ : 결__

3Ⅱ 韻 훈·음	총획 19획 부수 音	餘韻(남을 여, 운치 운) 韻母(운 운, 어미/어머니 모) 韻文(운 운, 글월 문) 韻律(운 운, 음률 율)	餘＿＿ : 여＿＿ ＿母 : ＿모 ＿文 : ＿문 ＿律 : ＿율
4Ⅱ 圓 훈·음	총획 13획 부수 囗	圓角(둥글 원, 뿔 각) 圓滿(둥글 원, 찰 만) 圓滑(둥글 원, 미끄러울 활) 方圓(모 방, 둥글 원)	＿角 : ＿각 ＿滿 : ＿만 ＿滑 : ＿활 方＿ : 방＿
3Ⅱ 貫 훈·음	총획 11획 부수 貝	貫通(꿸 관, 통할 통) 本貫(뿌리 본, 꿸 관) 尺貫法(자 척, 무게 단위 관, 법 법)	＿通 : ＿통 本＿ : 본＿ 尺＿法 : 척＿법
3Ⅱ 慣 훈·음	총획 14획 부수 心(忄)	慣例(버릇 관, 법식 례) 慣性(버릇 관, 바탕 성) 慣習(버릇 관, 익힐 습) 慣行(버릇 관, 행할 행)	＿例 : ＿례 ＿性 : ＿성 ＿習 : ＿습 ＿行 : ＿행
5Ⅱ 實 훈·음	총획 14획 부수 宀	實果(열매 실, 과실 과) 實感(실제 실, 느낄 감) 實勢(실제 실, 기세 세) 着實(붙을 착, 실제 실)	＿果 : ＿과 ＿感 : ＿감 ＿勢 : ＿세 着＿ : 착＿
4Ⅱ 寶 훈·음	총획 20획 부수 宀	寶鑑(보배 보, 살필 감) 寶石(보배 보, 돌 석) 家寶(집 가, 보배 보) 國寶(나라 국, 보배 보)	＿鑑 : ＿감 ＿石 : ＿석 家＿ : 가＿ 國＿ : 국＿

360

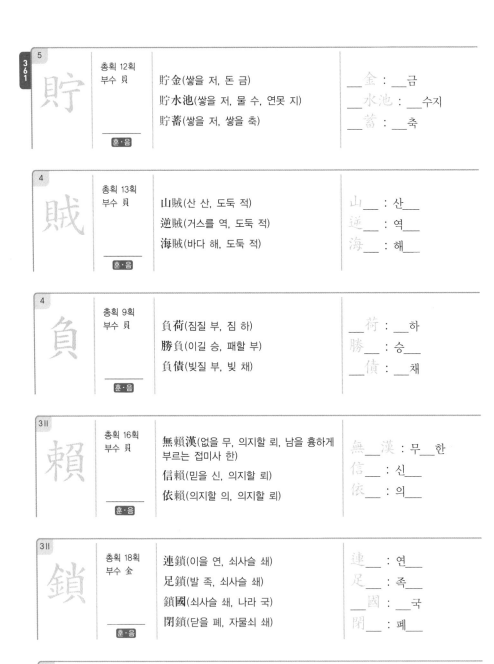

361 5	貯 훈·음	총획 12획 부수 貝	貯金(쌓을 저, 돈 금) 貯水池(쌓을 저, 물 수, 연못 지) 貯蓄(쌓을 저, 쌓을 축)	__金 : __금 __水池 : __수지 __蓄 : __축
4	賊 훈·음	총획 13획 부수 貝	山賊(산 산, 도둑 적) 逆賊(거스를 역, 도둑 적) 海賊(바다 해, 도둑 적)	山__ : 산__ 逆__ : 역__ 海__ : 해__
4	負 훈·음	총획 9획 부수 貝	負荷(짐질 부, 짐 하) 勝負(이길 승, 패할 부) 負債(빚질 부, 빚 채)	__荷 : __하 勝__ : 승__ __債 : __채
3Ⅱ	賴 훈·음	총획 16획 부수 貝	無賴漢(없을 무, 의지할 뢰, 남을 흉하게 부르는 접미사 한) 信賴(믿을 신, 의지할 뢰) 依賴(의지할 의, 의지할 뢰)	無__漢 : 무__한 信__ : 신__ 依__ : 의__
3Ⅱ	鎖 훈·음	총획 18획 부수 金	連鎖(이을 연, 쇠사슬 쇄) 足鎖(발 족, 쇠사슬 쇄) 鎖國(쇠사슬 쇄, 나라 국) 閉鎖(닫을 폐, 자물쇠 쇄)	連__ : 연__ 足__ : 족__ __國 : __국 閉__ : 폐__
362 5	貴 훈·음	총획 12획 부수 貝	貴下(귀할 귀, 아래 하) 高貴(높을 고, 귀할 귀) 富貴(넉넉할 부, 귀할 귀) 品貴(물건 품, 귀할 귀)	__下 : __하 高__ : 고__ 富__ : 부__ 品__ : 품__

4	총획 16획		
遺	부수 辵(辶)	遺産(남길 유, 낳을 산)	___産 : ___산
		遺言(남길 유, 말씀 언)	___言 : ___언
	훈·음	遺失(잃을 유, 잃을 실)	___失 : ___실

1 II	총획 13획		
賈	부수 貝	賈人(장사 고, 사람 인)	___人 : ___인
		賈島(성씨 가, 섬 도)	___島 : ___도
	훈·음		

5 II	총획 15획		
價	부수 人(亻)	價格(값 가, 헤아릴 격)	___格 : ___격
		物價(물건 물, 값 가)	物___ : 물___
		定價(정할 정, 값 가)	定___ : 정___
	훈·음	價値(가치 가, 값 치)	___値 : ___치

3 II	총획 12획		
貸	부수 貝	貸付(빌릴 대, 줄 부)	___付 : ___부
		貸與(빌릴 대, 줄 여)	___與 : ___여
		貸出(빌릴 대, 나올 출)	___出 : ___출
	훈·음	賃貸(빌릴 임, 빌릴 대)	賃___ : 임___

3 II	총획 12획		
項	부수 頁	項目(목 항, 항목 목)	___目 : ___목
		各項(각각 각, 목 항)	各___ : 각___
		事項(일 사, 목 항)	事___ : 사___
	훈·음	直項(곧을 직, 목 항)	直___ : 직___

3	총획 14획		
頗	부수 頁	頗多(자못 파, 많을 다)	___多 : ___다
		偏頗(치우칠 편, 치우칠 파)	偏___ : 편___
	훈·음		

3Ⅱ	총획 14획 부수 宀	寡默(적을 과, 말없을 묵)	__默 : __묵
寡 훈·음		寡劣(적을 과, 못날 열)	__劣 : __열
		獨寡占(홀로 독, 적을 과, 점령할 점)	獨__占 : 독__점
		寡婦(과부 과, 아내 부)	__婦 : __부

3	총획 16획 부수 頁	頻度(자주 빈, 정도 도)	__度 : __도
頻 훈·음		頻發(자주 빈, 일어날 발)	__發 : __발
		頻繁(자주 빈, 번성할 번)	__繁 : __번
		頻出(자주 빈, 나올 출)	__出 : __출

3Ⅱ	총획 18획 부수 頁	顔面(얼굴 안, 얼굴 면)	__面 : __면
顔 훈·음		童顔(아이 동, 얼굴 안)	童__ : 동__
		洗顔(씻을 세, 얼굴 안)	洗__ : 세__
		容顔(얼굴 용, 얼굴 안)	容__ : 용__

3	총획 21획 부수 頁	顧客(돌아볼 고, 손님 객)	__客 : __객
顧 훈·음		顧問(돌아볼 고, 물을 문)	__問 : __문
		一顧(한 일, 돌아볼 고)	一__ : 일__
		回顧(돌아올 회, 돌아볼 고)	回__ : 회__

5Ⅱ	총획 19획 부수 頁	類似(닮을 유, 닮을 사)	__似 : __사
類 훈·음		類例(무리 유, 보기 례)	__例 : __례
		分類(나눌 분, 무리 류)	分__ : 분__
		書類(글 서, 무리 류)	書__ : 서__

4	총획 18획 부수 頁	額面(이마 액, 얼굴 면)	__面 : __면
額 훈·음		殘額(나머지 잔, 액수 액)	殘__ : 잔__
		總額(모두 총, 액수 액)	總__ : 총__
		額子(현판 액, 접미사 자)	__子 : __자

4	顯	총획 23획 부수 頁 훈·음	顯功(드러날 현, 공로 공) 顯著(드러날 현, 드러날 저) 顯忠日(드러날 현, 충성 충, 날 일)	__功 : __공 __著 : __저 __忠日 : __충일
5	順	총획 12획 부수 頁 훈·음	順理(순할 순, 이치 리) 順産(순할 순, 낳을 산) 順序(순할 순, 차례 서) 順調(순할 순, 고를 조)	__理 : __리 __産 : __산 __序 : __서 __調 : __조
3	須	총획 12획 부수 頁 훈·음	須知(반드시 수, 알 지) 必須(반드시 필, 반드시 수) 須臾(잠깐 수, 잠깐 유) 須髮(수염 수, 머리털 발)	__知 : __지 必__ : 필__ __臾 : __유 __髮 : __발
3	煩	총획 13획 부수 火 훈·음	煩惱(번거로울 번, 괴로워할 뇌) 煩務(번거로울 번, 일 무) 煩悶(번거로울 번, 번민할 민) 煩雜(번거로울 번, 섞일 잡)	__惱 : __뇌 __務 : __무 __悶 : __민 __雜 : __잡
3Ⅱ	頂	총획 11획 부수 頁 훈·음	頂上(꼭대기 정, 위 상) 頂點(꼭대기 정, 점 점) 登頂(오를 등, 꼭대기 정) 絶頂(가장 절, 꼭대기 정)	__上 : __상 __點 : __점 登__ : 등__ 絶__ : 절__
3Ⅱ	頃	총획 11획 부수 頁 훈·음	頃刻(잠깐 경, 시각 각) 萬頃(많을 만, 이랑 경) 萬頃蒼波 (많을 만, 이랑 경, 푸를 창, 물결 파)	__刻 : __각 萬__ : __만 萬__蒼波 : 만__창파

4 傾 훈·음	총획 13획 부수 人(亻)	傾斜(기울 경, 기울 사) 傾聽(기울 경, 들을 청) 傾向(기울 경, 향할 향) 左傾(왼쪽 좌, 기울 경)	__斜 : __사 __聽 : __청 __向 : __향 左__ : 좌__
5 366 令 훈·음	총획 5획 부수 人	假令(임시 가, 하여금 령) 發令(일어날 발, 명령할 령) 待令(기다릴 대, 명령할 령) 指令(손가락/가리킬 지, 명령할 령)	假__ : 가__ 發__ : 발__ 待__ : 대__ 指__ : 지__
5 冷 훈·음	총획 7획 부수 氷(冫)	冷氣(찰 냉, 기운 기) 冷溫(찰 냉, 따뜻할 온) 冷戰(찰 냉, 싸울 전) 冷情(찰 냉, 정 정)	__氣 : __기 __溫 : __온 __戰 : __전 __情 : __정
7 命 훈·음	총획 8획 부수 口	命令(명령할 명, 명령할 령) 救命(도울 구, 목숨 명) 生命(날 생, 목숨 명) 宿命(오랠 숙, 운명 명)	__令 : __령 救__ : 구__ 生__ : 생__ 宿__ : 숙__
5 領 훈·음	총획 14획 부수 頁	領導(거느릴 영, 인도할 도) 占領(점령할 점, 거느릴 령) 大統領(큰 대, 거느릴 통, 우두머리 령)	__導 : __도 占__ : 점__ 大統__ : 대통__
3Ⅱ 嶺 훈·음	총획 17획 부수 山	嶺東(고개 영, 동쪽 동) 嶺南(고개 영, 남쪽 남) 分水嶺(나눌 분, 물 수, 재 령)	__東 : __동 __南 : __남 分水__ : 분수__

| 7 夏 훈·음 | 총획 10획 부수 夊 | 夏服(여름 하, 옷 복)
夏節(여름 하, 계절 절)
夏至(여름 하, 이를 지) | __服 : __복
__節 : __절
__至 : __지 |

| 7 冬 훈·음 | 총획 5획 부수 冫(冫) | 冬至(겨울 동, 이를 지)
冬將軍(겨울 동, 장수 장, 군사 군)
越冬(넘을 월, 겨울 동) | __至 : __지
__將軍 : __장군
越__ : 월__ |

| 3 俊 훈·음 | 총획 9획 부수 人(亻) | 俊德(뛰어날 준, 덕 덕)
俊才(뛰어날 준, 재주 재)
英俊(영웅 영, 뛰어날 준) | __德 : __덕
__才 : __재
英__ : 영__ |

| 3Ⅱ 腹 훈·음 | 총획 13획 부수 肉(月) | 腹部(배 복, 거느릴 부)
腹痛(배 복, 아플 통)
空腹(빌 공, 배 복) | __部 : __부
__痛 : __통
空__ : 공__ |

| 4 複 훈·음 | 총획 14획 부수 衣(衤) | 複寫(겹칠 복, 베낄 사)
複線(겹칠 복, 줄 선)
複數(겹칠 복, 두어 수)
複雜(겹칠 복, 섞일 잡) | __寫 : __사
__線 : __선
__數 : __수
__雜 : __잡 |

| 4Ⅱ 復 훈·음 | 총획 12획 부수 彳 | 復活(다시 부, 살 활)
復興(다시 부, 흥할 흥)
復舊(돌아올 복, 옛 구)
回復(돌아올 회, 돌아올 복) | __活 : __활
__興 : __흥
__舊 : __구
回__ : 회__ |

3Ⅱ 覆 훈·음	총획 18획 부수 襾(覀)	天覆(하늘 천, 덮을 부) 覆蓋(뒤집힐 복, 덮을 개) 飜覆(뒤집을 번, 뒤집힐 복) 顚覆(넘어질 전, 뒤집힐 복)	天__ : 천__ __蓋 : __개 飜__ : 번__ 顚__ : 전__
3Ⅱ 履 훈·음	총획 15획 부수 尸	履行(신 이, 행할 행) 履歷書(밟을 이, 지낼 력, 쓸 서) 曳履聲(끌 예, 신 리, 소리 성)	__行 : __행 __歷書 : __력서 曳__聲 : 예__성
4 降 훈·음	총획 9획 부수 阜(阝)	降等(내릴 강, 차례 등) 降雨(내릴 강, 비 우) 降伏(항복할 항, 엎드릴 복) 投降(던질 투, 항복할 항)	__等 : __등 __雨 : __우 __伏 : __복 投__ : 투__
3Ⅱ 隆 훈·음	총획 12획 부수 阜(阝)	隆起(높을 융, 일어날 기) 隆冬(성할 융, 겨울 동) 隆盛(성할 융, 성할 성)	__起 : __기 __冬 : __동 __盛 : __성
3Ⅱ 陵 훈·음	총획 11획 부수 阜(阝)	丘陵(언덕 구, 큰 언덕 릉) 王陵(임금 왕, 임금 무덤 릉) 陵蔑(임금 무덤 능, 업신여길 멸) 武陵(군사 무, 큰 언덕 릉)	丘__ : 구__ 王__ : 왕__ __蔑 : __멸 武__ : 무__
특Ⅱ 悤 훈·음	총획 11획 부수 心	悤忙(바쁠 총, 바쁠 망) 悤急(바쁠 총, 급할 급)	__忙 : __망 __急 : __급

4Ⅱ	총획 17획 부수 糸	總角(거느릴 총, 뿔 각)	___角 : ___각
總		總計(모두 총, 셈할 계)	___計 : ___계
		總括(모두 총, 묶을 괄)	___括 : ___괄
	훈·음	總論(모두 총, 논의할 론)	___論 : ___론

3	총획 17획 부수 耳		
聰		聰氣(귀 밝을 총, 기운 기)	___氣 : ___기
		聰明(총명할 총, 밝을 명)	___明 : ___명
	훈·음		

3Ⅱ	총획 15획 부수 心	憂慮(근심할 우, 염려할 려)	___慮 : ___려
憂		憂愁(근심할 우, 근심 수)	___愁 : ___수
		憂鬱(근심할 우, 답답할 울)	___鬱 : ___울
	훈·음	憂患(근심할 우, 근심 환)	___患 : ___환

4	총획 17획 부수 人(亻)	優劣(우수할 우, 못날 열)	___劣 : ___열
優		優位(우수할 우, 자리 위)	___位 : ___위
		聲優(소리 성, 배우 우)	聲___ : 성___
	훈·음	俳優(배우 배, 배우 우)	俳___ : 배___

4Ⅱ	총획 9획 부수 攴(攵)	故人(옛 고, 사람 인)	___人 : ___인
故		故意(옛 고, 뜻 의)	___意 : ___의
		故事(옛 고, 일 사)	___事 : ___사
	훈·음	故鄕(옛 고, 고향 향)	___鄕 : ___향

4	총획 12획 부수 攴(攵)	散髮(흩어질 산, 머리털 발)	___髮 : ___발
散		散在(흩어질 산, 있을 재)	___在 : ___재
		離散(헤어질 이, 흩어질 산)	離___ : 이___
	훈·음	解散(풀 해, 흩어질 산)	解___ : 해___

5 敗 훈·음	총획 11획 부수 攵(攴)	敗亡(패할 패, 망할 망) 敗因(패할 패, 말미암을 인) 成敗(이룰 성, 패할 패) 失敗(잃을 실, 패할 패)	__亡 : __망 __因 : __인 成__ : 성__ 失__ : 실__
8 敎 훈·음	총획 11획 부수 攵(攴)	敎育(가르칠 교, 기를 육) 敎訓(가르칠 교, 가르칠 훈) 說敎(말씀 설, 가르칠 교) 布敎(펼 포, 가르칠 교)	__育 : __육 __訓 : __훈 說__ : 설__ 布__ : 포__
4Ⅱ 牧 훈·음	총획 8획 부수 牛(牜)	牧童(기를 목, 아이 동) 牧夫(기를 목, 사내 부) 牧場(기를 목, 마당 장) 牧畜(기를 목, 가축 축)	__童 : __동 __夫 : __부 __場 : __장 __畜 : __축
3Ⅱ 悠 훈·음	총획 11획 부수 心	悠悠自適 (한가할 유, 한가할 유, 스스로 자, 갈 적) 悠久(멀 유, 오랠 구) 悠遠(멀 유, 멀 원)	____自適 : __ __자적 __久 : __구 __遠 : __원
4Ⅱ 修 훈·음	총획 10획 부수 人(亻)	修女(닦을/다스릴 수, 여자 녀) 修道(닦을/다스릴 수, 도리 도) 修練(닦을/다스릴 수, 익힐 련) 修身(닦을/다스릴 수, 몸 신)	__女 : __녀 __道 : __도 __練 : __련 __身 : __신
4 條 훈·음	총획 11획 부수 木	條理(가지 조, 이치 리) 條件(조목 조, 사건 건) 條約(조목 조, 약속할 약) 信條(믿을 신, 조목 조)	__理 : __리 __件 : __건 __約 : __약 信__ : 신__

敝

총획 12획
부수 攴(攵)

훈·음

敝件(해질 폐, 물건 건)
敝履(해질 폐, 신 리)
敝船(해질 폐, 배 선)

__件 : __건
__履 : __리
__船 : __선

蔽

총획 16획
부수 草(艹)

훈·음

蔽空(덮을 폐, 하늘 공)
建蔽率(세울 건, 덮을 폐, 비율 율)
隱蔽(숨을 은, 덮을 폐)

__空 : __공
建__率 : 건__율
隱__ : 은__

弊

총획 15획
부수 廾

훈·음

弊習(폐단 폐, 익힐 습)
弊害(폐단 폐, 해칠 해)
民弊(백성 민, 폐단 폐)
語弊(말씀 어, 폐단 폐)

__習 : __습
__害 : __해
民__ : 민__
語__ : 어__

幣

총획 15획
부수 巾

훈·음

僞幣(거짓 위, 돈 폐)
造幣(지을 조, 돈 폐)
紙幣(종이 지, 돈 폐)
貨幣(재물 화, 돈 폐)

僞__ : 위__
造__ : 조__
紙__ : 지__
貨__ : 화__

井

총획 4획
부수 二

훈·음

井華水(우물 정, 빛날 화, 물 수)
市井雜輩
(시내 시, 우물 정, 섞일 잡, 무리 배)
油井(기름 유, 우물 정)

__華水 : __화수
市__雜輩 : 시__잡배
油__ : 유__

耕

총획 10획
부수 耒

훈·음

耕作(밭 갈 경, 지을 작)
耕地(밭 갈 경, 땅 지)
休耕(쉴 휴, 밭 갈 경)

__作 : __작
__地 : __지
休__ : 휴__

6Ⅱ 形 훈·음	총획 7획 부수 彡	形式(모양 형, 법 식) 形言(모양 형, 말씀 언) 成形(이룰 성, 모양 형) 人形(사람 인, 모양 형)	__式 : __식 __言 : __언 成__ : 성__ 人__ : 인__
4 刑 훈·음	총획 6획 부수 刀(刂)	刑期(형벌 형, 기간 기) 刑罰(형벌 형, 벌줄 벌) 刑法(형벌 형, 법 법) 減刑(줄어들 감, 형벌 형)	__期 : __기 __罰 : __벌 __法 : __법 減__ : 감__
5 寒 훈·음	총획 12획 부수 宀	寒氣(찰 한, 기운 기) 寒波(찰 한, 물결 파) 惡寒(미워할 오, 찰 한) 酷寒(심할 혹, 찰 한)	__氣 : __기 __波 : __파 惡__ : 오__ 酷__ : 혹__
3Ⅱ 塞 훈·음	총획 13획 부수 土	梗塞(곧을 경, 막을 색) 窮塞(곤궁할 궁, 막을 색) 閉塞(닫을 폐, 막을 색) 要塞(중요할 요, 변방 새)	梗__ : 경__ 窮__ : 궁__ 閉__ : 폐__ 要__ : 요__
1Ⅱ 襄 훈·음	총획 17획 부수 衣	襄禮(도울 양, 예도 례) 贊襄(도울 찬, 도울 양)	__禮 : __례 贊__ : 찬__
3Ⅱ 讓 훈·음	총획 24획 부수 言	讓渡(사양할 양, 건널 도) 讓步(사양할 양, 걸음 보) 辭讓(물러날 사, 겸손할 양) 謙讓(겸손할 겸, 겸손할 양)	__渡 : __도 __步 : __보 辭__ : 사__ 謙__ : 겸__

3
7
4

3Ⅱ 壤 훈·음	총획 20획 부수 土	擊壤歌(칠 격, 땅 양, 노래 가) 土壤(흙 토, 땅 양) 平壤(평평할 평, 땅 양)	擊__歌 : 격__가 土__ : 토__ 平__ : 평__
4 構 훈·음	총획 14획 부수 木	構圖(얽을 구, 그림 도) 構成(얽을 구, 이룰 성) 構造(얽을 구, 지을 조) 虛構(빌 허, 얽을 구)	__圖 : __도 __成 : __성 __造 : __조 虛__ : 허__
4Ⅱ 講 훈·음	총획 17획 부수 言	講論(익힐 강, 논의할 론) 講習(익힐 강, 익힐 습) 講義(강의할 강, 옳을 의) 講師(강의할 강, 전문가 사)	__論 : __론 __習 : __습 __義 : __의 __師 : __사
4Ⅱ 羊 훈·음	총획 6획 제부수	羊毛(양 양, 털 모) 羊肉(양 양, 고기 육) 羊頭狗肉(양 양, 머리 두, 개 구, 고기 육)	__毛 : __모 __肉 : __육 __頭狗肉 : __두구육
6 洋 훈·음	총획 9획 부수 水(氵)	遠洋(멀 원, 큰 바다 양) 洋食(서양 양, 먹을 식) 洋裝(서양 양, 꾸밀 장) 洋酒(서양 양, 술 주)	遠__ : 원__ __食 : __식 __裝 : __장 __酒 : __주
3 祥 훈·음	총획 11획 부수 示	發祥地(일어날 발, 조짐 상, 땅 지) 不祥事(아닐 불, 상서로울/조짐 상, 일 사) 吉祥(길할/상서로울 길, 조짐 상)	發__地 : 발__지 不__事 : 불__사 吉__ : 길__

3Ⅱ 詳 총획 13획 부수 言 훈·음	詳報(자세할 상, 알릴 보) 詳細(자세할 상, 가늘 세) 詳述(자세할 상, 말할 술) 未詳(아닐 미, 자세할 상)	__報 : __보 __細 : __세 __述 : __술 未__ : 미__
4 樣 총획 15획 부수 木 훈·음	模樣(본뜰 모, 모양 양) 多樣(많을 다, 모양 양) 文樣(무늬 문, 모양 양)	模__ : 모__ 多__ : 다__ 文__ : 문__
4Ⅱ 達 총획 13획 부수 辶(辶) 훈·음	達成(이룰 달, 이룰 성) 發達(일어날 발, 이룰 달) 達辯(통달할 달, 말 잘할 변) 達人(통달할 달, 사람 인)	__成 : __성 發__ : 발__ __辯 : __변 __人 : __인
6 美 총획 9획 부수 羊(⺷) 훈·음	美觀(아름다울 미, 볼 관) 美德(아름다울 미, 덕 덕) 美術(아름다울 미, 재주 술) 美人(아름다울 미, 사람 인)	__觀 : __관 __德 : __덕 __術 : __술 __人 : __인
5 善 총획 12획 부수 口 훈·음	善良(착할 선, 어질 량) 改善(고칠 개, 좋을 선) 善戰(잘할 선, 싸울 전) 善防(잘할 선, 막을 방)	__良 : __량 改__ : 개__ __戰 : __전 __防 : __방
5Ⅱ 養 총획 15획 부수 食 훈·음	養鷄(기를 양, 닭 계) 養殖(기를 양, 불릴 식) 敎養(가르칠 교, 기를 양) 營養(다스릴 영, 기를 양)	__鷄 : __계 __殖 : __식 敎__ : 교__ 營__ : 영__

5Ⅱ 着 ___ 훈·음	총획 12획 부수 目	安着(편안할 안, 붙을 착) 延着(끌 연, 붙을 착) 接着(이을 접, 붙을 착) 沈着(잠길 침, 붙을 착)	安___ : 안___ 延___ : 연___ 接___ : 접___ 沈___ : 침___
4 差 ___ 훈·음	총획 10획 부수 工	差等(다를 차, 같을 등) 差別(다를 차, 다를 별) 快差(상쾌할 쾌, 다를 차) 誤差(그르칠 오, 어긋날 차)	___等 : ___등 ___別 : ___별 快___ : 쾌___ 誤___ : 오___
3Ⅱ 我 ___ 훈·음	총획 7획 부수 戈	我軍(나 아, 군사 군) 我執(나 아, 잡을 집) 沒我(없을 몰, 나 아) 自我(자기 자, 나 아)	___軍 : ___군 ___執 : ___집 沒___ : 몰___ 自___ : 자___
3 餓 ___ 훈·음	총획 16획 부수 食(飠)	餓鬼(굶주릴 아, 귀신 귀) 餓倒(굶주릴 아, 넘어질 도) 餓死(굶주릴 아, 죽을 사)	___鬼 : ___귀 ___倒 : ___도 ___死 : ___사
4Ⅱ 義 ___ 훈·음	총획 13획 부수 羊(⺶)	義擧(옳을 의, 일으킬 거) 義理(의로울 의, 이치 리) 義士(의로울 의, 칭호나 직업에 붙이는 말 사) 不義(아닐 불, 의로울 의)	___擧 : ___거 ___理 : ___리 ___士 : ___사 不___ : 불___
4Ⅱ 議 ___ 훈·음	총획 20획 부수 言	議決(의논할 의, 정할 결) 會議(모일 회, 의논할 의) 物議(물건 물, 의논할 의) 謀議(꾀할/도모할 모, 의논할 의)	___決 : ___결 會___ : 회___ 物___ : 물___ 謀___ : 모___

4	총획 15획 부수 人(亻)	儀禮(법도 의, 예도 례) 儀式(법도 의, 법 식) 儀典(법도 의, 법 전) 훈·음	__禮 : __례 __式 : __식 __典 : __전
특II **378**	총획 7획 제부수	豕突(돼지 시, 갑자기 돌) 豕牢(돼지 시, 우리 뢰) 豕心(돼지 시, 마음 심) 훈·음	__突 : __돌 __牢 : __뢰 __心 : __심
3	총획 11획 부수 豕	豚舍(돼지 돈, 집 사) 豚肉(돼지 돈, 고기 육) 養豚(기를 양, 돼지 돈) 種豚(씨앗 종, 돼지 돈) 훈·음	__舍 : __사 __肉 : __육 養__ : 양__ 種__ : 종__
4II	총획 12획 부수 阜(阝)	隊員(무리 대, 사람 원) 隊長(무리 대, 어른 장) 入隊(들 입, 군대 대) 除隊(덜 제, 군대 대) 훈·음	__員 : __원 __長 : __장 入__ : 입__ 除__ : 제__
7II	총획 10획 부수 宀	家庭(집 가, 뜰 정) 家族(집 가, 겨레 족) 大家(큰 대, 집/전문가 가) 作家(지을 작, 전문가 가) 훈·음	__庭 : __정 __族 : __족 大__ : 대__ 作__ : 작__
3II	총획 14획 부수 艸(艹)	啓蒙(일깨울 계, 어릴 몽) 蒙古(어리석을/어릴 몽, 오랠/옛 고) 蒙昧(어리석을 몽, 어두울 매) 朱蒙(붉을 주, 어리석을/어릴 몽) 훈·음	啓__ : 계__ __古 : __고 __昧 : __매 朱__ : 주__

3	逐 훈·음	총획 11획 부수 辵(辶)	逐出(쫓을 축, 나올 출) 角逐(뿔 각, 쫓을 축) 驅逐艦(몰 구, 쫓을 축, 큰 배 함)	＿出 : ＿출 角＿ : 각＿ 驅＿艦 : 구＿함
3	遂 훈·음	총획 13획 부수 辵(辶)	遂行(이룰 수, 행할 행) 未遂(아닐 미, 이룰 수) 完遂(완전할 완, 드디어/이룰 수)	＿行 : ＿행 未＿ : 미＿ 完＿ : 완＿
3Ⅱ	夢 훈·음	총획 14획 부수 夕	夢想(꿈 몽, 생각할 상) 吉夢(길할/상서로울 길, 꿈 몽) 惡夢(악할 악, 꿈 몽) 胎夢(아이 밸 태, 꿈 몽)	＿想 : ＿상 吉＿ : 길＿ 惡＿ : 악＿ 胎＿ : 태＿
3Ⅱ	懇 훈·음	총획 17획 부수 心	懇切(간절할 간, 간절할 절) 懇曲(간절할 간, 굽을 곡) 懇求(간절할 간, 구할 구) 懇請(간절할 간, 청할 청)	＿切 : ＿절 ＿曲 : ＿곡 ＿求 : ＿구 ＿請 : ＿청
3Ⅱ	貌 훈·음	총획 14획 부수 豸	貌樣(모양 모, 모양 양) 面貌(얼굴 면, 모양 모) 美貌(아름다울 미, 모양 모) 全貌(온전할 전, 모양 모)	＿樣 : ＿양 面＿ : 면＿ 美＿ : 미＿ 全＿ : 전＿
3Ⅱ	燕 훈·음	총획 16획 부수 火(灬)	燕雀(제비 연, 참새 작) 燕尾服(제비 연, 꼬리 미, 옷 복)	＿雀 : ＿작 ＿尾服 : ＿미복

| 革 훈·음 | 총획 9획
제부수 | 革帶(가죽 혁, 찰 대)
皮革(가죽 피, 가죽 혁)
革命(고칠 혁, 명령할 명)
革新(고칠 혁, 새로울 신) | __帶 : __대
皮__ : 피__
__命 : __명
__新 : __신 |

| 象 훈·음 | 총획 12획
부수 豕 | 象牙(코끼리 상, 어금니 아)
象徵(모양 상, 부를 징)
印象(도장/찍을 인, 모양 상)
象形(모양 상, 모양 형) | __牙 : __아
__徵 : __징
印__ : 인__
__形 : __형 |

| 像 훈·음 | 총획 14획
부수 人(亻) | 銅像(구리 동, 모양/본뜰 상)
佛像(부처 불, 본뜰 상)
自畫像(자기 자, 그림 화, 본뜰 상) | 銅__ : 동__
佛__ : 불__
自畫__ : 자화__ |

| 豫 훈·음 | 총획 16획
부수 豕 | 豫告(미리 예, 알릴 고)
豫報(미리 예, 알릴 보)
豫備(미리 예, 갖출 비)
豫想(미리 예, 생각할 상) | __告 : __고
__報 : __보
__備 : __비
__想 : __상 |

| 馬 훈·음 | 총획 10획
제부수 | 馬力(말 마, 힘 력)
馬術(말 마, 재주 술)
乘馬(탈 승, 말 마)
河馬(강 하, 말 마) | __力 : __력
__術 : __술
乘__ : 승__
河__ : 하__ |

| 篤 훈·음 | 총획 16획
부수 竹(⺮) | 篤實(두터울 독, 실제 실)
篤志家(두터울 독, 뜻 지, 전문가 가)
危篤(위험할 위, 두터울 독) | __實 : __실
__志家 : __지가
危__ : 위__ |

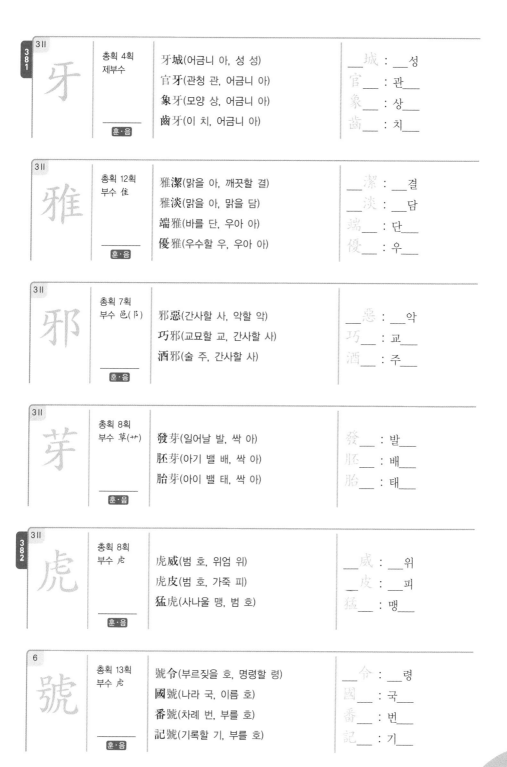

3 II 381	牙	훈·음	총획 4획 제부수	牙城(어금니 아, 성 성) 官牙(관청 관, 어금니 아) 象牙(모양 상, 어금니 아) 齒牙(이 치, 어금니 아)	__城 : __성 官__ : 관__ 象__ : 상__ 齒__ : 치__
3 II	雅	훈·음	총획 12획 부수 隹	雅潔(맑을 아, 깨끗할 결) 雅淡(맑을 아, 맑을 담) 端雅(바를 단, 우아 아) 優雅(우수할 우, 우아 아)	__潔 : __결 __淡 : __담 端__ : 단__ 優__ : 우__
3 II	邪	훈·음	총획 7획 부수 邑(阝)	邪惡(간사할 사, 악할 악) 巧邪(교묘할 교, 간사할 사) 酒邪(술 주, 간사할 사)	__惡 : __악 巧__ : 교__ 酒__ : 주__
3 II	芽	훈·음	총획 8획 부수 草(艹)	發芽(일어날 발, 싹 아) 胚芽(아기 밸 배, 싹 아) 胎芽(아이 밸 태, 싹 아)	發__ : 발__ 胚__ : 배__ 胎__ : 태__
3 II 382	虎	훈·음	총획 8획 부수 虍	虎威(범 호, 위엄 위) 虎皮(범 호, 가죽 피) 猛虎(사나울 맹, 범 호)	__威 : __위 __皮 : __피 猛__ : 맹__
6	號	훈·음	총획 13획 부수 虍	號令(부르짖을 호, 명령할 령) 國號(나라 국, 이름 호) 番號(차례 번, 부를 호) 記號(기록할 기, 부를 호)	__令 : __령 國__ : 국__ 番__ : 번__ 記__ : 기__

3	총획 14획 부수 辶(辶)	遞減(전할 체, 줄어들 감) 遞信(전할 체, 소식 신) 郵遞局(우편 우, 전할 체, 관청 국) 훈·음	__減 : __감 __信 : __신 郵__局 : 우__국
遞			

4 Ⅱ	총획 12획 부수 虍	虛空(빌 허, 빌 공) 虛無(빌 허, 없을 무) 虛費(헛될 허, 쓸/비용 비) 虛脫(헛될 허, 벗을 탈) 훈·음	__空 : __공 __無 : __무 __費 : __비 __脫 : __탈
虛			

3 Ⅱ	총획 17획 부수 戈	戲曲(놀 희, 노래 곡) 戲劇(놀 희, 연극 극) 戲弄(희롱할 희, 희롱할 롱) 戲筆(놀/희롱할 희, 글씨 필) 훈·음	__曲 : __곡 __劇 : __극 __弄 : __롱 __筆 : __필
戲			

4 Ⅱ	총획 11획 부수 虍	處所(곳/살 처, 장소 소) 處世(살 처, 세상 세) 處方(처리할 처, 방법 방) 處置(처리할 처, 둘 치) 훈·음	__所 : __소 __世 : __세 __方 : __방 __置 : __치
處			

383

4	총획 16획 부수 手(扌)	據點(의지할 거, 점 점) 論據(논의할 논, 의지할 거) 占據(점령할 점, 의지할 거) 證據(증명할 증, 의지할 거) 훈·음	__點 : __점 論__ : 논__ 占__ : 점__ 證__ : 증__
據			

4	총획 15획 부수 刀(刂)	劇藥(심할 극, 약 약) 劇場(연극 극, 마당 장) 悲劇(슬플 비, 연극 극) 喜劇(기쁠 희, 연극 극) 훈·음	__藥 : __약 __場 : __장 悲__ : 비__ 喜__ : 희__
劇			

4	총획 15획 부수 心	考慮(생각할 고, 생각할 려) 配慮(나눌 배, 생각할 려) 思慮(생각할 사, 생각할 려) 念慮(생각 념, 염려할 려)	考__ : 고__ 配__ : 배__ 思__ : 사__ 念__ : 염__
慮 훈·음			

1Ⅱ	총획 16획 부수 皿	毘盧峯(도울 비, 밥그릇 로, 봉우리 봉) 盧生之夢(성씨 노, 날 생, ~의 지, 꿈 몽)	毘__峯 : 비__봉 __生之夢 : __생지몽
盧 훈·음			

3Ⅱ	총획 20획 부수 火	煖爐(따뜻할 난, 화로 로) 香爐(향기 향, 화로 로) 火爐(불 화, 화로 로)	煖__ : 난__ 香__ : 향__ 火__ : 화__
爐 훈·음			

3Ⅱ	총획 1획 제부수	甲男乙女 (첫째 갑, 사내 남, 둘째 을, 여자 녀) 甲論乙駁 (첫째 갑, 논의할 론, 둘째 을, 논박할 박)	甲男__女 : 갑남__녀 甲論__駁 : 갑론__박
乙 훈·음			

3Ⅱ	총획 4획 부수 丿	之東之西 (~의 지, 동쪽 동, ~의 지, 서쪽 서) 易地思之 (바꿀 역, 땅 지, 생각할 사, ~의 지)	__東__西 : __동__서 易地思__ : 역지사__
之 훈·음			

3	총획 3획 부수 乙	乞客(빌 걸, 손님 객) 乞人(빌 걸, 사람 인) 哀乞(슬플 애, 빌 걸)	__客 : __객 __人 : __인 哀__ : 애__
乞 훈·음			

3	총획 3획 부수 乙	獨也靑靑 (홀로 독, 어조사 야, 푸를 청, 푸를 청) 言則是也 (말씀 언, 곧 즉, 옳을 시, 어조사 야)	獨__靑靑 : 독__청청 言則是__ : 언즉시__
也 ___ 훈·음			

7	총획 6획 부수 土	地表(땅 지, 겉 표) 地域(땅 지, 구역 역) 地獄(땅 지, 감옥 옥) 地位(처지 지, 자리 위)	__表 : __표 __域 : __역 __獄 : __옥 __位 : __위
地 ___ 훈·음			

3Ⅱ	총획 6획 부수 水(氵)	貯水池(쌓을 저, 물 수, 연못 지) 電池(전기 전, 연못 지) 乾電池(마를 건, 전기 전, 연못 지)	貯水__ : 저수__ 電__ : 전__ 乾電__ : 건전__
池 ___ 훈·음			

5	총획 5획 부수 人(亻)	他道(다를 타, 행정 구역의 도) 他鄕(다를 타, 고향/시골 향) 他界(다를 타, 세계 계) 他殺(남 타, 죽일 살)	__道 : __도 __鄕 : __향 __界 : __계 __殺 : __살
他 ___ 훈·음			

4	총획 8획 부수 卩(㔾)	全卷(온전할 전, 책 권) 壓卷(누를 압, 책 권) 卷數(책 권, 셀 수)	__卷 : __권 壓__ : 압__ __數 : __수
卷 ___ 훈·음			

4	총획 8획 부수 刀	福券(복 복, 문서 권) 食券(먹을 식, 문서 권) 證券(증명할 증, 문서 권) 債券(빚 채, 문서 권)	福__ : 복__ 食__ : 식__ 證__ : 증__ 債__ : 채__
券 ___ 훈·음			

3 II	총획 10획 부수 手	拳鬪(주먹 권, 싸울 투) 鐵拳(쇠 철, 주먹 권) 跆拳(밟을 태, 주먹 권)	__鬪 : __투 鐵__ : 철__ 跆__ : 태__
拳 훈·음			

6	총획 12획 부수 力	勝利(이길 승, 이로울 리) 勝訴(이길 승, 소송할 소) 勝景(나을 승, 경치 경) 絶勝(가장 절, 나을 승)	__利 : __리 __訴 : __소 __景 : __경 絶__ : 절__
勝 훈·음			

3	총획 20획 부수 馬	騰落(오를 등, 떨어질 락) 急騰(급할 급, 오를 등) 反騰(뒤집을 반, 오를 등) 暴騰(드러날 폭, 오를 등)	__落 : __락 急__ : 급__ 反__ : 반__ 暴__ : 폭__
騰 훈·음			

5	총획 7획 부수 水(氵)	汽管(김 기, 대롱 관) 汽船(김 기, 배 선) 汽笛(김 기, 피리 적) 汽車(김 기, 수레 차)	__管 : __관 __船 : __선 __笛 : __적 __車 : __차
汽 훈·음			

7 II	총획 10획 부수 气	氣力(기운 기, 힘 력) 氣分(기운 기, 분별할 분) 感氣(느낄 감, 기운 기) 氣象(기운 기, 본뜰 상)	__力 : __력 __分 : __분 感__ : 감__ __象 : __상
氣 훈·음			

2	총획 4획 부수 十	升引(오를 승, 끌 인) 升斗之利(되 승, 말 두, ~의 지, 이로울 리)	__引 : __인 __斗之利 : __두지리
升 훈·음			

3II			
昇 훈·음	총획 8획 부수 日	昇格(오를 승, 격식 격) 昇進(오를 승, 나아갈 진) 昇華(오를 승, 화려할/빛날 화)	＿格 : ＿격 ＿進 : ＿진 ＿華 : ＿화

4II			
飛 훈·음	총획 9획 제부수	飛行(날 비, 다닐 행) 雄飛(클 웅, 날/높을 비) 飛躍(높을 비, 뛸 약) 飛虎(빠를 비, 범 호)	＿行 : ＿행 雄＿ : 웅＿ ＿躍 : ＿약 ＿虎 : ＿호

3			
飜 훈·음	총획 21획 부수 飛	飜覆(뒤집을 번, 뒤집힐 복) 飜譯(번역할 번, 번역할 역) 飜案(번역할 번, 생각 안)	＿覆 : ＿복 ＿譯 : ＿역 ＿案 : ＿안

4II			
鳥 훈·음	총획 11획 제부수	鳥類(새 조, 무리 류) 鳥獸(새 조, 짐승 수) 白鳥(흰 백, 새 조)	＿類 : ＿류 ＿獸 : ＿수 白＿ : 백＿

4			
鳴 훈·음	총획 14획 부수 鳥	悲鳴(슬플 비, 울 명) 自鳴鐘(스스로 자, 울 명, 종치는 시계 종) 春雉自鳴(봄 춘, 꿩 치, 스스로 자, 울 명)	悲＿ : 비＿ 自＿鐘 : 자＿종 春雉自＿ : 춘치자＿

3II			
烏 훈·음	총획 10획 부수 火(灬)	烏飛梨落 (까마귀 오, 날 비, 배 이, 떨어질 락) 烏竹(검을 오, 대 죽) 烏呼(어찌 오, 부를 호)	＿飛梨落 : ＿비이락 ＿竹 : ＿죽 ＿呼 : ＿호

3	총획 13획 부수 口 ____ 훈·음	鳴咽(탄식할 오, 목멜 열) 鳴泣(탄식할 오, 울 읍) 鳴呼痛哉 (탄식할 오, 부를 호, 아플 통, 어조사 재)	__咽 : __열 __泣 : __읍 __呼痛哉 : __호통재
389 4 II	총획 12획 부수 辶(辶) ____ 훈·음	進度(나아갈 진, 정도 도) 進路(나아갈 진, 길 로) 促進(재촉할 촉, 나아갈 진) 推進(밀 추, 나아갈 진)	__度 : __도 __路 : __로 促__ : 촉__ 推__ : 추__
3 II	총획 14획 부수 糸 ____ 훈·음	維新(벼리 유, 새로울 신) 維持(묶을 유, 가질 지) 進退維谷 (나아갈 진, 물러날 퇴, 벼리 유, 골짜기 곡)	__新 : __신 __持 : __지 進退__谷 : 진퇴__곡
3	총획 11획 부수 心(忄) ____ 훈·음	思惟(생각할 사, 생각할 유) 惟獨(오직 유, 홀로 독) 惟一(오직 유, 한 일)	思__ : 사__ __獨 : __독 __一 : __일
3	총획 11획 부수 口 ____ 훈·음	唯物(오직 유, 물건 물) 唯一(오직 유, 한 일) 唯唯諾諾 (대답할 유, 대답할 유, 대답할 낙, 대답할 낙)	__物 : __물 __一 : __일 ____諾諾 : ____낙낙
390 4	총획 11획 부수 手(扌) ____ 훈·음	推仰(밀 추, 우러를 앙) 推定(밀 추, 정할 정) 推薦(밀 추, 추천할 천) 類推(닮을 유, 밀 추)	__仰 : __앙 __定 : __정 __薦 : __천 類__ : 유__

3Ⅱ 稚 훈·음	총획 13획 부수 禾	稚魚(어릴 치, 물고기 어) 稚拙(어릴 치, 못날 졸) 幼稚園(어릴 유, 어릴 치, 동산 원)	__魚 : __어 __拙 : __졸 幼__園 : 유__원
3 誰 훈·음	총획 15획 부수 言	誰某(누구 수, 아무 모) 誰得誰失 (누구 수, 얻을 득, 누구 수, 잃을 실) 誰何(누구 수, 무엇 하)	__某 : __모 __得__失 : __득__실 __何 : __하
3 雖 훈·음	총획 17획 부수 隹	雖然(비록 수, 그러할 연) 雖乞食厭拜謁(비록 수, 빌 걸, 먹을 식, 싫어할 염, 절 배, 뵐 알)	__然 : __연 __乞食厭拜謁 : __걸식염배알
5 雄 훈·음	총획 12획 부수 隹	雌雄(암컷 자, 수컷 웅) 雄將(클 웅, 장수 장) 雄壯(클 웅, 굳셀 장) 英雄(영웅 영, 클 웅)	雌__ : 자__ __將 : __장 __壯 : __장 英__ : 영__
4 雜 훈·음	총획 18획 부수 隹	雜技(섞일 잡, 재주 기) 雜多(섞일 잡, 많을 다) 雜務(섞일 잡, 일 무) 雜音(섞일 잡, 소리 음)	__技 : __기 __多 : __다 __務 : __무 __音 : __음
3 携 훈·음	총획 13획 부수 手(扌)	携帶(가질 휴, 찰 대) 携引(끌 휴, 끌 인) 提携(끌 제, 끌 휴)	__帶 : __대 __引 : __인 提__ : 제__

| 5Ⅱ | 총획 18획 부수 臼 | 舊穀(오랠/옛 구, 껍질 각) | __殼 : __각 |
| 舊 훈·음 | | 舊面(오랠/옛 구, 얼굴 면) 舊式(옛 구, 법 식) 親舊(친할 친, 오랠 구) | __面 : __면 __式 : __식 親__ : 친__ |

| 4Ⅱ | 총획 13획 부수 水(氵) | 平準(평평할 평, 평평할 준) | 平__ : 평__ |
| 準 훈·음 | | 水準(물 수, 법도 준) 基準(기초 기, 법도 준) 標準(표 표, 법도 준) | 水__ : 수__ 基__ : 기__ 標__ : 표__ |

| 1Ⅱ | 총획 11획 부수 山 | 崔崔(높을 최, 높을 최) | __ __ : __ __ |
| 崔 훈·음 | | 崔致遠(성씨 최, 이룰/이를 치, 멀 원) | __致遠 : __치원 |

392

| 3Ⅱ | 총획 13획 부수 人(亻) | 催告(재촉할 최, 알릴 고) | __告 : __고 |
| 催 훈·음 | | 催眠(재촉할 최, 잘 면) 開催(열 개, 열 최) 主催(주인 주, 열 최) | __眠 : __면 開__ : 개__ 主__ : 주__ |

| 6Ⅱ | 총획 12획 부수 隹 | 集合(모일/모을 집, 합할 합) | __合 : __합 |
| 集 훈·음 | | 集團(모일/모을 집, 모일 단) 詩集(시 시, 모일/모을 집) 全集(온전할 전, 모일/모을 집) | __團 : __단 詩__ : 시__ 全__ : 전__ |

| 2 | 총획 10획 부수 隹 | 隻手(홀로 척, 손 수) | __手 : __수 |
| 隻 훈·음 | | 隻身(홀로 척, 몸 신) 隻愛(홀로 척, 사랑 애) | __身 : __신 __愛 : __애 |

3Ⅱ			
雙 훈·음	총획 18획 부수 隹	雙劍(둘 쌍, 칼 검) 雙發(둘 쌍, 쏠 발) 雙璧(둘 쌍, 구슬 벽) 雙生(둘 쌍, 날 생)	__劍 : __검 __發 : __발 __璧 : __벽 __生 : __생

3 3 9 3			
擁 훈·음	총획 16획 부수 手(扌)	擁立(안을 옹, 설 립) 擁璧(안을 옹, 벽 벽) 擁護(안을 옹, 보호할 호) 抱擁(안을 포, 안을 옹)	__立 : __립 __璧 : __벽 __護 : __호 抱__ : 포__

3			
懼 훈·음	총획 21획 부수 心(忄)	悚懼(두려울 송, 두려울 구) 畏懼(두려워할 외, 두려울 구) 疑懼(의심할 의, 두려울 구)	悚__ : 송__ 畏__ : 외__ 疑__ : 의__

3Ⅱ			
禽 훈·음	총획 13획 부수 禸	禽獸(날짐승 금, 짐승 수) 禽獸魚蟲 (날짐승 금, 짐승 수, 물고기 어, 벌레 충) 猛禽(사나울 맹, 날짐승 금)	__獸 : __수 __獸魚蟲 : __수어충 猛__ : 맹__

4			
離 훈·음	총획 19획 부수 隹	離別(헤어질 이, 나눌 별) 乖離(어긋날 괴, 헤어질 리) 分離(나눌 분, 헤어질 리)	__別 : __별 乖__ : 괴__ 分__ : 분__

3Ⅱ 3 9 4			
鳳 훈·음	총획 14획 부수 鳥	鳳仙花(봉황새 봉, 신선 선, 꽃 화) 鳳姿(봉황새 봉, 모습 자) 龍鳳(용 용, 봉황새 봉)	__仙花 : __선화 __姿 : __자 龍__ : 용__

3	총획 17획 부수 鳥	鴻功(기러기 홍, 공로 공) 鴻基(기러기 홍, 기초 기) 哀鴻(슬플 애, 기러기 홍)	__功 : __공 __基 : __기 哀__ : 애__
鴻 훈·음			

5	총획 10획 부수 山	島嶼(섬 도, 섬 서) 群島(무리 군, 섬 도) 半島(반 반, 섬 도) 列島(줄 열, 섬 도)	__嶼 : __서 群__ : 군__ 半__ : 반__ 列__ : 열__
島 훈·음			

3	총획 12획 부수 隹	雁書(기러기 안, 글 서) 雁信(기러기 안, 소식 신) 雁柱(기러기 안, 기둥 주) 雁行(기러기 안, 항렬 항)	__書 : __서 __信 : __신 __柱 : __주 __行 : __항
雁 훈·음			

4Ⅱ	총획 17획 부수 心	應感(응할 응, 느낄 감) 應擧(응할 응, 행할 거) 應急(응할 응, 급할 급) 應援(응할 응, 도울 원)	__感 : __감 __擧 : __거 __急 : __급 __援 : __원
應 훈·음			

3Ⅱ	총획 16획 부수 大	奮起(힘쓸 분, 일어날 기) 奮發(떨칠 분, 일어날 발) 激奮(격할 격, 떨칠 분) 興奮(흥할 흥, 떨칠 분)	__起 : __기 __發 : __발 激__ : 격__ 興__ : 흥__
奮 훈·음			

395

3Ⅱ	총획 14획 부수 大	奪骨(빼앗을 탈, 뼈 골) 奪取(빼앗을 탈, 가질 취) 強奪(억지 강, 빼앗을 탈) 爭奪(다툴 쟁, 빼앗을 탈)	__骨 : __골 __取 : __취 強__ : 강__ 爭__ : 쟁__
奪 훈·음			

4Ⅱ 확	총획 15획 부수 石 훈·음	確固(굳을 확, 굳을 고) 確答(확실할 확, 대답할 답) 確信(확실할 확, 믿을 신) 正確(바를 정, 확실할 확)	___固 : ___고 ___答 : ___답 ___信 : ___신 正___ : 정___
3Ⅱ 학	총획 21획 부수 鳥 훈·음	鶴舞(학 학, 춤출 무) 鶴髮(학 학, 머리털 발) 鶴首(학 학, 머리 수) 鶴企(학 학, 꾀할 기)	___舞 : ___무 ___髮 : ___발 ___首 : ___수 ___企 : ___기
4Ⅱ 護	총획 21획 부수 言 훈·음	護國(보호할 호, 나라 국) 護送(보호할 호, 보낼 송) 看護(볼 간, 보호할 호)	___國 : ___국 ___送 : ___송 看___ : 간___
3 穫	총획 19획 부수 禾 훈·음	收穫(거둘 수, 거둘 확) 多收穫(많을 다, 거둘 수, 거둘 확) 一樹百穫 (한 일, 나무 수, 일백 백, 거둘 확)	收___ : 수___ 多收___ : 다수___ 一樹百___ : 일수백___
3Ⅱ 獲	총획 17획 부수 犬(犭) 훈·음	獲得(얻을 획, 얻을 득) 濫獲(넘칠 남, 얻을 획) 虜獲(사로잡을 노, 얻을 획) 漁獲(고기 잡을 어, 얻을 획)	___得 : ___득 濫___ : 남___ 虜___ : 노___ 漁___ : 어___
4Ⅱ 權	총획 22획 부수 木 훈·음	權力(권세 권, 힘 력) 權利(권세 권, 이로울 리) 權座(권세 권, 자리 좌) 權限(권세 권, 한계 한)	___力 : ___력 ___利 : ___리 ___座 : ___좌 ___限 : ___한

4			
勸 훈·음	총획 20획 부수 力	勸告(권할 권, 알릴 고) 勸勉(권할 권, 힘쓸 면) 勸誘(권할 권, 꾈 유) 勸學(권할 권, 배울 학)	__告 : __고 __勉 : __면 __誘 : __유 __學 : __학

5Ⅱ			
觀 훈·음	총획 25획 부수 見	觀光(볼 관, 빛 광) 觀點(볼 관, 점 점) 觀衆(볼 관, 무리 중) 壯觀(굳셀/장할 장, 볼 관)	__光 : __광 __點 : __점 __衆 : __중 壯__ : 장__

4			
歡 훈·음	총획 22획 부수 欠	歡談(기뻐할 환, 말씀 담) 歡待(기뻐할 환, 대접할 대) 歡聲(기뻐할 환, 소리 성) 歡送(기뻐할 환, 보낼 송)	__談 : __담 __待 : __대 __聲 : __성 __送 : __송

3Ⅱ			
羽 훈·음	총획 6획 제부수	羽角(날개/깃 우, 뿔 각) 羽毛(날개/깃 우, 털 모) 羽翼(날개/깃 우, 날개/도울 익)	__角 : __각 __毛 : __모 __翼 : __익

6			
習 훈·음	총획 11획 부수 羽	習慣(익힐 습, 버릇 관) 習性(익힐 습, 바탕 성) 自習(스스로 자, 익힐 습) 學習(배울 학, 익힐 습)	__慣 : __관 __性 : __성 自__ : 자__ 學__ : 학__

5			
曜 훈·음	총획 18획 부수 日	曜日表(요일 요, 날 일, 겉 표) 月曜日(달 월, 요일 요, 날 일)	__日表 : __일표 月__日 : 월__일

3	총획 21획 부수 足(⻊)	躍動(뛸 약, 움직일 동) 躍進(뛸 약, 나아갈 진) 一躍(한 일, 뛸 약) 活躍(살 활, 뛸 약)	__動 : __동 __進 : __진 一__ : 일__ 活__ : 활__
躍 훈·음			

3	총획 17획 부수 水(氵)	濯足(씻을 탁, 발 족) 洗濯(씻을 세, 빨 탁)	__足 : __족 洗__ : 세__
濯 훈·음			

3Ⅱ	총획 11획 부수 人(亻)	偶發(우연 우, 일어날 발) 對偶(상대할 대, 짝 우) 偶像(짝 우, 모양 상)	__發 : __발 對__ : 대__ __像 : __상
偶 훈·음			

4	총획 13획 부수 辵(辶)	不遇(아닐 불, 만날 우) 待遇(대접할 대, 대접할 우) 禮遇(예도 예, 대접할 우) 處遇(처리할 처, 대접할 우)	不__ : 불__ 待__ : 대__ 禮__ : 예__ 處__ : 처__
遇 훈·음			

3Ⅱ	총획 13획 부수 心	愚弄(어리석을 우, 가지고 놀 롱) 愚問賢答 (어리석을 우, 물을 문, 어질 현, 대답할 답) 愚直(어리석을 우, 곧을 직)	__弄 : __롱 __問賢答 : __문현답 __直 : __직
愚 훈·음			

8	총획 13획 부수 草(艹)	萬能(많을 만, 능할 능) 萬物(많을 만, 물건 물) 萬福(많을 만, 복 복) 萬事(많을 만, 일 사)	__能 : __능 __物 : __물 __福 : __복 __事 : __사
萬 훈·음			

3II	총획 17획	激勵(격할 격, 힘쓸 려)	激__ : 격__
勵	부수 力	督勵(감독할 독, 힘쓸 려)	督__ : 독__
		獎勵(장려할 장, 힘쓸 려)	獎__ : 장__
	훈·음		

5	총획 11획	魚類(물고기 어, 무리 류)	__類 : __류
400	제부수	魚族(물고기 어, 겨레 족)	__族 : __족
魚		文魚(무늬 문, 물고기 어)	文__ : 문__
		活魚(살 활, 물고기 어)	活__ : 활__
	훈·음		

5	총획 14획	漁夫(고기 잡을 어, 사내 부)	__夫 : __부
漁	부수 水(氵)	漁父(고기 잡을 어, 아비 부)	__父 : __부
		漁場(고기 잡을 어, 마당 장)	__場 : __장
		豊漁(풍성할 풍, 고기 잡을 어)	豊__ : 풍__
	훈·음		

5II	총획 17획	鮮度(싱싱할 선, 정도 도)	__度 : __도
鮮	부수 魚	生鮮(날 생, 깨끗할 선)	生__ : 생__
		新鮮(새로울 신, 깨끗할/싱싱할 선)	新__ : 신__
		朝鮮(아침 조, 고울 선)	朝__ : 조__
	훈·음		

3II	총획 20획	蘇生(소생할 소, 날 생)	__生 : __생
蘇	부수 草(艹)	回蘇(돌아올 회, 깨어날 소)	回__ : 회__
		蘇鐵(깨어날/소생할 소, 쇠 철)	__鐵 : __철
		蘇聯(깨어날/소생할 소, 잇닿을/이을 련)	__聯 : __련
	훈·음		

좋은 책을 만드는 길
독자님과 함께하겠습니다.

도서나 동영상에 궁금한 점, 아쉬운 점, 만족스러운 점이
있으시다면 어떤 의견이라도 말씀해 주세요.
SD에듀는 독자님의 의견을 모아 더 좋은 책으로 보답하겠습니다.

www.sdedu.co.kr

한자암기박사1 쓰기 훈련 노트

– 읽으면 저절로 외워지는 기적의 암기공식

초 판 발 행	2022년 05월 10일 (인쇄 2022년 03월 23일)
발 행 인	박영일
책 임 편 집	이해욱
저 자	박원길 · 박정서
편 집 진 행	박은경
표지디자인	김지수
편집디자인	장성복 · 최미란
발 행 처	(주)시대고시기획
출 판 등 록	제 10-1521호
주 소	서울시 마포구 큰우물로 75 [도화동 538 성지 B/D] 9F
전 화	1600-3600
팩 스	02-701-8823
홈 페 이 지	www.sdedu.co.kr
I S B N	979-11-383-1411-4 (14710)
정 가	10,000원
